Taylor's Songs

SWIFTIE

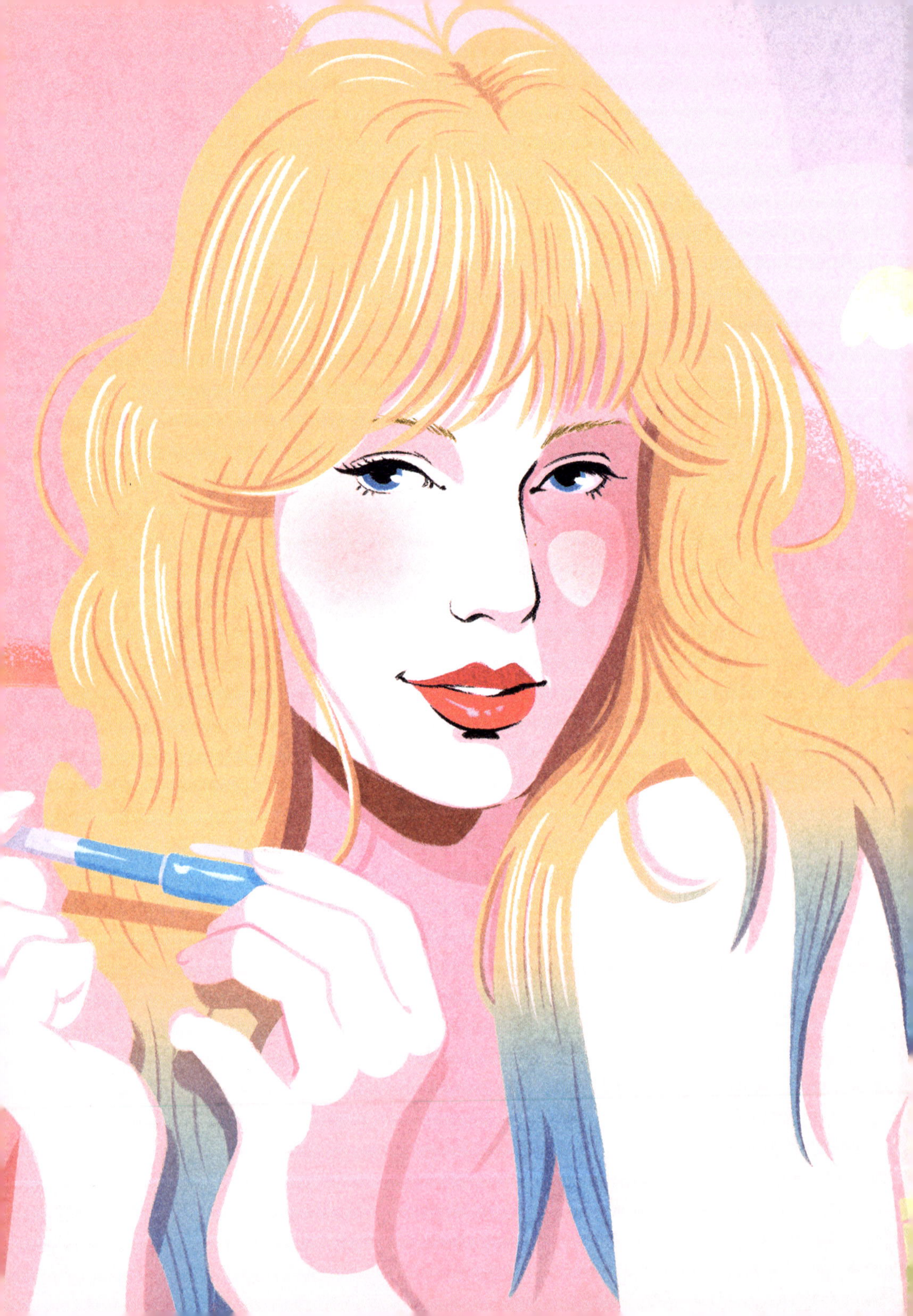

Taylor's Songs

EIN DEEP DIVE DURCH DAS SONGWRITING VON TAYLOR SWIFT

Satu Hämeenaho-Fox

PRESTEL

MÜNCHEN · LONDON · NEW YORK

Die Originalausgabe erschien 2024 bei Bantam, einem Imprint von Transworld Publishers, unter dem Titel *Into the Taylor-Verse. Taylor Swift's Songwriting Journey*. Transworld Publishers ist Teil der Unternehmensgruppe Penguin Random House.

Text © Satu Hämeenaho-Fox, 2024
Illustrationen © Maddalena Carrai / Illustration X, 2024

Für die deutsche Ausgabe:
© Prestel Verlag, München · London · New York, 2024
in der Penguin Random House Verlagsgruppe GmbH
Neumarkter Straße 28 · 81673 München

Der Verlag behält sich die Verwertung des urheberrechtlich geschützten Inhalts dieses Werkes für Zwecke des Text- und Dataminings nach § 44 b UrhG ausdrücklich vor. Jegliche unbefugte Nutzung ist hiermit ausgeschlossen.

Projektleitung: Claudia Schönecker
Projektmanagement: Veronika Brandt
Gestaltung: Bobby Birchall, Bobby&Co
Übersetzung aus dem Englischen, Lektorat und Satz: Rotkel Textwerkstatt, Berlin
Herstellung: Luisa Klose
Druck und Bindung: Alföldi Nyomda Zrt., Debrecen

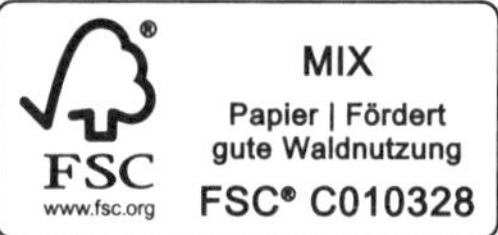

Penguin Random House Verlagsgruppe FSC® N001967

Gedruckt in Ungarn

ISBN 978-3-7913-9345-2

www.prestel.de

FÜR ALLE SWIFTIES

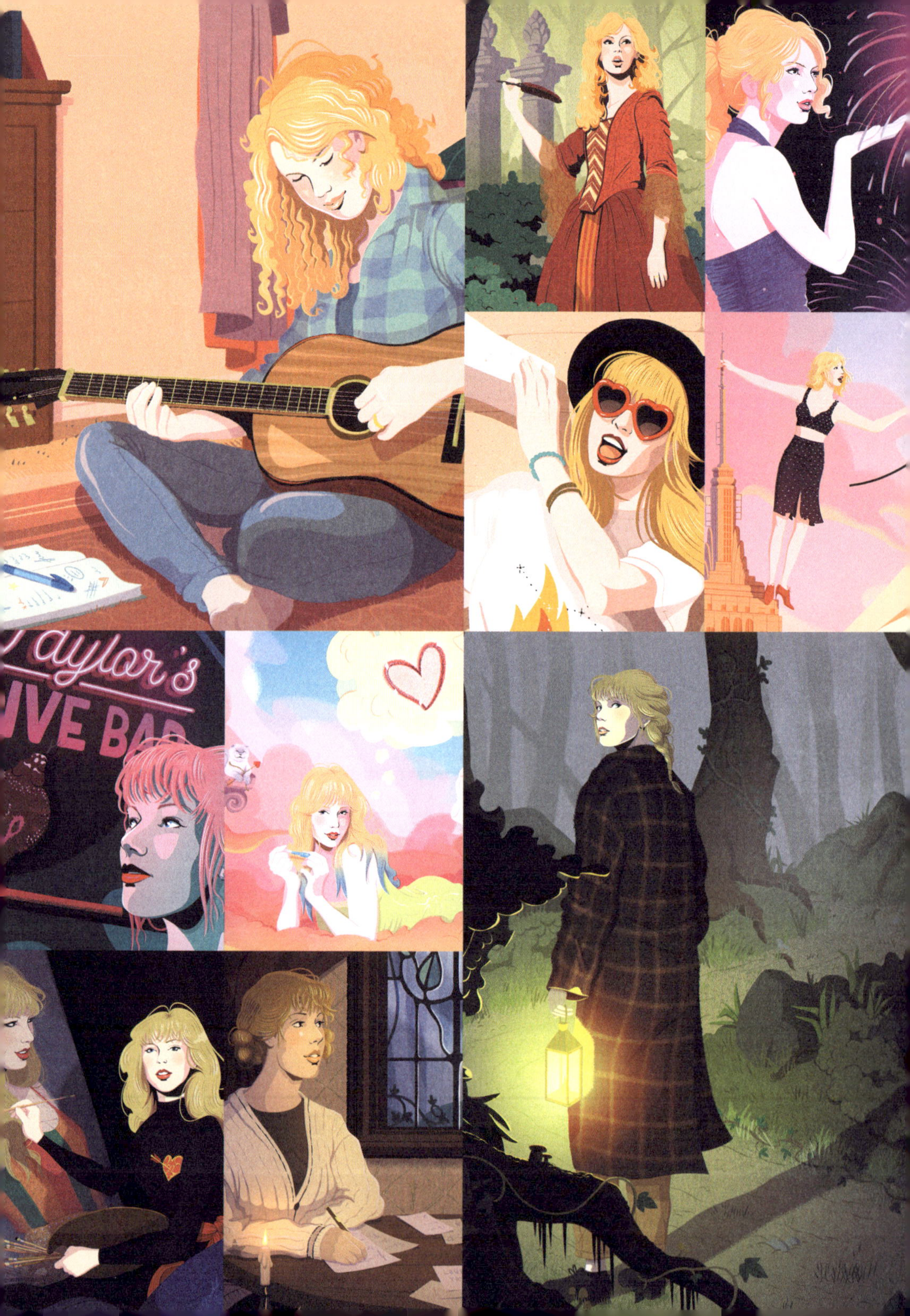
aylor's
VE BA

Inhalt

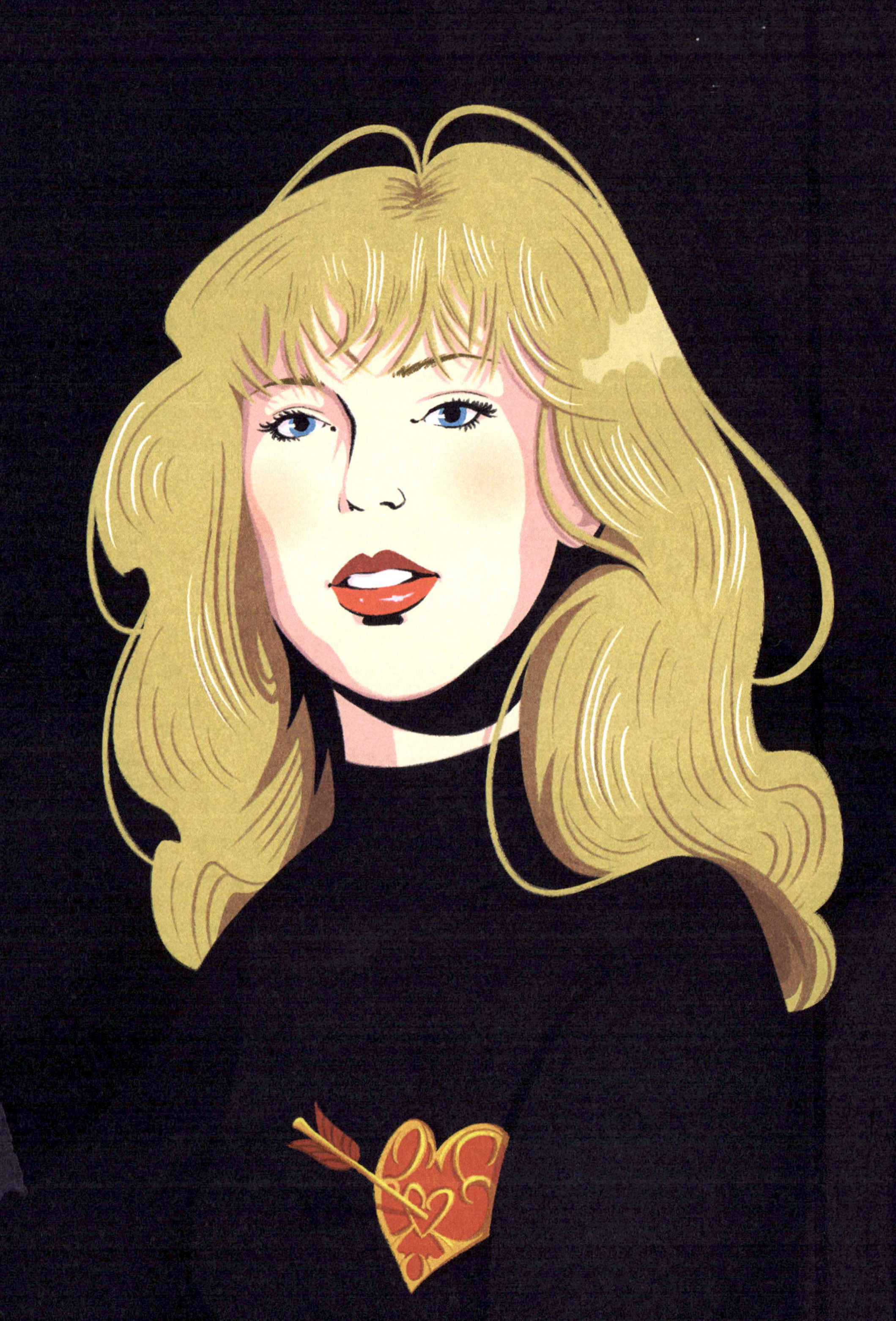

Einleitung

Taylor Swifts Errungenschaften sind legendär. Auch wenn jeder Popstar sein eigenes Krönchen trägt – sie hat alle Tests mit Bravour bestanden: 14 Grammy Awards, 40 American Music Awards, 23 MTV Music Awards und die Ernennung zur *TIME* Person of the Year 2023. Sie ist die berühmteste Frau der Welt. Doch so clever und fleißig Taylor auch sein musste, um sich all diese Ehrungen zu verdienen, Verkaufszahlen zu knacken und stets im Zentrum der Aufmerksamkeit zu stehen – es gibt etwas, das ihr noch wichtiger ist, und das ist es, was sie so besonders macht. Sie schreibt Lieder, die die Gefühlswelt der Menschen so sehr berühren, dass wir im Scherz sagen, sie habe sie nur für uns geschrieben. Obwohl sie eine Berühmtheit ist, fühlt sich ihre Musik stets persönlich an, so als würde sie direkt mit dir sprechen. Und diese emotionale Verletzbarkeit hat sich seit ihrem Debüt 2006 nicht verändert, wenn auch ihr Songwriting insgesamt immer reifer und überzeugender geworden ist.

Lange bevor die Welt ihren Namen kannte, begann die 13-jährige Taylor Alison Swift im Sommer 2003 ihre musikalische Reise auf einer Uferpromenade in New Jersey. Im Schmetterlings-T-Shirt und mit einem eifrigen Lächeln im Gesicht spielte sie ein kurzes Set, darunter auch ihren allerersten selbst geschriebenen Song »Lucky You«. Heute, über 100 Millionen verkaufte Alben später, hat sich diese Promenade in die größten Stadien der Welt verwandelt. An die Stelle des T-Shirts sind maßgeschneiderte

Kostüme getreten, und der Eifer ist einer mächtigen Superstar-Aura gewichen. Nach und nach hat Taylor eine erwachsene Version ihrer selbst geschaffen, die sich immer noch so freundlich anfühlt wie das Mädchen im Schmetterlingstop. Sie hat mit ihren Songs, Musikvideos, Looks für den roten Teppich und Bühnenauftritten ein so faszinierendes Universum geschaffen, dass eingefleischte Fans (Swifties) Stunden damit verbringen, zu enträtseln, zu analysieren und vorauszusagen, was sie als Nächstes tun wird. Und wenn man sich einmal darauf eingelassen hat, gibt es viel zu entdecken im Taylorversum. Es umfasst viele Horizonte, von der regnerischen Kleinstadt aus *Fearless* bis zum nächtlichen Friedhof aus *evermore*.

Dieses Buch erkundet Taylors Songwriting Album für Album, angefangen bei den ersten Tagen als Kleinstadtmädchen, von denen ihr Debütalbum *Taylor Swift* handelt. Wir entdecken, was sie inspiriert: Geliebte und verflossene Musen, ihre Kindheit, historische Persönlichkeiten und das Werk William Shakespeares, um nur ein paar Dinge zu nennen. Taylor schreibt wie keine andere über Erinnerung und Zeit, vor allem in ihren Songs über Herzschmerz. Sie ist eine der besten Storytellerinnen der Welt und verwendet Texte, Liedstruktur, ihre eigene Lebensgeschichte und ein tiefes Verständnis ihrer Fans, um Geschichten über alles Mögliche zu spinnen, vom Verlust der Liebe deines Lebens bis hin zum Umgang mit Hatern.

Taylor ist nicht nur Geschichtenerzählerin, sie ist auch Mastermind. Mit den Easter Eggs, die sie in jedes Album einbaut, hat sie ein ganzes Netz von Verbindungen zwischen ihren Liedern und sich selbst gewoben, von wichtigen Motiven in ihren Texten über bestimmte Symbole und Klänge bis hin zu vielsagenden

Farbkombinationen und sogar Frisuren. Auf ihren Tourneen nutzt sie ihr angeborenes Schauspieltalent, um ihre Liveshow lustig und mühelos erscheinen zu lassen, obwohl sie in Wirklichkeit eine Hochleistungssportlerin ist, die eine energiegeladene dreieinhalbstündige Show in High Heels hinlegt. Die *Eras*-Tour, in die sich Fans mit selbst gemachten Kostümen und Armbändern einbringen, ist zum kulturellen Megaevent geworden. So klug und vorausschauend Taylor auch ist, einige der faszinierendsten Aspekte ihrer Karriere entstanden, als das Schicksal die Karten neu mischte: Als sich die politische Landschaft veränderte; als sich die öffentliche Meinung über Nacht wandelte; als die Pandemie ausbrach. Taylor musste über ihr Image als Amerikas braves Mädchen hinauswachsen und eine komplexere, widerstandsfähigere Version ihrer selbst werden. Während der vielen Höhen und Tiefen bei diesem Abenteuer blieben die Swifties ihr immer treu. Sie leisten einen wichtigen Beitrag zu diesem Universum, das Taylor geschaffen hat. Die Beziehung zwischen Taylor und ihren Fans ist berüchtigt: Sie hört zu, ist aufmerksam und überlegt genau, was sie als Nächstes zu bieten hat.

Egal, ob du ein ganz neuer Fan bist oder schon lange dabei – put on your best dress – und mach dich auf die Reise zu den Sternen. Zeit für einen Ausflug ins Taylorversum.

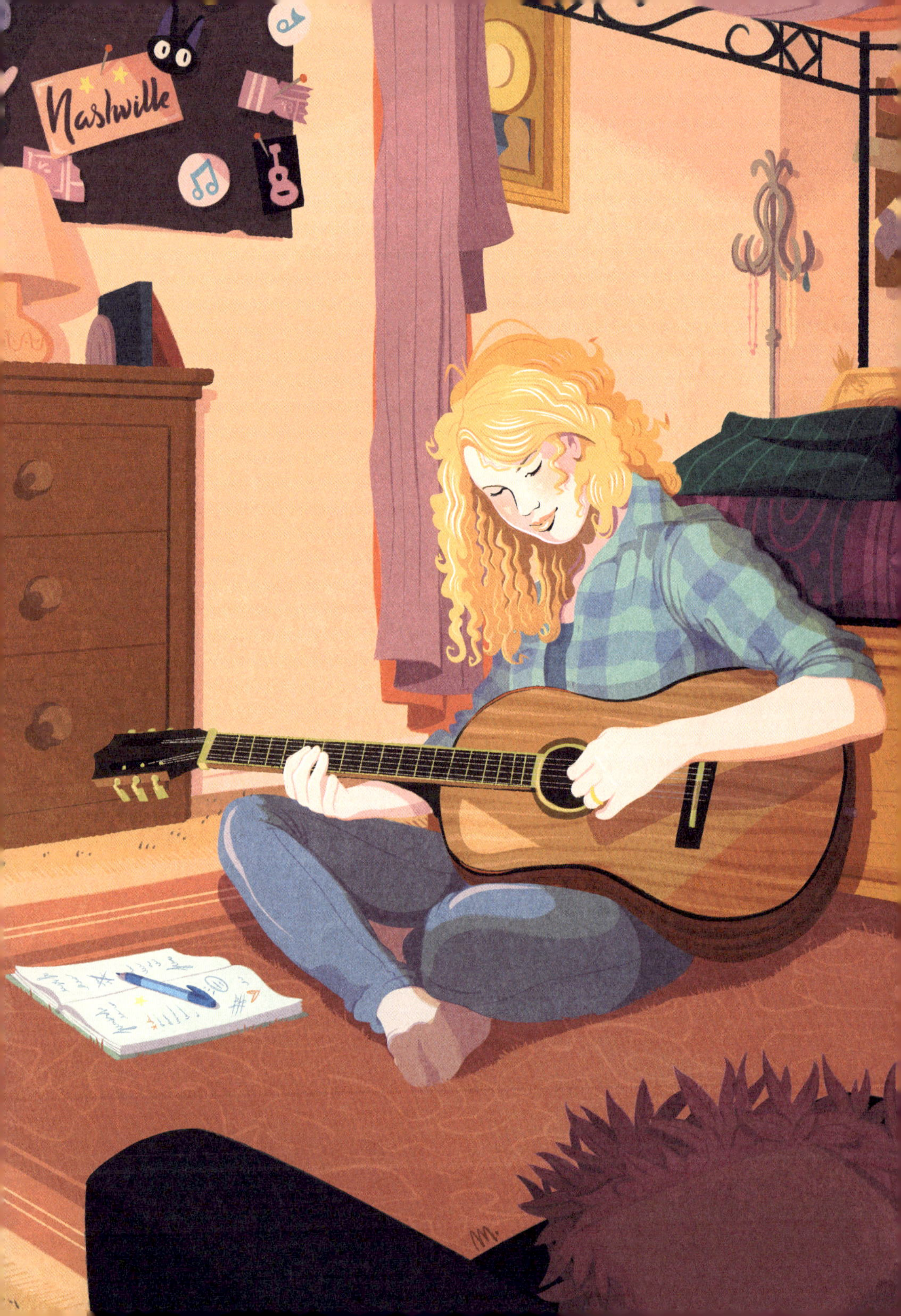
Nashville

1

Wie alles begann

TAYLOR SWIFT

Taylor Swift ist einer Kleinstadt aufgewachsen. Wie so mancher geborene Star konnte sie es kaum erwarten, die Welt jenseits des Einkaufszentrums und der Methodistenkirche, der Highschool und der Tribüne des Footballplatzes zu erkunden. Diese frühen Jahre sind ein Teil von ihr, nicht nur als Kindheitserinnerungen, sondern durch ihr erstes Album, *Taylor Swift*. Es ist das einzige Album ohne eigenen Abschnitt auf der *Eras*-Tour, wobei die meisten der Lieder in dem Teil der Show gespielt werden, in dem Taylor das Publikum mit Songs außerhalb der festen Setlist überrascht. Die Themen und Anspielungen auf ihrem Debütalbum sind einfacher gestrickt als später in ihrem reiferen Songwriting, aber es ist und bleibt Taylor Swift. Die Szenen sind so gestaltet und die Geschichten so erzählt, dass sie wie Sirenengesänge hypnotisieren. Taylor trägt zu schwarzen Kleidchen (und Jeans – die sind einfach immer in) lieber Cowboystiefel als High Heels. Die Geschichten drehen sich um das immer aktuelle Thema der Sehnsucht nach Liebe. Taylor wird die prägenden Erlebnisse aus ihrem Debütalbum auf unterschiedliche Art und Weise immer wieder erzählen: Der Freund aus der Heimatstadt mit dem Chevy-Truck in »'tis the damn season« (*evermore*) stammt direkt

Die Szenen sind so gestaltet und die Geschichten so erzählt, dass sie wie Sirenengesänge hypnotisieren.

aus »Tim McGraw«, während »Midnight Rain« (*Midnights*) sich mit der Wahl zwischen einem traditionellen Leben und den Verlockungen des Ruhmes auseinandersetzt. *Taylor Swift* nimmt uns mit in den Sommer, in dem sie ihre Entscheidung traf.

Das Album ist einerseits für Swift-Historiker interessant, die nach den Ursprüngen suchen, es steht als Werk mit beeindruckendem Songwriting aber auch für sich selbst. Taylor war erst 16, als ihr mit ihrem Namen betiteltes Debütalbum herauskam. Wie die meisten Teenager beobachtete sie die Menschen in ihrem Umfeld genau, und ihre ersten Geschichten spielen in einer Welt, die ihrem Heimatort Wyomissing in Pennsylvania (11.122 Einwohner) oder Hendersonville (62.257 Einwohner), wo sie zur Highschool ging, auffallend ähnlich ist. Als *Taylor Swift* herauskam, war Taylor ein aufgehender Stern am Himmel der weltberühmten Musikszene Nashvilles (689.447 Einwohner) – ein Ort, in dem Songwriting-Talent seit jeher respektiert wird. Im zarten Alter von 14 hatte sich Taylor einen Plattenvertrag als Songwriterin gesichert und würde niemals vergessen, dass es ihr Talent zum Geschichtenerzählen und zum Erfinden von Fantasiewelten war, das ihr zum Ruhm verhalf.[1] Ihre zweitwichtigste Fähigkeit war ihr unbändiger Elan, der ihr half, als sie auf Radiotournee ging und sich bei den Programmleuten vorstellte, also denen, die entscheiden, was im Radio gespielt wird. Es ist für keinen Künstler einfach, vor einer Handvoll Erwachsener in einem Konferenzraum einen großartigen Auftritt hinzulegen, aber Taylor verfügte über ein natürliches Selbstvertrauen, das dazu beitrug, dass sich diese wichtigen Branchenvertreter für sie erwärmten, vor allem, als sie immer wieder zurückkam und sie mit neuen Songs und einer weiteren Stunde in ihrer höflichen, lächelnden Gesellschaft verwöhnte.[2] Sie standen vielleicht gerade in einem Konferenzraum in Downtown Nashville, aber Taylors Musik entführte sie an einen völlig anderen Ort.

Mit ihrem Debütalbum nimmt uns Taylor mit in eine idyllische Kleinstadt an einem See, wo die Leute in Pick-up-Trucks herumfahren und die erste Liebe für die Ewigkeit sein kann – vorausgesetzt, die andere Person behandelt dich gut. Die ersten Zeilen des ersten offiziellen Taylor-Swift-Songs, »Tim McGraw« entführen uns in eine Sternennacht in Georgia. Dein Crush sieht dir in die Augen und sagt dir, wie schön sie sind. Wer wäre nicht gern an diesem Ort, am besten für immer? Taylor kreiert ein Paradies der Seitenstraßen und Veranden, sicher und gemütlich wie unsere ersten romantischen Tagträume. Wenn sich das anhört wie eine musikalische Umarmung, dann war Taylor der gleichen Meinung. Bei ihrer ersten Tour ging sie mitten in »Tim McGraw« runter zum Publikum, um ihre Fans zu umarmen und ihnen fürs Kommen zu danken. Danach sprang sie wieder zurück auf die Bühne, um das Lied über die Eindrücklichkeit der ersten Liebe nahtlos zu beenden. Das Lied ist auch ein Leitbild für Taylor Swifts Songwriting-Prozess: Wie alle (gequälten) Poeten kann sie blumige Vergleiche erfinden – doch sie gibt ihnen eine neue Wendung. Der Junge, den sie mag, vergleicht ihre Augen mit funkelnden Sternen, wie Romeo Julias Augen in der berühmten Balkonszene. Doch anstatt ihn anzuhimmeln, schimpft Taylor ihn scherzhaft dafür, ihr mit Sprüchen zu kommen. Wenn ihr erstes Album auch erste Romanzen und das, was kommen könnte, idealisiert, hat Taylor es nicht mit vor großartigen, schwülstigen Metaphern über die Liebe strotzenden Songs gefüllt. Stattdessen baut sie aus konkreten, bedeutungsvollen Erinnerungen an eigene Erfahrungen ein ganzes

Taylor kreiert ein Paradies der
Seitenstraßen und Veranden,
sicher und gemütlich wie unsere
ersten romantischen Tagträume.

Universum, vom Kleinen Schwarzen, in dem sie mit dem Jungen in »Tim McGraw« tanzt, bis hin zu dem Schal, den sie später in der Wohnung von irgendjemandes Schwester liegen lässt.

Was Opener betrifft, ist »Tim McGraw« thematisch der perfekte Startschuss für das Album und für ihre gesamte darauffolgende Karriere. Es geht um eine wahre Teenager-Erfahrung, aber es geht auch um Taylors größeren Traum: Für ihre Musik respektiert zu werden. Das Lied steckt voller Metaphern für Taylors Wunsch nach Anerkennung ihres lyrischen Talents. Bei ihr scheinen der Mond und die Sterne nicht einfach. Sie strahlen wie Rampenlicht. Sie sagt nicht einfach »hör mir zu«, sie sagt, dass du sie eines Tages im Radio hören wirst. Tatsächlich taucht das Wort »Radio« in vier der Songs von *Taylor Swift* auf, ein klarer Beweis dafür, was sie im Sinn hatte. Die Wortwahl lässt darauf schließen, wo sie damals stand. Im Laufe dieses Buches werden wir entdecken, dass Taylors Worte eine tiefe persönliche Bedeutung haben und auch viel von ihrem Lebensweg offenbaren – Taylor war ein Teenager, als sie *Taylor Swift* schrieb, es ist also nur natürlich, dass das Wort »girl« in fünf Songs des Albums vorkommt; es war Taylors Welt. Im Laufe der Zeit wird sich die Art, wie sie »girl« verwendet, dramatisch ändern, vor allem im Konflikt zwischen dem »guten Mädchen« und dem »bösen Mädchen«, der ihre Karriere durchziehen wird. Ein Mädchen zu sein, ist hier jedoch noch nicht kompliziert. Wenn du ein Mädchen bist, bist du nach Taylors Logik genau dort, wo du hingehörst: am See, mit deinem Crush, im Mondschein. Das subtil Geniale an ihrer Wortwahl in »Tim McGraw« ist, dass man nicht unbedingt im echten Rampenlicht stehen wollen muss, um Taylors Sehnsucht zu teilen: Wir wollen uns einfach als etwas Besonderes fühlen. Die hellen Scheinwerfer des Ruhms stehen für

Taylor noch in den Sternen – diese funkeln jedoch bereits in den Texten des ganzen Albums. Bis jetzt ist sie noch eine Teenagerin, die in ihrem Zimmer auf dem Boden sitzt und Lieder schreibt, die hoffentlich irgendjemandem gefallen werden.

Während der Sound von *Taylor Swift* mit seinen Gitarren und dem live eingespielten Schlagzeug sehr organisch ist, ist die Geschichte, wie das Album bekannt wurde, recht digital. Eine neue Technologie kam genau zum richtigen Zeitpunkt für jemanden, der mit Gleichgesinnten in Kontakt treten wollte: die sozialen Medien. Eine Zeit davor ist nur schwer vorstellbar, doch die sozialen Medien und Taylor waren zur selben Zeit jung. Wie jeder Teenager zu dieser Zeit postete sie über ihr Leben, wobei aus dem Schulalltag schnell ein Leben im Tourbus wurde, komplett mit zeitgemäß geglättetem Haar und dick aufgetragenem Eyeliner (das YouTube-Make-up-Tutorial war noch nicht erfunden). Es war günstig, dass Taylor ihre Karriere als Songwriterin zu einer Zeit begann, in der die Kultur weniger förmlich und glamourös wurde und eher auf sympathische Stars setzte. Taylor baute ihr Imperium auf, indem sie nicht nur die Hände jedes Programmverantwortlichen in Nashville schüttelte, sondern auch über Social Media und persönlich mit ihren Fans, Mädchen für Mädchen, in Kontakt trat. Ein Fan namens Holly Armstrong kommt im Jahr 2021 im Podcast *The Swift Legacy*, der sich auf Taylors frühere Musik konzentriert, zu Wort.[3] Sie erzählt, wie sie mit 12 Jahren Taylor, die damals 13 war, an einer Uferpromenade spielen sah. Ihr Set enthielt den unveröffentlichten Song »Lucky You« und eine Coverversion von Country-Legende Patsy Cline. Danach stellte Holly sich zusammen mit drei weiteren Leuten an, um mit dieser coolen neuen Sängerin zu sprechen. Sie unterhielten sich über alltägliche

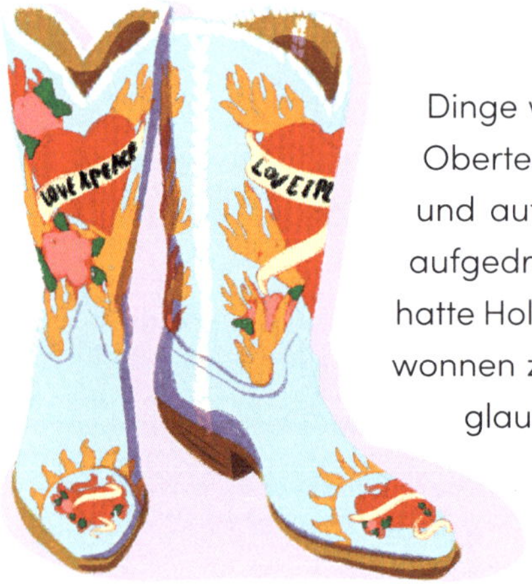

Dinge wie ihre Lieblingsfarbe (Lila) und ihre Oberteile (auf Hollys stand »American Girl« und auf Taylors war ein rosa Schmetterling aufgedruckt). Nach der kurzen Unterhaltung hatte Holly das Gefühl, eine neue Freundin gewonnen zu haben und wurde treuer Fan. »Ich glaube nicht, dass sich Taylor vorstellen konnte, jemals so bekannt zu werden, wie sie es jetzt ist. So denkt niemand. Du freundest dich mit jemandem an, der Gitarre spielt und Musik macht, also denkst du, cool, das will ich mir anhören.« Holly war nur eines der Mädchen, auf die Taylor ihren Scheinwerfer richtete und die ihren Freundinnen von diesem Album voller Songs über Mädchen wie sie erzählten. Sie riefen über das Festnetz beim Radiosender an und wünschten sich ihre Lieder. Und mithilfe der neuen Technologie, die gerade erst verfügbar geworden war, gingen sie online (Stichwort Einwahlton, denn wir schreiben das Jahr 2003) und kommentierten auf Taylors MySpace-Seite, in der Hoffnung, dass sie antworten würde.

Kurz vor der Veröffentlichung von *Taylor Swift* waren die Methoden, ein Popstar zu werden, ganz anders als heute. Seine Lieblingssängerin sah man normalerweise entweder im Fernsehen oder auf dem Cover einer Zeitschrift, wo sie in vollem Glanz erstrahlte; das Interview wurde von Publizisten entschärft und von Redakteuren gekürzt. Zwischen Prominenten und Fans standen viele Gatekeeper, darunter auch diejenigen, die die Plattenindustrie leiteten und auswählten, wer die Glücklichen waren, die einen Vertrag bekamen. Sich in diesem Dschungel von Erwachsenendruck zurechtzufinden, ist von einem 16-jährigen Mädchen viel verlangt. Der Übergang von der Nichtexistenz sozialer Medien zu einem Portal wie MySpace war ein riesiger Technologiesprung, für den Taylor genau das richtige Alter und die richtige Veranlagung hatte, um daraus einen Vorteil zu ziehen. Sarah Carson schrieb 2021 in dem Magazin *New Statesman* über die glühenden Tage als Taylor-Swift-Fan vor *Fearless* und beschrieb die Anziehungskraft einer Sängerin, die solch schwärmerische, in einem fast mythischen Amerika spielende Musik schrieb, aber gleichzeitig wie ein normales Mädchen im Internet postete. In einem von Taylors Posts stand: »Sitze im Klassenzimmer und schreibe Zettel mit meiner ebenso psychotischen rothaarigen besten Freundin.«[4] Auf MySpace fluchte Taylor sogar gelegentlich – etwas, das sie auf ihren Alben, bis auf *reputation*, vermied. Das zeigt, dass Taylor die sozialen Medien genau wie jedes andere Mädchen zu dieser Zeit nutzte, die Grenzen ihrer Ausdrucksmöglichkeiten austestend. Sie ließ ihre Fans daran teilhaben, wer sie war, wenn keine Erwachsenen dabei waren. Sarah schreibt: »Nur die Hälfte der Anziehungskraft ging von der Musik aus [...] Die andere Hälfte war – und ist für viele Fans nach wie vor – zu versuchen, sie zu verstehen. Wir suchten nach versteckten Bedeutungen in ihren Texten, entschlüsselten die geheimen Botschaften, die sie in den Liner Notes (den Texten im CD-Booklet) versteckte, und entwickelten Insider-Witze und Fan-Theorien.«[5] Diese geheimen Botschaften, seien sie tatsächlich verschlüsselt oder einfach nur für wenige Aufmerksame versteckt, sind zu einem wichtigen Kommunikationsmittel zwischen Taylor und ihren Fans geworden. Sie hat eine perfekte Balance geschaffen: Zwischen ihren einladenden Texten und ihrer herzlichen Art hat man das

Gefühl, sie persönlich zu kennen, aber sie streut auch immer wieder Rätsel und Geheimnisse in ihre Arbeit ein, um den natürlichen menschlichen Drang zum Entschlüsseln und Entziffern anzuregen.

Taylor machte sich einen Namen in der Country-Welt, wobei die meisten ihrer frühen Fans nicht unbedingt auf dieses Genre standen, das sich eher an deren Eltern richtete. Es war Taylor, die ihre Fans durch die bloße Kraft ihrer Musik und ihrer Persönlichkeit dazu brachte, zum Country zu konvertieren. Da sie in Pennsylvania und nicht in einem der typischen Country-Staaten aufwuchs, hatte sie wahrscheinlich von außen beobachtet, welche Elemente in diesem Genre funktionieren, und sich diese für ihre Zwecke herausgepickt. Eine begabte Geschichtenerzählerin wie Taylor weiß, wie man den Zuhörern die Skepsis austreibt. Um als Country-Sängerin glaubwürdig zu sein und diese Lieder über Pick-up-Trucks an den Mann zu bringen, musste Taylor ein paar Nashville-ismen annehmen, etwa einen näselnden Südstaatenakzent. Schon zu Beginn ihrer Karriere hatte sie begriffen, dass das Kreieren einer Kunstfigur ein wichtiges Element des Musikmarketings ist, was letztlich nur eine andere Art des Storytellings darstellt. Diese Persona ist eng mit ihrer Musik und ihren Texten verwoben und wurde auf *Taylor Swift* auf eine Grundbotschaft reduziert: Ein anständiges Mädchen, dessen Welt immer noch aus ihrer kleinen Heimatstadt, den Nachbarn und der Straße besteht, in der sie lebt. Taylor wird später dazu sagen: »Es gibt bei mir eine interessante Zeitverzögerung, was emotionales Wachstum angeht. Weil ich meine Alben immer ein paar Jahre vor ihrer Veröffentlichung geschrieben habe, scheine ich immer zwei, drei Jahre jünger zu sein als ich tatsächlich bin.«[6] Obwohl Taylor so jung war, war sie doch etwas älter als viele ihrer Fans, als *Taylor*

Swift herauskam – und ein, zwei oder drei Jahre sind eine sehr lange Zeit, wenn man 16 ist. Einer der Gründe, warum Taylor für viele Mädchen zum Vorbild und zur »großen Schwester« wurde, ist die Zärtlichkeit und Vertrautheit, mit der sie über ihre eigene unmittelbare Vergangenheit sang, während man gleichzeitig ihr Leben auf MySpace und Tumblr oder zunehmend in den Schlagzeilen verfolgen konnte. Die Songs, die später zu einem plattformübergreifenden Swift-Universum werden sollten, verblüfften die anderen Teenager an Taylors Schule, die sie bei Talentshows und Versammlungen singen hörten. Die Entscheidung, Songs in einem Genre zu schreiben, das in der Emo-Hochphase der frühen 2000er-Jahre nicht gerade als cool galt, führte dazu, dass Schulkameraden ihr sagten, sie solle doch »diesen Country-Piep singen« (Taylors Zensur).

Taylor hatte schon früh die Erfahrung des Außenseitertums gemacht (der erste Song für *Taylor Swift* handelte von Einsamkeit: »The Outside«), und suchte sich ihre Zugehörigkeit woanders. Sie sagt: »Ich führte ein Doppelleben. Tagsüber redete ich mit Leuten, ging in die Schule, lernte für Tests und war in Jungs verknallt, nach der Schule ging ich dann in die Music Row in Nashville und schrieb Songs darüber.«[7] Eine Außenseiterin zu sein befeuerte ihr Songwriting, und sie ist nie so richtig darüber hinweggekommen: Die Einsamkeit ist auch in jeder Phase der kurzen Lebensgeschichte in »You're On Your Own, Kid« (*Midnights*) zu spüren. Sie bestärkte sich auch in ihrer Zielstrebigkeit. Auf die Frage, wie sie mit noch nicht einmal 13 Jahren den Mut hatte, auf Plattenlabels zuzugehen, antwortet sie: »Ich wusste, dass ich niemals eine solche Ablehnung erfahren würde, wie die in der Schule. Denn wenn du in der Musikindustrie ein Nein kassierst, sind sie dabei wenigstens höflich.«[8] Andere Mädchen spürten, dass Taylor Anschluss suchte. Als ihr erstes Album herauskam, hielt sie lange Meet-and-Greet-Sessions ab, bei denen sie sich bis zu vier Stunden am Stück mit ihren Fans traf und unterhielt. Wenn Fans sie um ein Autogramm baten, bekamen sie oft eine ganze Seite mit persönlichen Nachrichten, in denen Taylor hofft, dass sie ein gutes Schuljahr hatten und sich bald wiedersehen würden. Als ihre Fanzahlen später in die Millionen gehen, kann Taylor zwar nicht mehr alle umarmen oder jede Mail beantworten, aber sie wird sich immer noch bemühen, eine persönliche Verbindung herzustellen. Heutzutage kommentiert sie vielleicht einen besonders kreativen TikTok-Beitrag oder schickt ein Carepaket an jemanden, der an seine College eine Taylor-Swift-Society gegründet hat. Auch die Art, wie sie singt, spiegelt das wider: Sie ist für ihren direkten, schnörkellosen Gesangsstil bekannt, der sich anfühlt, als würde sie neben einem stehen und sich mit einem unterhalten, mit Seufzern und Lachern – etwas, das sie in zukünftigen Alben perfektionieren und uns damit umhauen wird. Und dann gibt es noch die Easter Eggs – verschlüsselte Nachrichten, die nur Fans verstehen. Am Anfang waren dies versteckte Hinweise in den Liner Notes – mittlerweile geht es so weit, dass die Anzahl der Vögel im Hintergrund eines ihrer Instagram-Selfies Aufschluss über die nächste Platte geben kann.

Taylor begegnete ihren Fans immer mit offenen Armen, und tut das auch weiterhin mit jedem neuen Album, sei es brandneues Material oder eine langersehnte Neuveröffentlichung. Aber warum fühlt sich der Ort, den ihre Musik schafft, so sicher und gemütlich an? Es liegt zwar auf der Hand, dass das Album eines Teenagers aus Teenager-Perspektive geschrieben ist, wenn man aber Taylors erstes Album mit denen vergleicht, die sie dazu inspirierten, etwa *Blue* von LeAnn Rimes, wird klar, dass das nicht unbedingt der Fall sein muss. Junge Mädchen werden öfter dazu gebracht, aus einer reiferen Perspektive zu singen, um ihr Publikum zu erweitern. *Blue* ist voller Anspielungen darauf, deinen Mann zu lieben und eine Frau zu sein, was aus dem Mund einer 13-Jährigen etwas seltsam klingt. Taylor schlug einen anderen Weg ein. Sie schrieb neue klassische Songs, die Menschen aller Altersklassen problemlos mitsingen können, egal ob sie immer noch jung sind oder diese unschuldige Zeit Teil ihrer Erinnerungen ist. *Taylor Swift* hatte vor allem auf Mädchen eine so große Wirkung, weil das Album in einer Welt angesiedelt ist, in der Mädchen die Regeln machen. Selbst heutzutage gibt es relativ wenige Vorbilder für Mädchen. Zeitschriften für Twens haben immer noch Taylor (mittlerweile in ihren Dreißigern) auf dem Cover, weil niemand nachrückte, um ihren Platz einzunehmen. In *Taylor Swift* geht es um eine Welt, in der das übliche Machtungleichgewicht nicht existiert. Der Text von »Stay Beautiful« beschreibt ein Viertel, in dem Mädchen an Straßenecken abhängen und sich darüber unterhalten, ob ein bestimmter Junge weiß, dass er gut aussieht oder nicht. Es ist eine Welt, in der Mädchen das Hinterherschauen übernehmen. Die Country-Musikindustrie lehnte Taylor zunächst mit der Begründung ab, weil »Mädchen keine Country-Musik hören«. Es bedurfte ihrer kraftvollen künstlerischen Vision und eines Siebenfach-Platin-Debütalbums, um sie umzustimmen.

Taylor hat nicht nur einen unverwechselbaren Blick, sondern auch etwas, das typisch ist für große Künstlerinnen und Künstler: Musen. Auf *Taylor Swift* sind diese Musen fast ausschließlich Jungs, abgesehen von einem süßen Lied über Freundschaft (»I'm

Only Me When I'm With You«, inspiriert von Taylors bester Freundin Abigail), das sich auf die Deluxe Edition geschlichen hat. Auch auf *Fearless*, ihrem nächsten Album, wird Abigail als Muse auftauchen, bald ergänzt durch Liebespartner oder auch verachtete Feinde oder sogar die Medien im Allgemeinen. Musen sind seit jeher Teil des kreativen Prozesses von Malern und Dichtern – ihre Schönheit inspiriert die Künstlerin dazu, einen bestimmten Moment für immer festzuhalten, zum Beispiel, wenn der Junge in »Teardrops On My Guitar« Taylor anschaut und sie schnell lächelt, um ihre Gefühle der unerwiderten Liebe zu verbergen (eine gute Übung, um ihr Pokerface zu wahren, wenn Journalisten sie zum 100. Mal nach ihrem Liebesleben fragen). Mit der Zeit werden sich die Medien auf Taylors Musen und die »wahre Geschichte« hinter den Songs fixieren, während der spannendste Teil eigentlich die Frage ist, wie sie es schafft, all ihre Musen in Kunstwerke zu verwandeln. Taylor lernt, mit den Gerüchten über sie und ihre Musen spielerisch umzugehen: In dem Lied »Is It Over Now? (Taylor's Version) (From the Vault)« aus dem Album *1989 (Taylor's Version)* macht sie eine Anspielung auf ein tragisches und weitverbreitetes Foto aus dem Jahr 2013, auf dem sie nach einem Streit, der ihre Beziehung beendet hat, sehr traurig in einem Boot sitzt. Eine Muse zu sein, ist nicht immer einfach, wie viele von ihnen lernen mussten. Doch das ist der Preis dafür, dass deine Einzigartigkeit für immer festgehalten wird. Taylor ist nicht die einzige große Künstlerin, deren bedeutendste Werke davon handeln, in einen süßen Jungen verknallt zu sein, denken wir an William Shakespeares Sonette an seinen »schönen Jüngling«. »Shall I Compare Thee To a Summer's Day« ist fast so romantisch und eingängig wie »Our Song«. Shakespeare und Taylor schrieben beide aus

Mit der Zeit werden sich die Medien auf Taylors Musen und die »wahre Geschichte« hinter den Songs fixieren, während der spannendste Teil eigentlich die Frage ist, wie sie es schafft, all ihre Musen in Kunstwerke zu verwandeln.

einer Sehnsucht heraus. Während im wirklichen Leben der oder die Angebetete die Macht hat, so hat in der Kunst die Künstlerin das letzte Wort, was Taylor immer wieder betont, indem sie ihre Rechte sowohl als Songschreiberin als auch als rechtmäßige Eigentümerin ihrer Musik einfordert. Wenn ihr danach ist, über wahre Begebenheiten aus ihrem Leben zu sprechen, dann wird sie das tun. Immer wieder greift sie auf ihre persönlichen Erinnerungen zurück und analysiert sich selbst und die Menschen in ihrem Umfeld. In selbstreflexiven Songs wie »Anti-Hero« wird sie sogar zu ihrer eigenen Muse.

Taylor Swift hält den letzten Moment fest, bevor Taylor zur Berühmtheit wird. Auf diesem Album kristallisiert sich das Weltbild heraus, mit dem sie aufgewachsen ist und auf das sie ihr ganzes Leben und ihre Karriere aufbauen wird. Es ist eine einfache Welt, in der Liebe und Familie alles sind, was du brauchst. Auf jedem Album lernen wir mehr über Taylor und darüber, wie ihre ideale Liebe aussieht, häufig über ihre Beziehung zu ihrer Heimat. Die Taylor von »Mine« auf *Speak Now*, das sie zwischen 18 und 19 Jahren schrieb, würdigt etwa die Schublade in der Wohnung ihres Freundes, in der sie ihre persönlichen Dinge aufbewahrt. Dieses häusliche Bild der Liebe wird immer wiederkehren. Über die Komposition von *Lover* (2019) sagt Taylor: »Wenn junge Erwachsene vom Leben mit ihrer Familie dazu übergehen, ihr Leben mit jemand anderem zu teilen, ist das eine sehr tiefgründige Sache.«[9] Ein Zuhause zu schaffen ist das Herzstück von Taylors Auffassung der idealen Liebe: Die 27-jährige Taylor vom Album *reputation* wird ein Zuhause und die Hausarbeit mit ihrem Partner teilen; die 30-jährige Taylor von *Lover* wird das ganze verdammte Haus bauen.

»Mary's Song (Oh my my my)« thematisiert die ideale Beziehung der 14-jährigen Taylor. Es geht um Heimat und darum, dort zu bleiben: Zwei Menschen lernen sich als Kinder kennen, heiraten jung und verbringen ihr Leben gemeinsam in der gleichen Kleinstadt, in der sie geboren wurden. Sie haben gemeinsame Kindheitserinnerungen, und wenn der Bräutigam die Braut über die Schwelle trägt, dann tut er das in dem Haus, in dem sie sich als Kinder kennenlernten. Ihre Eltern hatten sich schon ausgemalt, dass die beiden sich verlieben würden, als sie erst sieben und neun waren. Es ist so altmodisch und ernsthaft geschrieben und präsentiert (und so gut gemacht), dass es einem den Feminismus aus der Seele spült. Die Teenage-Taylor träumte davon, früh Liebe zu finden und sich auf sie verlassen zu können – ein verständliches Ziel. »Mary's Song (Oh My My My)« entführt die Hörerinnen und Hörer in eine Fantasiewelt – selbst diejenigen, deren größter Traum nicht darin besteht, ihr Leben auf einer Veranda zu verbringen, verheiratet mit dem ersten Jungen, dem sie je in die Augen gesehen haben. Es ist ein Zeichen dafür, dass Taylors Songwriting-Talent zwar darauf beruht, sich in ihren Songs wiederzuerkennen, sie sich aber nicht allein darauf verlässt. Im Grunde errichtet sie Welten und erzählt Geschichten, und das Einzige, worum sie bittet, ist, dass man seine Ungläubigkeit lange genug aussetzt, um wirklich zuzuhören. Wenn du ihr vertraust, kann sie dich überallhin mitnehmen.

Wohin wird Taylor als Nächstes gehen? An die Spitze.

TAYLOR SWIFT
Shout-out song
»OUR SONG«

Der letzte Titel auf *Taylor Swift* ist das platonische Ideal eines Country-Songs. Begleitet von schneidiger Gitarre, Banjo und Fidel fahren Taylor und der Junge, den sie gerade datet, durch die Seitenstraßen (er sitzt natürlich am Steuer). In der Country-Musik steht das Songwriting an erster Stelle und sie ist – oder war zumindest früher – für ihren Sinn für Humor bekannt. Man könnte meinen, die Idee von »Our Song« sei schon 1000-mal da gewesen: Ein junges Paar hat »sein Lied« noch nicht gefunden, also notieren sie, wie es klingen sollte. Taylor zählt perfekte Bilder der Country-Musik auf: Das Geräusch einer Fliegengittertür, das Klopfen an das Fenster der Freundin (ein Bild, das direkt aus *Dawson's Creek* stammt), ihr Lachen, das wir zwar noch nicht zu hören bekommen, das aber auf zukünftigen Alben einen wichtigen Platz einnehmen wird. Einige Teile des Liedes sind abstrakt, wie sein Bedauern darüber, dass er sie beim ersten Date nicht geküsst hat, oder die Art und Weise, wie sie am Telefon flüstern, damit ihre Eltern nichts mitbekommen. Und am Ende bittet Taylor darum, es noch einmal zu spielen, und alles noch mal zu erleben. In einem Songwriting-Trick, der zu ihrem Markenzeichen werden wird, dreht Taylor im letzten Refrain die Perspektive um und sagt, dass sie ihn damals hätte küssen sollen.

Taylors visuelle Darstellungen, von ihrer Mode bis hin zu ihren Musikvideos, haben schon immer ihre Geschichte ergänzt. Trey Fanjoy, der Regisseur von »Our Song«, sagte: »Wir wollten keine weitere Junge-trifft-Mädchen-Geschichte machen.«[10] Stattdessen zeigt das Video, wie Taylor sich die Nägel lackiert und in ein altmodisches, rosa Telefon spricht, als würde sie die Geschichte einer Freundin erzählen. Dann sitzt sie im babyblauen Abschlussballkleid mit fluffigem Tüllrock auf der Veranda und singt.[11] Eines Tages wird Taylor im Video zu »Look What You Made Me Do« auf einem Scheiterhaufen ihres alten Ichs stehen, und dieses »girly girl« im babyblauen Kleid für tot erklären.[12]

Wer jetzt glaubt, dass 16-Jährige in süßen Kleidchen, die über Liebe singen, brave Mädchen sind, hat das Draufgängerische an »Our Song« wohl überhört. In »the last great american dynasty« auf *folklore* wird Taylor später über dieses »Country-Musik-Narrativ« sprechen: »In der Country-Musik geht alles nach dem Motto [singt] ›Der Typ hat dies gemacht, und dann hat die Frau das gemacht und dann haben sie sich getroffen und ihr Kind bin ICH!‹«[13] In »Our Song« fällt Taylor die perfekte Metapher und der passende Ohrwurm dazu ein, und am Ende ist die Pointe, dass von all der Musik der Welt kein Lied gut genug ist, um »unser Lied« zu sein. Und ganz am Ende, als die Musik ausklingt, legt sie einen Mic Drop hin: dieses unglaubliche Lied, von dem sie gesprochen hat, das ihre Beziehung definiert? Ach so! Es ist genau dieses Lied.

> *Ich wollte [»Our Song«] als letztes Lied auf der Platte, weil es im letzten Vers des Refrains heißt: »play it again«. Hoffen wir, dass die Leute den Hinweis wörtlich nehmen und das Album noch einmal spielen.*[14]

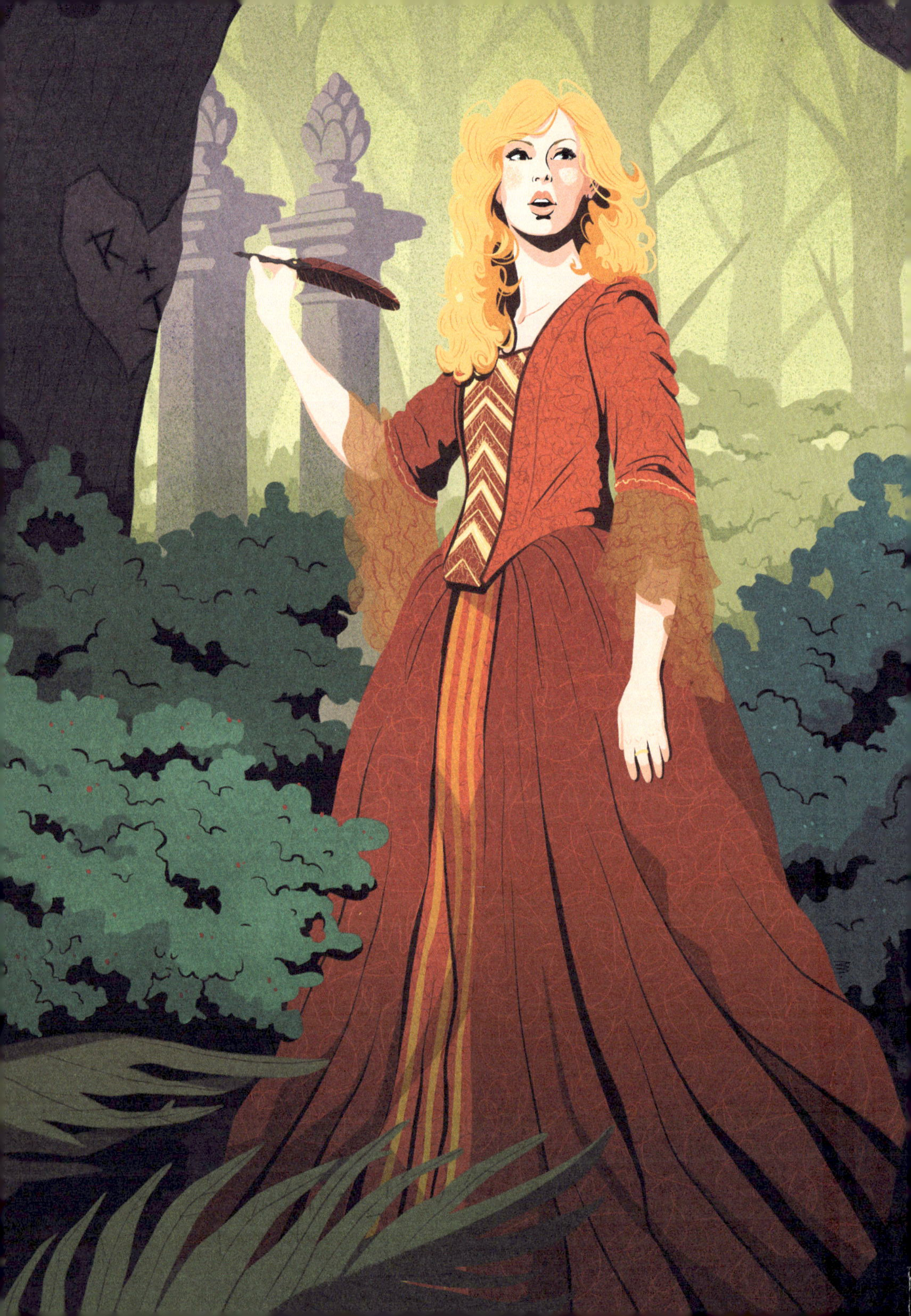

2

Ins Rampenlicht

FEARLESS

Die Lichter gehen aus und die Menge kreischt in freudiger Erwartung. Taylor sieht aus wie ein blonder Klecks, wie sie headbangt wie ein Rockstar und in breitbeiniger Power-Pose dasteht. Von ihrem Gesang ist kein einziger Ton zu hören, während über 10.000 weitere Stimmen das Lied Wort für Wort mitsingen. Die Menge hat sich ihre *Fearless*-CDs Hunderte Male angehört und jede Zeile auswendig gelernt. Für das theatralische Meisterwerk »Love Story« steigt Taylor auf ein Podest, im weinrot-goldenen Spitzenkleid, wie eine Schauspielerin, die eine Prinzessin auf einem Mittelalterfest spielt. Sie achtet darauf, den Blick von links nach rechts schweifen zu lassen, sodass niemand in der Arena sich übergangen fühlt. Ähnlich kostümierte Tänzerinnen wirbeln um sie herum, im Hintergrund die Projizierung eines Schlosses. Für das bombastische Ende des Songs verschwindet Taylor hinter ihren Tänzern und taucht dann – puff! – in einem weißen Hochzeitskleid wieder auf. Es ist nur einer von vielen Kostümwechseln, darunter eine Marschkapellen-Uniform und mehrere glitzernde Minikleider in Silber, Gold, Rot und Lila. In den zwei Jahren seit Veröffentlichung ihres Debütalbums hat Taylor gelernt, sich zu verwandeln.

Für die Promo von *Taylor Swift* war Taylor durchgehend auf Tour. Sie lernte – aus dem, was die Fans jeden Abend zum Kreischen brachte, aus den atemlosen Online-Kommentaren der Mädchen, aus den Fan-Mails, die sie, so gut es ging, zu beantworten versuchte. Als sie *Fearless* schrieb, nahm Taylor die Magie ihres Debütalbums mit – die Intimität, die ehrlichen Gefühle, das Storytelling – und haute voll auf die 13. Damit festigte sie die Treue der Fans, die ihr seit ihrer »Tied Together With A Smile«-Zeit gefolgt waren, und brachte ihr neue Fans ein, die sofort süchtig nach peppigen Hits wie »You Belong With Me« und »Love Story« waren. Es sind Lieder zum Mitsingen, sei es im Auto mit der besten Freundin oder in einem Stadion mit 10.000 anderen Fans. Taylor beteiligte sich aktiv an allem, was mit dem Projekt *Taylor Swift* zu tun hatte, von ihren Bühnenbildern (das Märchenschloss) über ihre Outfits in den Musikvideos bis hin zu den Produktionsentscheidungen für ihr Album. Diesmal war die Produktionsentscheidung, etwas weniger Banjo einzusetzen, was zu der Befürchtung führte, Taylor würde sich vom Country abwenden. Falls sie dazu versucht war, bewies der Erfolg der ersten Singleauskopplung aus *Fearless*, die mit einem zart gezupften Banjo eröffnet wurde, dass sie sowohl in den Pop- als auch in den Country-Charts triumphieren konnte – solange ihre Songs von

Als sie *Fearless* schrieb, nahm Taylor die Magie ihres Debütalbums mit – die Intimität, die ehrlichen Gefühle, das Storytelling – und haute voll auf die 13.

Herzen kamen. Taylor wird der Country-Musik noch eine Weile erhalten bleiben, und die Musikindustrie war gezwungen, »Love Story« zur Kenntnis zu nehmen – obwohl der Song völlig aus dem Rahmen des zeitgenössischen Pops fiel (die meistverkaufte Single des Jahres 2008 in den USA war »Low« von Flo Rida).

Dank der Hits konnte sich Taylor vermehrt dem widmen, was sie liebte: Eine Verbindung zu ihren Hörerinnen und Hörern herstellen. Die Menschen wurden von den euphorischen Refrains mitgerissen, aber die ruhigeren Momente auf *Fearless* weckten tiefe Gefühle. Es waren komplexe Geschichten, die das Wesen eines Teenagerlebens einfingen; Lieder, die man in Dauerschleife hören konnte, während man aus unerklärlichen Gründen unter der Decke weinte. Ein Teenager zu sein – das ist, als ob die Gefühle plötzlich voll aufgedreht werden, so laut und überwältigend sind sie. Die Musik, die diesen Zustand beschreiben will, muss ebenso groß und dramatisch sein, egal ob man eher der draufgängerische Typ ist oder lieber vom Fenster aus in den strömenden Regen blickt. Eine von Taylors herausragenden Fähigkeiten ist es, einen Moment unter die Lupe zu nehmen und jede Facette dessen auszudrücken, was sie dabei fühlte. Fans, die bereits die gleichen Erfahrungen wie Taylor gemacht haben, konnten mit diesen Songs ihr eigenes Leben romantisieren. Für diejenigen, die ihr erstes Date oder ihren ersten Kuss noch nicht erlebt hatten, war dies eine wunderschön gestaltete Welt voller Verheißungen, und zwar einschließlich der Trennungssongs: Jüngere Zuhörer, in denen bereits die großen Gefühle brodelten, wollten, dass ihnen das Herz gebrochen wird, damit sie endlich verstehen konnten, wovon Taylor in »Come In With The Rain« und »The Way I Loved You« spricht.

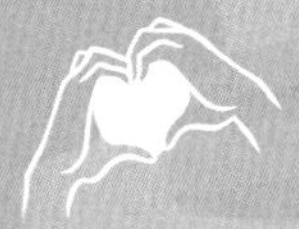

Eine von Taylors herausragenden Fähigkeiten ist es, einen Moment unter die Lupe zu nehmen und jede Facette dessen auszudrücken, was sie dabei fühlte.

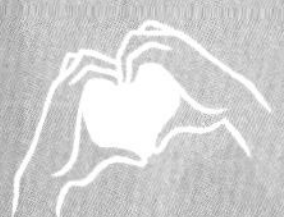

In *Fearless*, dem ersten Stück des Albums, entwirft Taylor eine ihrer typisch atmosphärischen Szenen und beschreibt den regennassen Bürgersteig derart filmisch detailliert, dass wir das Gefühl haben, einen ersten Kuss in Zeitlupe mitzuerleben. Man kann den Regen buchstäblich fallen hören und spüren, wie die Zeit sich ausdehnt – bis der Refrain einsetzt und Taylor sich in seine Arme (und die Zukunft) stürzt. Taylor singt, dass es nichts Besseres geben kann als diesen Augenblick – und erzeugt damit den Höhepunkt der Schwärmerei. Aber nach den romantischen Höhen von *Fearless* kommen die ernüchternden Tiefen: Die Enttäuschungen von »Forever & Always« und »You're Not Sorry« gehen tiefer als die Wut auf ihren betrügenden Freund, der sie in »Should've Said No« (*Taylor Swift*) freien Lauf lässt (als sie dieses Lied auf der *Fearless*-Tour spielte, regnete es jeden Abend auf die Bühne). Die schwermütigen, dramatischen Streicher in »You're Not Sorry« eignen sich perfekt, um das schlimmste Gefühl auszudrücken, das man als Teenager haben kann: abgewiesen zu werden.

Eine der Ängste, der sich Taylor auf *Fearless* stellt, ist das Erwachsenwerden und das Verlassen der sicheren Räume der Kindheit. Auf ihrem Debütalbum hatte sie Angst, die Wärme ihrer Komfortzone zu verlassen und die feindseligen Orte zu betreten, die sie in »Cold As You« oder »A Place In This World« beschreibt, wo sie allein ist und es keinen kümmert. Dieses Gefühl der Isolation in einer emotionalen Antarktis wird in ihren Songs immer wieder auftauchen, bis hin zu »You're On Your Own, Kid« auf *Midnights*, wenn man längst meinen könnte, sie genieße selbstgefällig ihren Erfolg und würde mit Einladungen zu jeder Party überhäuft. Das Gute an der Kälte ist jedoch, dass man sich durch sie lebendig fühlt. Taylors größte Liebe führt sie in »All Too Well« auch ins eisige New Yorker Hinterland, oder sie springt in »Paper Rings« ins kalte Wasser eines Freibads. Ihre kostbaren Erinnerungen an das gemeinsame Schwimmen mit ihrer Großmutter in »marjorie« (*evermore*) zeigen uns, dass Erinnerungen uns nicht deshalb prägen, weil sie bequem und gemütlich sind, sondern wegen ihrer Intensität. Der Kälteschock in Taylors Liedern ist brutal, aber er ist auch, worum es im Leben geht. Es fällt ihr immer noch schwer, das Risiko einzugehen und sich den unkontrollierbaren Elementen, den wilden Stürmen jugendlicher Emotionen, auszusetzen, aber sie tut es. Wenn ein Erwachsener aus dem Fenster schaut, wird er vielleicht sagen: »Dieses Unwetter bekommt auf der Gefühlsskala höchstens eine Fünf«. Wenn du aber da draußen im Regen tanzt, weil du 15 bist und dein allererstes Date hast mit einem Jungen, der ein Auto hat – dann ist es eine Zehn.

Teenager, die Glück haben, finden Schutz bei ihrer Familie, wenn die Dinge schieflaufen. »The Best Day« ist Taylors Hymne auf ihre Familie, im Speziellen auf ihre Mutter Andrea. In diesem Song sorgt jemand dafür, dass sie ihren warmen Mantel anhat, wenn ihr kalt wird (im Schwestersong von »Speak Now«, »Never Grow Up«, muss sich Taylor selbst zudecken, wenn es in ihrer neuen Wohnung kühl wird). In »The Best Day« thematisiert Taylor auch die soziale Ausgrenzung, die sie mit 13 erfuhr. Es ist eine einschneidende Erfahrung, die ihr öffentliches Auftreten mitprägen wird und auf die sie in ihren Liedern immer wieder zurückkommen wird. Die 13 wird auch Taylors Glückszahl. Ab der *Fearless*-Tour wird sie vor den Auftritten die Zahl 13 auf ihre Hand schreiben, um den Fans zu zeigen, wie wichtig ihr die Zahl persönlich und beruflich ist. Die Zahl 13 ist überall zu finden, von der Verwendung von 13 Emojis, um Fan-Posts zu kommentieren, bis hin zur 13 und 26 auf der Hochzeitstorte im Video zu »I Bet You Think About Me (feat. Chris Stapleton) (Taylor's Version) (From The Vault)« 2021. Wie ihre Herzensbrecher verwandelte Taylor auch die Zahl 13 in etwas Positives, das sie mit ihren Fans teilen konnte. Aber »The Best Day« ist die einzige Stelle (bis jetzt), an der sie die Zahl 13 in einem Song erwähnt.

Mit 18 wird das Leben nicht unbedingt einfacher. Im regnerischsten Song des Albums, dem anklagenden »Forever & Always«, lässt Taylor ihre Erinnerungen an eine Beziehung Revue passieren, die so verwirrend war, dass sie sich mit dem Mann über einen *Saturday Night Live*-Monolog verständigen musste (den sie selbst geschrieben hatte und mit dessen Ausgereiftheit sie die Autoren von *SNL* beeindruckte – die meisten Moderatoren lassen sich ihren Text im berühmten Autorenraum der Show schreiben).[1] »Forever & Always« beginnt mit dem klassischen »Es war einmal«, nur eine von vielen Märchenanspielungen auf *Fearless*, darunter der Auftritt von Schneewittchen in »The Best Day« und der Bonustrack »Today Was A Fairytale«. Letzterer fängt Taylors märchenfixierte Welt perfekt ein: Der Angebetete ist ein Prinz, der anstatt eines seidenen Gehrocks ein graues T-Shirt trägt. Taylor gibt diesem Sujet mit »White Horse« eine neue Wendung, in der sie erkennt, dass ihr Glaube an ein Happy End vielleicht naiv ist. Es geht um die Entscheidung, die Kleinstadt zu verlassen, die die Welt ihres Debütalbums umgrenzte, und damit auch die hiesigen

Jungs, die ihr als 14-Jährige wie große Stars erschienen, hinter sich zu lassen. Der größte Schock ist die Entdeckung, dass es vielleicht nicht für alle ein solches Happy End geben wird, wie wir es als Kinder erzählt bekamen. »White Horse« erinnert uns daran, dass Taylor vielleicht eine Träumerin ist, aber einfältig war sie nie. Denken wir an die allerersten Zeilen des allerersten Songs ihrer Diskografie, »Tim McGraw«: Selbst in ihrer romantischsten Fantasie rüffelt sie den sanftmütigen Jungen, weil er ihr mit einem Spruch über ihre blauen Augen kommt.

Laut »White Horse« ist ein gebrochenes Herz besser, als unhinterfragt dort zu bleiben, wo das Schicksal einen hingestellt hat. Erinnern wir uns an Mary aus »Mary's Song (Oh My My My)«, die nicht nur von ihrem zukünftigen Ehemann in ein Leben gedrängt wird, sondern auch von ihren eigenen Eltern, die (nicht ganz) im Scherz sagen, dass sie den Jungen von nebenan heiraten wird, und sie damit zu niedrigen Erwartungen verdammen. Taylor experimentierte da bereits mit der Idee des Happy Ends, die sie in den kommenden Jahren ernsthaft infrage stellen wird: »Ein Märchen ist ein interessantes Konzept. Am Ende heißt es ›und sie lebten glücklich bis an ihr Lebensende‹, aber das ist nicht Teil unserer Welt. Die Geschichte geht immer weiter, und man ist ständig mit den komplexen Aspekten des Lebens konfrontiert.«[2] Als sie *1989* schreibt, ihr Album über Neuanfänge, sagt sie: »Mir wurde klar, dass es diese Idee des Happy Ends gibt, das im wirklichen Leben aber nicht existiert. Man reitet nicht in den Sonnenuntergang, denn im wahren Leben läuft die Kamera einfach weiter.«[3]

Das Herz des Storytellings ist nicht das Happy End, sondern sind Konflikt und Spannung. Das Naturtalent Taylor hat das

Bedürfnis nach Konflikten und fröhlichen, beschwingten Emotionen von Country-Musikerinnen wie The Chicks (früher The Dixie Chicks) aufgegriffen und in den Liner Notes für *Red* die Verbindung zwischen erzählerischer Spannung und eingängiger Musik hergestellt: »Ich hatte das Gefühl, dass meine Lieblingsautoren nahezu musikalische Hooks in ihren Werken haben, sei es in Gedichten oder einem Cliffhanger am Ende eines Kapitels, der Lust auf das nächste Kapitel macht.«[4] Das ist wahrscheinlich der Grund, weshalb man sich an Taylors Musik nie satthören kann. Okay, wer 2008 im Einzelhandel gearbeitet hat, hat vielleicht Anspruch auf eine lange Pause von »You Belong With Me«. Taylors ausgeklügeltes Wortspiel stammt aus dem Musikgenre schlechthin der Nullerjahre, dem Emo (sie sagt, Fall Out Boy hätten ihr Songwriting »mehr als sonst jemand« beeinflusst),[5] und aus dem Hip-Hop. Obwohl Taylor ästhetisch weit von Eminem, dem weltgrößten Rapper, als *Taylor Swift* herauskam, oder Lil Wayne, dem King, als *Fearless* veröffentlicht wurde, entfernt zu sein scheint, kann man im 21. Jahrhundert kaum in der Musikbranche tätig sein, ohne Einflüsse aus ihrem dominantesten Genre zu ziehen. Der erste Rap-Song, den sie jemals auswendig gelernt hat, so Taylor, war »Fireman« von Lil Wayne, und 2002 hat sie Eminems Track »Lose Yourself« live gecovert.[6] Taylors direkter Sprechgesang und ihre häufige Verwendung von sich wiederholenden Einzelnoten über komplexeren Melodien war schon immer nur ein paar Schritte von echtem Rap entfernt – mit »Shake It Off« tastete sie sich weiter in diese Richtung vor. Apropos, der Hip-Hop-beeinflusste Hit »Shake It Off« der Popsängerin Mariah Carey aus dem Jahr 2005 kann an Taylor nicht vorbeigegangen sein. Dessen Markenzeichen sind mehrsilbige Wörter, die sie geschickt auf den Beat setzt (Mariahs Freund ist ein notorischer Lügner – »compulsively« – vier Silben!). Taylor übertrifft sogar Mariah mit dem fünfsilbigen »absentmindedly« in *Fearless* und steigert sich auf sechs Silben für »miscommunications« in »The Story Of Us« auf *Speak Now*. Taylor mag nicht wie eine traditionelle Rapperin klingen, aber manchmal verhält sie sich sogar wie eine – ihre Unerschrockenheit ist unübertroffen. Bei der Verleihung der Academy of Country Music Awards 2007 stieg Taylor bei »Tim McGraw« ins Publikum hinab, um Tim McGraw selbst ein Ständchen zu singen; am Ende streckte sie ihm die Hand hin und sagte: »Hi, ich bin Taylor«. Wenn du im Jahr 2024 an »Tim McGraw« denkst, denkst du dann an ihn – oder an Taylors Song? Taylors Gespür dafür, sich in Szene zu setzen, und ihre unglaubliche Selbstbeherrschung haben sie zu dem Star gemacht, der sie heute ist. Dieses Selbstvertrauen ist auch in ihrer Musik zu spüren. Wer ist die eine Künstlerin, die Taylor gesampelt hat? Sie selbst.[7]

Obwohl *Fearless* verträumt und glitzernd ist, sind zwei der herausragenden Stücke auch in der Lebenswelt der Highschool verankert. Taylor beschrieb den Gang zur Schule am ersten Tag des ersten Schuljahres als beängstigender, als vor Tausenden von Menschen die Bühne zu betreten. Jeder, der mit Teenagerfilmen und -serien von Gossip Girl bis Riverdale aufgewachsen ist, wird die Charaktere wiedererkennen: Liebenswerte Trottel, kantige Außenseiter, »popular girls«. »You Belong With Me« beschwört die mächtigste und zugleich düsterste Figur in der gesamten Mädchenwelt: Das fiese Mädchen. Taylor weiß, dass ihr Publikum verstehen wird, was eine Cheerleader-Anführerin im Kontrast zu ihr selbst zu bedeuten hat – damals noch überzeugend als Loserin in Sneakern dargestellt, die nie den Typen kriegt. Sie übernimmt schließlich die Charakteristika der Freundin ihres Schwarmes, von den kurzen Röcken bis zum Schreien am Telefon (»Je suis calme!«). Taylors Aufgabe ist es nicht, eine ruhige, überlegte Sichtweise auf eine Situation zu präsentieren; es ist ihre Aufgabe, unsere Aufmerksamkeit mit glaubwürdigen Gefühlen zu fesseln, von denen eines die Eifersucht ist. Indem sie im Video zu »You Belong With Me« eine brünette Perücke aufsetzt und ihre eigene Liebesrivalin spielt, macht Taylor deutlich, dass wir alle in den Augen verschiedener Leute beide Rollen spielen können: Die nette, auserwählte Liebe im weißen Kleid oder das vermeintlich fiese Mädchen im roten Cut-out-Dress. In ihrer *1989*-Ära wird sich Taylor selbst als Cheerleaderin präsentieren, die eigentliche Königin der Schule, und zwar auf eine allmählich weniger augenzwinkernde Art und Weise. Sie ist darauf aus, eines der »coolen Mädchen« zu werden, über die sie als Teenager gelacht und die sie vielleicht insgeheim beneidet hat. Mit der Verwendung von weiblichen Archetypen, die der amerikanischen Mythologie des 20. Jahrhunderts entlehnt sind (z. B. die Cheerleaderin und die Braut) brachte Taylor ihre Botschaften auf den Punkt. Im Laufe der Zeit wird sich Taylor jedoch zunehmend an Stereotypen stören, denn sie versteht, in welch enge Schubladen Frauen gedrängt werden. Auf *folklore* wird sie zur »mad woman« und in »Anti-Hero« auf *Midnights* zum Monster werden. Aber vorerst bleibt sie das normale Teenage-Girl, das die Schubladen erst kennenlernen muss, bevor sie aus ihnen ausbrechen kann.

In »Fifteen«, ihrem großartigen Stück über die intensiven Umwälzungen dieses Alters, zeigt Taylor, wie ein Teenager-Mädchen gleichzeitig schüchtern und verletzlich (sie errötet, als ein süßer

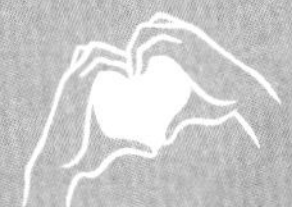

Taylors Aufgabe ist es nicht, eine ruhige, überlegte Sichtweise auf eine Situation zu präsentieren; es ist ihre Aufgabe, unsere Aufmerksamkeit mit glaubwürdigen Gefühlen zu fesseln, von denen eines die Eifersucht ist.

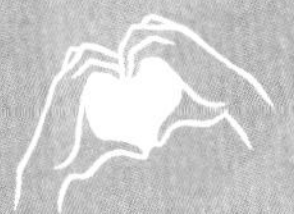

Typ ihr zuzwinkert) und voller Übermut (du denkst, du weißt alles, MOM) sein kann. Hier finden wir sogar die erste Andeutung von Sex in Taylors Musik: In der Geschichte ihrer besten Freundin Abigail, die von einem Jungen enttäuscht wurde, dem sie »alles« gegeben hatte. Mit gerade einmal 18 Jahren blickt Taylor bereits mitfühlend auf ihre Jugenderlebnisse zurück, als lägen sie in ferner Vergangenheit. Diese Erfahrungen sind Teil ihrer persönlichen Mythologie geworden, indem sie sie in Liedern niedergeschrieben hat, die seitdem von Tausenden von Menschen mitgesungen werden. Sich Taylors Frühwerk anzuhören, ist, als sähe man live dabei zu, wie eine Saga entsteht. Die Kraft des Songs kommt in der Version »Fifteen (Taylor's Version)« noch mehr zur Geltung. Die erwachsene Taylor – eine Frau, die unvorstellbare berufliche Erfolge erzielt, sich künstlerisch auf genialem Niveau ausdrückt und das Leben von Millionen von Menschen unermesslich erhellt – sagen zu hören, dass sie in ihrem Leben mehr erreichen wird, als mit irgendeinem Typen auszugehen, ist ungemein ergreifend.

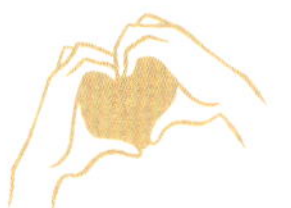

Mit gerade einmal 18 Jahren blickt Taylor bereits mitfühlend auf ihre Jugenderlebnisse zurück, als lägen sie in ferner Vergangenheit.

Diesen Rat hätten wir alle mit 15 gebrauchen können, wenn wir ihn nur hätten hören wollen. Das Leben kann jenseits der schützenden Bettdecke oder des regennassen Fensters beängstigend sein, aber genau darum geht es beim Erwachsenwerden im Taylorversum: Angst zu haben und trotzdem zu tanzen.

Shout-out song

»LOVE STORY«

Auf dem Papier hat dieser Song kein Recht, so gut zu sein. Er schreibt die ultimative Liebesgeschichte, *Romeo und Julia*, neu und lässt das weg, was diese Geschichte über die Jahrhunderte hinweg so beliebt gemacht hat: Ihr Ende. »Love Story« wirft die Tragödie über Bord und bleibt dennoch hochdramatisch. Es ist perfekt. Keine Anspielung auf Prinzessinnen, Ballkleider oder Shakespeare kann je zu viel sein, wenn man verliebt ist.

In Taylors Liedern geht es oft um Erinnerungen: »Alles, was wir haben, sind unsere Erinnerungen und unsere Hoffnung auf zukünftige Erinnerungen. Ich hoffe, dass ich den Leuten einen Soundtrack dazu geben kann.«[8] »Love Story« hat einen Rahmen, der direkt aus der klassischen Literatur stammt: Eine ältere Julia, die sich daran erinnert, wie sie Romeo zum ersten Mal sah, als sie beide noch jung waren. Aber der wahren Liebe werden Steine in den Weg gelegt. Julias Vater verbietet den beiden, zusammen zu sein. Offenbar ist dies an Taylors Vater Scott angelehnt, der zwar nicht der Typ ist, der mit einer Schrotflinte herumfuchtelt, sich aber nicht sicher war, ob er mit ihrer neuen Liebe einverstanden ist.[9] Taylor rannte in ihr Zimmer und schrieb den Song in 20 Minuten.[10]

Taylor ließ sich von »Liebeskram, der mir passiert ist«, sowie von romantischen Filmen und natürlich Shakespeare inspirieren. Über das kleine, gewöhnliche Drama eines Mädchens, das mit einem Jungen zusammen sein will, sagte sie: »Als Autorin versucht man, Augenblicke zu vertiefen. Man versucht, eine Mini-Emotion oder ein Gefühl, das man zwei Minuten lang hatte, zu nehmen, darauf zu zoomen und es zu erforschen.«[11] Taylor zoomt ganz nah an ihre Figur Julia heran und verfolgt jede ihrer Bewegungen und Gefühle, von dem Moment an, in dem sie den Ball betritt, bis zu dem, was sie irgendwo am Rande der Stadt zu Romeo sagt, an einem Ort, an dem die verlässlichen Regeln des Kleinstadtlebens verschwimmen. Was, wenn diese Liebesgeschichte nicht mit einer Heirat endet? Wie in (Shakespeare's Version) ist der Bösewicht in dieser Geschichte ein Mangel an Kommunikation. Aber diesmal schreibt Taylor das Skript, und sie sagt: »Ich habe dieses Ende hinzugefügt, weil ich es so wollte [...] Das ist das mädchenhafte Mädchen, das in mir steckt.«[12]

Besser kann der Teil eines Liedes nicht werden: Die Spannung steigt, als eine verwirrte Julia Romeo um Antworten bittet. Auch wenn die Lage schwierig ist – ist ihre Liebe echt? Es fühlt sich an, als wäre die ganze Mädchenwelt in diesem Moment anwesend, in dem Gefühl, darauf zu warten, dass das Leben beginnt. Julia und die Musik sprudeln wie eine geschüttelte Champagnerflasche. Bis sich die Tonart ändert und damit auch das Leben Julias. Er will sie wirklich! Romeo ist der ultimative moderne Held: Er besänftigt den wütenden Vater und trifft sogar die Hochzeitsvorbereitungen – Julia muss nur noch ein Kleid aussuchen.

»Love Story« hat etwas Zeitloses. Taylors Neuaufnahmen ihrer ersten sechs Alben haben dazu geführt, dass ihre früheren Werke noch genauer unter die Lupe genommen wurden. Songs wie »Fifteen« klingen berührender, während »You Belong With Me« und »Better Than Revenge« trotz ihres unschlagbaren Songwritings nicht so ganz mit der Taylor harmonieren, die wir heute kennen. »Love Story« könnte gestern geschrieben worden sein. Obwohl es darum geht, sich zu verlieben und zu heiraten, könnte es

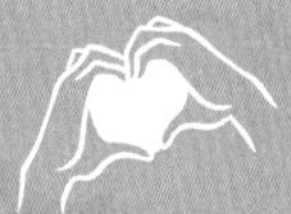

Nach all diesen Jahren ist der Songtext von "Love Story" noch immer der mit den meisten Online-Suchanfragen aus Taylors gesamtem Werk.

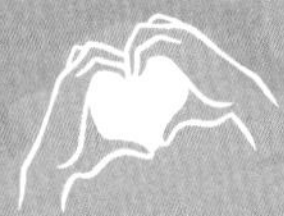

genauso gut um jedes Szenario gehen, in dem man alles in einen Traum investiert hat und jetzt befürchtet, dass er einem entgleiten könnte; Romeo ist Julias »Ein und Alles«, in typischer Alles-oder-nichts-Teenager-Manier. Diese schwarz-weiße Leidenschaft ist das Herzstück des Songs. Fans aller Altersgruppen mögen ihn, egal, ob Kids oder deren Väter. Vielleicht verliebte man sich 2008 in das Lied, weil man gerade die ersten zaghaften Schritte einer frühen Liebe erlebte und das Gefühl hatte, etwas aufs Spiel zu setzen. Oder vielleicht gehört man zu denjenigen, die ihn in der Restaurant-Drama-Serie »The Bear« gehört und seine unglaubliche Energie entdeckt haben. Auf die Knie zu fallen und diesen Song zu schrei-singen, ist eine angemessene Reaktion, egal, wo man ihm begegnet: Nach all diesen Jahren ist der Songtext von "Love Story" noch immer der mit den meisten Online-Suchanfragen aus Taylors gesamtem Werk. Diese funkelnden Anfangstöne des Banjos bedeuten jetzt so viel mehr, als dass Taylor dem Country treu bleibt: Es ist der Klang von purer Romantik, von nervöser Vorfreude und vom Triumphieren trotz aller Widrigkeiten.

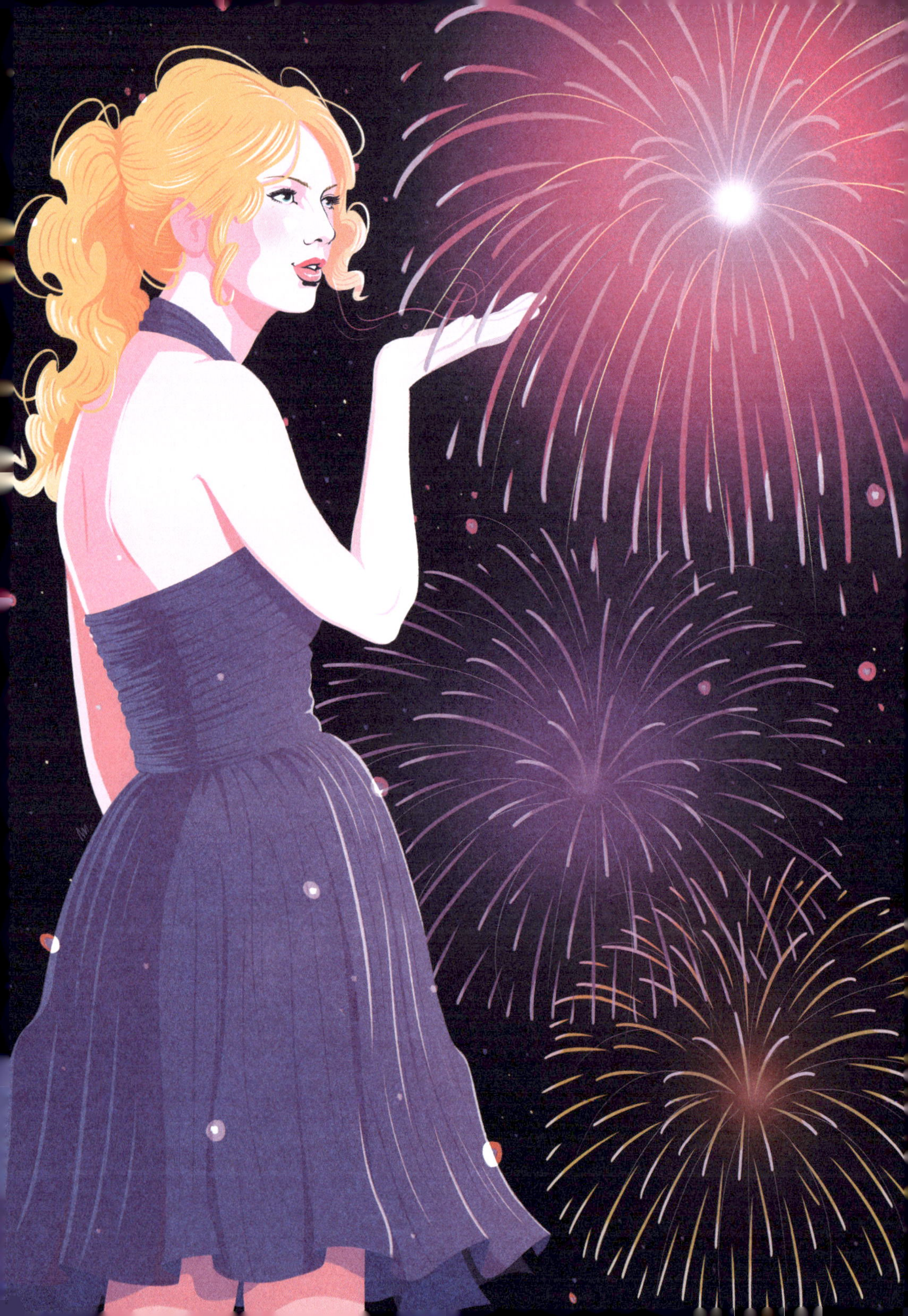

3

Das letzte Märchen

SPEAK NOW

Die ersten drei Alben aus Taylors Karriere – *Taylor Swift*, *Fearless* und *Speak Now* – entstanden, als sie die prägende Zeit ihrer Teenagerjahre durchlebte und von einem ganz normalen Mädchen zum glitzernden Superstarmaterial wurde. Taylor hatte immer etwas sehr Mädchenhaftes, und diesen verspielten, unschuldigen Wesenszug wird sie auch nie verlieren. Aber die Mädchenzeit muss irgendwann zu Ende gehen, und oft geht sie regelrecht in Flammen auf. In einer fernen Zukunft wird Taylor auf *Midnights* ein Lied über das Ende ihrer Mädchenjahre veröffentlichen: »Would've, Could've, Should've«. Es wird eine Umarmung der Taylor von »Dear John«, im Bewusstsein, sich im *Ragnarök* der Mädchenzeit zu befinden und die alten Überzeugungen loslassen zu müssen, damit die Frau in ihr erwachen kann. Es ist unvermeidbar, aber verheerend (sollen wir nicht einfach wieder zu *Fearless* zurückkehren und so tun, als ob nichts passiert wäre?) Vor der Veröffentlichung der neu aufgenommenen Version von *Speak Now* im Jahr 2023 beschreibt Taylor die Jahre zwischen 18 und 20 als »mit dem letzten Licht der untergehenden Sonne meiner Kindheit zum Glühen gebracht«.[1] Sie hielt noch ein Album lang an ihrer Kindheit fest – ihretwegen und unseretwegen.

Taylors vorheriges Album *Fearless* handelte von dem Wunsch, durch den Zauberstab der Liebe verwandelt zu werden, und von den Schwierigkeiten, den Rest der Welt dazu zu bringen, einen wie eine Märchenprinzessin zu behandeln – oder einfach wie einen Menschen. Taylor musste sich einer wachsenden Zahl von Kritiken stellen, angefangen bei der Kraft ihrer Stimme bis hin zum Vorwurf, ein schlechtes Beispiel für Kinder zu sein.[2] Um die Kontrolle zu behalten, musste sie sich ihr eigenes Schloss erschaffen, indem sie sich in ihren Liedern und Videos als Burgfräulein darstellte, während sie gleichzeitig süße, charmante Jungs als ihre Liebespartner castete. Spätestens bei »Long Live«, dem letzten Song auf *Speak Now*, hatte Taylor genug davon, eine Prinzessin zu sein. Dieser Song ist zugleich ihr eigenes Statement für das Erwachsenenleben: Sie beschreibt sich und ihre Freunde als »Könige und Königinnen«, die in eine unbekannte Zukunft aufbrechen. Von da an stellt sich Taylor als Herrscherin dar – in Songs wie »Blank Space« und »King Of My Heart« bezeichnet sie sich selbst als »Queen«. In dem Lied »Castles Crumbling (feat. Hayley Williams) (Taylor's Version) (From The Vault)« auf *Speak Now* sieht sie sich sogar als Herrscherin über ein ganzes Imperium, das jedoch ständig vom Untergang bedroht ist. Es hat etwas Majestätisches, wie sie beginnt, sich ihrer Macht bewusst zu werden. Mehr als zehn Jahre später wird es noch unglaublicher, wenn sie in »Would've, Could've, Should've« den Mann anklagt, der ihr Selbstbewusstsein zerstört hat. Dieser traurige, kraftvolle Song ist umso ergreifender, wenn man bedenkt, welch bezauberndes Porträt ihrer Mädchenzeit sie in ihrer Musik geschaffen hat.

Taylor war 21, als *Speak Now* herauskam, und anstatt einen College-Abschluss zu machen, ging sie durch die Schule der öffentlichen Meinung, mit Schwerpunkt im Gewinnen von Grammys. Die Jahre zwischen 15 und 19 werden in Taylors Songs öfter erwähnt, als jedes andere Alter zusammengenommen. In ihren eigenen Worten sind die letzten Teenagerjahre die »emotional turbulentesten«, aber auch die »idealistischsten und hoffnungsvollsten« Jahre im Leben eines Menschen. Beides fängt sie auf *Speak Now* ein, wo sie neue Facetten von Taylor vorstellt.[3] Es gibt einen Hinweis auf den Promi Taylor, aber ihre Lieder handeln nicht davon, wie schrecklich es ist, berühmt zu sein. »In meinem ganzen Leben wollte ich nur eins … Jetzt, da ich es bekommen habe, werde ich mich sicher nicht darüber beschweren.«[4] *Fearless* führt ein interessantes Doppelleben. Es war das meistverkaufte Album des Jahres in den USA. Es gewann den Grammy für das Album des Jahres, und obwohl das Ansehen dieser Auszeichnung im Laufe der Jahre immer weiter gesunken ist, (mit einem verblüffenden Ausschluss nach dem anderen – Gerechtigkeit für Beyoncé), liegen Taylor, und damit auch ihren Fans, die Grammys sehr am Herzen. Sie werden von Musikern und Branchenvertretern gewählt, und es ist nur natürlich, dass man von denen, mit denen man zusammenarbeitet, akzeptiert werden will. Akzeptanz ist eigentlich alles, was Teenager wollen. Ein Teenager-Mädchen, das Lieder über Unsichtbarkeit und Außenseitertum schreibt, platzt vor Stolz, wenn es mit dem goldensten aller goldenen Sternchen für eine gute Note ausgezeichnet wird.

Aber obwohl *Fearless* von den vielen, vielen Leuten, die es allein in der ersten Woche gekauft haben, geliebt wurde – Moment, wir müssen hier kurz unterbrechen und ernsthaft über die Verkaufszahlen von *Fearless* reden. 2008 sank die Gesamtzahl der in Amerika verkauften Alben von 500 Millionen auf 428 Millionen. Die Musikindustrie musste sich also Gedanken darüber machen, woher die nächsten 100 Millionen Dollar kommen sollten.[5] Taylor widersetzte sich dem Trend und verkaufte innerhalb eines Jahres 4 Millionen Exemplare von *Fearless*. Das Album kam nicht nur beim Zielpublikum gut an, sondern beeindruckte und erleichterte auch diejenigen, die die Grammys vergaben und davon abhängig waren, dass die Musikindustrie weiterhin Gewinne machte. Taylors Stern ging auf und es wurde klar, dass ein Mädchen im

Teenageralter das nächste große Ding werden sollte – und das wurde nicht gern gesehen. Obwohl die »rockistische« Kritik, die nur Gitarrenmusik von Whiskey-besingenden Männern guthieß, allmählich durch einen eher »poptimistischen«, an einer breiteren Musikpalette interessierten Ansatz ersetzt wurde, war 2008 immer noch jede Menge unbegründeter Spott zu hören.

Kritiken schossen sich auf Taylors Stimme ein und verfassten Überschriften wie »Hey, hat eigentlich jemand gemerkt, dass Taylor Swift nicht singen kann?«.[6] Taylor war nach ihrem historischen Grammy-Gewinn irritiert über die zunehmende Skepsis gegenüber ihrem Talent (sie war, bis Billie Eilish im Jahr 2020, die jüngste Künstlerin, die für das Album des Jahres ausgezeichnet wurde): »Plötzlich zweifelten die Leute an meiner Stimme [...], man war sich nicht mehr sicher, ob ich die Lieder selbst schrieb, weil ich in der Vergangenheit manchmal mit Co-Autoren gearbeitet hatte.«[7] Taylor reagierte auf ihre typisch fleißige Art und nahm Gesangsstunden. Sie befürchtete, alles, wofür sie so hart gearbeitet hatte, plötzlich zu verlieren.

Taylors Stimme ist kräftiger, als viele ihrer Kritiker glauben machen wollten. Es war vielleicht nicht ihre Gesangstechnik, die ihr den Plattenvertrag einbrachte, aber es gibt auch eine bittere Wahrheit, die viele außer Acht lassen: eine gute Sängerin zu sein, macht dich nicht automatisch zum Popstar. Der »beste Sänger« auf der Bühne ist tatsächlich meistens jemand aus dem Backgroundchor.[8] Im Pop dreht sich alles darum, den Hörern einen Song nahezubringen. Deshalb waren Sängerinnen und Sänger mit einem einzigartigen Klang und der Fähigkeit, eine Geschichte zu erzählen, seit jeher die beliebtesten – von Bob Dylan bis Britney Spears. Sängerinnen und Sänger für menschliche Fehler zu kritisieren hat dazu geführt, dass die Verwendung von Auto-Tune immer gängiger wird. Das Ergebnis ist eine Roboterhaftigkeit von modernem Gesang, die einem erst so richtig auffällt, wenn man sich zum Vergleich Musik aus den 90ern und davor anhört (wo man noch die kleinen schiefen Töne in den alten Gesangsaufnahmen genießen kann). Und dennoch ist und bleibt Taylor eine gute Sängerin. Ihr Vorteil ist, dass sie ihre Songs wunderschön singen kann, weil sie sie für ihre Stimmlage und Stimmkraft geschrieben hat. Dazu kommt ihr Talent, komplexe Textstellen flüssig oder Worte fast flüsternd vorzutragen. Taylor beschreibt, wie die »eigenen Songs einfach sind ... Du findest diesen Platz für deine Stimme, wo du nichts mehr erzwingen musst, sondern einfach schweben kannst«.[9] Selbst herausragende Sängerinnen wir Kelly Clarkson sehen es als gewisse Herausforderung, Taylor-Songs zu covern. Kellys Version von »Clean« ist wunderschön, obwohl sie als hoher Sopran Schwierigkeiten hat, Taylors erdige tiefere Töne zu treffen; ihr »Delicate« ist sogar noch kniffliger, weil der Song eine eindringliche, sich wiederholende Zeile hat, vor der man sich nicht verstecken kann. »Delicate«, »Out Of The Woods« oder »Lover« sind keine gute Wahl für Karaoke! Bereits am vierten identischen »my« in »Lover« wirst du in Schleudern kommen. Dann versteht man Taylors Stärken als Sängerin, und wie sie sich in ihren Auftritten ins Zeug legt.

Verärgert über die Kommentare der Rockfraktion zu *Fearless*, schrieb Taylor jeden Song auf *Speak Now* allein, produzierte und sang auch viele der Harmonien selbst. Drei der Stücke auf ihrem Debütalbum hatte Taylor allein geschrieben, einschließlich dem herausragenden »Our Song«, in vielen anderen arbeitete sie mit der brillanten Nashviller Songwriterin Liz Rose zusammen. Auf

Fearless sind es sieben eigene Lieder, einschließlich »Love Story«. Bis heute veröffentlicht Taylor einen Solosong pro Album, nur um uns daran zu erinnern, dass sie es kann: »my tears ricochet«, »no body, no crime (feat. HAIM)« und »Vigilante Shit« gehen alle auf Taylors Konto. Manche der Lieder auf *Speak Now* sind perfekte Variationen von Ideen, mit denen sie schon vorher experimentiert hat: »Sparks Fly« ist ein romantisches Stück über die dynamische Kraft des Verliebtseins, genauso wie *Fearless*. »Mine« ist textlich schlicht ein Meisterwerk, alles fügt sich dort ineinander wie in einem aufwendig gefertigten Puzzle. Im Grunde ist das ganze *Speak Now* ein Meisterwerk im altmodischen Sinne: das perfekte Beispiel für das Meisterstück einer Handwerkerin. Es ist nicht zwingend das beste Stück, das sie jemals anfertigen wird, denn das kommt wahrscheinlich erst noch. Aber es ist das Stück, mit dem sie ihre Reife unter Beweis stellt. Dass Taylor zur alten Gilde der authentischen Songwriter gehört, hat sie mit *Speak Now* bewiesen. Außerdem hat sie es geschafft, von den Arenen in die Stadien aufzusteigen – das ultimative Zeichen dafür, dass sie es als Superstar geschafft hat. Mit dem Schreiben ihrer eigenen Songs machte sie nicht nur ihren Standpunkt klar, es hieß auch, dass sie sich in Sachen Struktur auf ihren Instinkt verließ. Die Songs wurden länger und enthielten ein neues Element, das auf *Fearless* nur angedeutet wurde. Es ist der Ort im Lied, an dem die Zuhörer leben, weinen, sterben und wieder zum Leben erwachen: die über allem stehende Swift-Bridge.

Zuerst bemerkten wir sie in »Back To December«. Dieser Song ist schon deshalb Neuland für Taylor, weil sie in ihm zum ersten Mal ihre eigenen Fehler zugibt. Sie ist diesmal diejenige, die ein Herz gebrochen hat, und nach so vielen Liedern, in denen sie sich wünschte, dass jemand an ihre Tür klopft, steht jetzt Taylor an seiner Tür und bittet um eine zweite Chance. Gerade wenn man denkt, man wüsste, worum es in diesem Song geht, setzt sie nach drei Minuten und acht Sekunden mit einer leidenschaftlichen Bridge, die in Resignation und Bedauern endet, noch einen drauf (dieser Song ist auf meiner persönlichen Heul-Playlist). Vier volle Minuten nach der langsam brennenden Tour de Force über toxische Beziehungsdynamik, Gaslighting und bittere Enttäuschung von »Dear John«, verlässt Taylor das resignierte Register vom Anfang, um in einem Schmerzensschrei diese Bridge auszuspucken. Sie listet knurrend die Fähigkeiten des titelgebenden John zur emotionalen Manipulation auf, wie zum Beispiel die ständige Änderung der Regeln, wie man ihn zufriedenstellen kann. Das hat den schrecklichen Nebeneffekt, dass Taylor sich darauf fixiert, ständig dieses Rätsel von einem Mann lösen zu wollen. Am Ende bleibt ihr nur ein Ausweg: Sie flieht und lässt seine Anrufe unbeantwortet. Es wurde viel darüber spekuliert, um wen es in »Dear John« geht, und ob es in Ordnung ist, dass Taylor in ihren Liedern Namen nennt. Es ist nicht leicht: Taylor hat eine so große Bühne und eine so überzeugende Fähigkeit, ihre Gefühle auszudrücken, dass das Erzählen ihrer eigenen Geschichte zu unbeabsichtigten Konsequenzen führen kann, nämlich zu einer großen Anzahl böser Kommentare, die ihren mutmaßlichen Ex-Freunden entgegengeschleudert werden. Viele Jahre lang spielte sie bei ihren Konzerten »Dear John« nicht mehr, und als sie es schließlich nach elf Jahren auf der *Eras*-Tour wieder im Repertoire hatte, sagte sie den Fans deutlich, dass dies keine Aufforderung dazu sei, irgendjemanden anzugreifen: »Ich habe *[Speak Now (Taylor's Version)]* nicht veröffentlicht, damit ihr mich im Internet gegen jemanden verteidigt, von dem ihr glaubt, ich hätte ihn vor 14 Milliarden Jahren in einem Song erwähnt.«[10] Natürlich ist man neugierig, welche Promis Taylor eventuell gedated hat, aber das Lied hätte die gleiche Macht, wenn John der Tankwart von Wyomissing wäre. In Taylors Liedern geht es um ihr Leben, aber mittlerweile geht es auch um unseres. Selbst wenn Taylor ein Dokument unterschreiben würde, auf dem genau aufgelistet ist, um wen es in jedem Song geht, würden sie sich immer noch anfühlen, als hätte sie sie für uns geschrieben, als wären es Songs über unser Leben (wie konnte sie das bloß wissen?) Wie Taylor bei der Veröffentlichung der neu aufgenommenen Version von *Speak Now* im Jahr 2023 schrieb: »Es gehört dir, es gehört mir, es gehört uns«.[11]

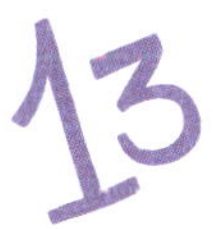

In Taylors Liedern geht es um ihr Leben, aber mittlerweile geht es auch um unseres.

Die besten Bridges des Albums sind in den traurigen Songs, und mehr Cry-Playlist als »Last Kiss« wird's nicht. Die trügerisch einfache Melodie fühlt sich so an, als hätte sie schon immer existiert. Der sanft eindringliche Rhythmus erinnert an Regen, der ans Fenster prasselt, als Taylor auf dem Boden zusammenbricht und sich an das gebrochene Versprechen ihres Ex erinnert, sie für immer zu lieben. Der Regen ist eine Anspielung auf *Fearless*, bei dem das Wetter die Kulisse für einen herrlichen ersten Kuss bildet; »Last Kiss« ist das Ende dieser Geschichte. Wenn sie es live spielt, kündigt sie es passenderweise mit den Worten an: »Zeit, ›Last Kiss‹ zu spielen und zu heulen.«[12] Als Porträt einer Beziehung kommt es mit wenigen Worten aus: Der Ex ist ein Angeber und ein Partylöwe, jemand, der Taylor unhöflich ins Wort fällt, wenn sie etwas sagen will, und gerade deswegen hat sie ihn geliebt, nicht trotzdem. Der Song steckt voller Taylor-ismen: Es ist spät (1:58 Uhr), der Asphalt ist nass vom Regen, sie stellt jemanden ihrem Vater vor. Zeit, sich von einigen dieser Elemente zu verabschieden. Taylors Vater bekommt einen letzten Auftritt in »All Too Well (10 Minute Version) (Taylor's Version) (From The Vault)« und obwohl es immer wieder Regen und lange Nächte geben wird, sind sie nie wieder allgegenwärtig. Auf *Fearless* wird der Regen in fünf Songs erwähnt, auf *Speak Now* in drei. Taylor hat den romantischen Regen als eines ihrer magischen Symbole fest etabliert, und von nun an wird sie ihn sparsam einsetzen und darauf vertrauen, dass wir ihn als Rückgriff auf diesen zarten, zutiefst romantischen Bezugspunkt erkennen. Regen taucht oft in den weniger bekannten Lieblingsstücken der Fans auf, etwa »Everything Has Changed« oder »Clean«. Eines Tages wird sie mit »Midnight Rain« den Kreis schließen und sagen, sie sei der

13

Taylor hat den romantischen Regen als eines ihrer magischen Symbole fest etabliert, und von nun an wird sie ihn sparsam einsetzen und darauf vertrauen, dass wir ihn als Rückgriff auf diesen zarten, zutiefst romantischen Bezugspunkt erkennen.

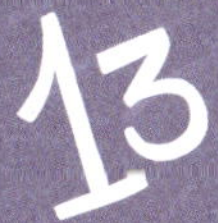

Titel, die Verkörperung tiefer Gefühle, mutiger emotionaler Erkundungen und sogar Melancholie.

Das Gute an der Kritik an *Fearless* war, dass sie Taylor nicht nur dazu veranlasste, ihr Songwriting in ungeahnte Richtungen zu entwickeln, sondern auch dazu, Rache-Taylor zu erschaffen: eine brillant nachtragende Swift-Persona, die uns Songs wie »Look What You Made Me Do« und »Karma« bescheren sollte. Ein Kritiker, der Taylors Gesang als »furchtbar« bezeichnete, inspirierte sie zum Rache-Knaller »Mean«, in dem Taylor ihn als einen Typen beschreibt, der sich in einer Sportbar betrinkt und dabei unentwegt über sie herzieht. Taylor sagt, dass sie sich rächen wird, indem sie so groß und mächtig wird, dass die Worte dieses Kritikers ihr nichts mehr anhaben können. Und genau das ist eingetreten: Kein Musikkritiker ist derzeit mächtiger als Taylor Swift.

Die Rache-Songs auf *Speak Now* wurden von einer um sich schlagenden, gekränkten Taylor geschrieben. 2014 wird sie dazu sagen: »Das Interessante an einem Erwachsenwerden, bei dem man all seine Gedanken und Lektionen, Zweifel, Ängste und Wutprobleme in Songs und Texte gepackt hat, ist, dass man es sich auch anders überlegen kann.«[13] »Better Than Revenge« ist ein solcher Song. Es spiegelt eindeutig die Arbeit von Taylors guter Freundin Hayley Williams, der Sängerin der Emo-Band Paramore, wider und ist einer von Taylors äußerst seltenen Fehlschüssen. Der Song »Misery Business« von Paramore hat die gleiche DNA wie »Better Than Revenge«: Beide handeln von Eifersucht und Konkurrenz zwischen Rivalinnen, die darin gipfeln, das andere Mädchen mit sexualisierten Beleidigungen zu attackieren. »Better Than Revenge« ist ein geradliniger Rocksong ohne den rotzigen Ton und die hämmernden Gitarren des Paramore-Songs und mit einem Text, in dem der Spielplatz auftaucht, ein Ort, den Taylor oft aufsucht, um Mobbing zu symbolisieren – hier leider tragisch falsch verwendet. Interessant ist hier, dass Taylor, als sie den Song als Teil von *Speak Now (Taylor's Version)* neu aufnahm, den Text leicht änderte und dadurch ihrer Reue Ausdruck verlieh. Seit der Ankündigung des Projekts hatten die Fans darüber diskutiert, ob Taylor den beleidigenden Text umschreiben würde oder gar sollte. Taylor hatte diese Gefühle bereits vor langer Zeit hinter sich gelassen: »Ich war 18, als ich das schrieb. Das ist das Alter, in dem man tatsächlich glaubt, jemand könnte einem den Freund wegnehmen. Dann wird man älter und stellt fest, dass dir niemand jemanden wegnehmen kann, der bei dir bleiben will.«[14] Die Änderung des Textes störte das Vorhaben, die Neuaufnahme exakt gleich zu gestalten, obwohl Taylor gesetzlich verpflichtet war, die neu aufgenommenen Alben von den Originalen unterscheidbar zu machen.[15] Der Unterschied ist in der Regel an Taylors Stimme zu erkennen, die mit der Zeit und dem Training an Fülle gewonnen hat. Aber vielleicht war dies die perfekte Gelegenheit, in einem Aufwasch sowohl ein Zeichen zu setzen als auch ein altes Missverständnis aus dem Weg zu räumen. Sie ändert also schließlich den Text und ersetzt »mattress« durch »matches«.

Taylors Erfahrungen damit, im Eifer des Gefechts zu schreiben und hinter ihren Meinungen zu stehen, geben dem Albumtitel *Speak Now* eine ganz neue Bedeutung. Ursprünglich sollte das Album *Enchanted* heißen, nach dem schwärmerischsten aller Taylor-Songs, in dem es um die Aufregung geht, wenn man jemand Neues kennenlernt, aber Taylor änderte den Titel auf Anregung ihres Label-Chefs Scott Borchetta. Wir stehen nicht hinter allem, was Scott tut, aber diesmal hatte er ein solides Argument.

13

Aber wir können uns immer, wenn uns danach ist, die ersten drei Alben wieder anhören und uns in diese Zeit zurückversetzen lassen.

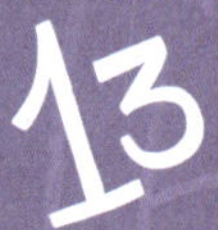

Er sagte zu ihr: »Taylor, in diesem Album geht es nicht mehr um Märchen und die Highschool. Das ist nicht, wo du stehst.«[16] Stattdessen nannte Taylor das Album *Speak Now*, nach einem Track über das Finden der eigenen Stimme. Es ist witzig und theatralisch, aber es ist nicht gerade die Empowerment-Hymne, die man vielleicht erwartet. Es zeigt sich jedoch, dass Taylor nicht das hochzeitsfixierte Mädchen ist, von dem die Leute oft ausgehen. Obwohl es mit »Mine« ein Video zum Thema Heiratsantrag gab und Taylor für die *Speak-Now*-Tour eine weitere Hochzeit auf der Bühne plante, erklärte sie, dass es sich dabei um ein Symbol handele und nicht etwas, das wir anstreben müssen: »Ich bin eigentlich nicht die Art Mädchen, die von ihrem Hochzeitstag träumt. Es ist einfach dieser idealistische Happy-End(-Moment). Es ist lustig, dass all meine Hochzeitsanspielungen in der Art von »Heirate mich, Julia« waren. Auf *Speak Now* reiße ich jetzt eine in Stücke.«[17]

Die authentische swiftsche Romanze war mit *Speak Now* weit schwieriger loszulassen: Würde es etwa keine glitzernden Nächte, rauschende Kleider und strömenden Regen mehr geben? Das Loslassen der Mädchenzeit war das Schwerste von allem, sowohl für Taylor als auch für die Fans, die sich mit der Ikonografie dieser Ära verbunden fühlten. Aber wir können uns immer, wenn uns danach ist, die ersten drei Alben wieder anhören und in diese Zeit zurückversetzen lassen. Und wenn sie auf der *Eras*-Tour im lavendelfarbenen Ballkleid »Enchanted« singt, zeigt Taylor uns damit, dass sie stolz auf diese Zeit ist, als sie »Country-Piep« für Mädchen sang, und dass sie das nie verleugnen wird. Das Kleid selbst ist ein Wunderwerk. Das von Nicole + Felicia[18] gefertigte Kleid ist das funkelndste, was man je gesehen hat. Es besteht aus 500 Metern Glitzertüll und ist mit 3000 Strasssteinen verziert.

Seine vielen Stufen nehmen einige Quadratmeter auf der Bühne ein. Es ist das innere Mädchen, das Taylor aus ihrer Erinnerungskiste befreit und in dem Rampenlicht tanzen lässt, von dem sie immer geträumt hat.

Künstlerisch hat Taylor die Sujets Märchen und Kindheitsnostalgie bis an ihre Grenzen ausgeschöpft. Das nächste Mal wird Taylor auf dem 2021 erschienenen Album *folklore* die Kindheit besingen, und ihre Perspektive wird eine völlig andere sein. Immerhin weiß Taylor besser als wir, wann sie sich neu erfinden muss. Ihre Fans waren mit ihr erwachsen geworden und wollten nun Musik, die ihre Lebenswelt widerspiegelte. Obwohl *Speak Now* ein riesiger kommerzieller Erfolg war, gab es auf ihm keinen so großen Hit wie »Love Story« oder »You Belong With Me«. Musik ist flatterhaft, und Taylor war schon »nichts Neues mehr«. Um populär und einflussreich zu bleiben, musste sie sich verändern. In der *Speak-Now*-Ära begann Taylor, alles neu zu gestalten, von ihrem Sound bis hin zu ihrem Team. Bislang wurden ihre Garderobe und ihre Bühnenkostüme von Sandi Spika Borchetta, Scotts Frau und spätere Senior Vice President of Creative bei ihrem Label Big Machine, für sie ausgesucht. Taylor suchte sich einen neuen Stylisten: Joseph Cassell, der bis heute ihr Modeberater ist. Gemeinsam waren sie im Begriff, ihr Image zu erneuern. Anstatt einfach nur hübsche Kleider anzuziehen, sollten ihre Looks bewusst gestaltet werden, um durch sie eine Geschichte zu erzählen.

Dass die Märchenzeit zu Ende war, hieß nicht, dass es nicht weiterhin magische Symbole zu entdecken geben würde. Ein neues kam etwa 2009 in einem Fotoshooting für die Zeitschrift Allure hinzu. Die Visagistin Gucci Westman schlug eine bestimmte Lippenfarbe vor, die ihrer Meinung nach an Taylor umwerfend aussehen würde. Andrea, Taylors Mutter, sagte: Auf keinen Fall. Das Image ihrer Tochter war das eines süßen Mädchens, nicht das eines Vamps. Doch Gucci und Taylor setzten sich durch. Taylor hatte auf ihrem dritten Album begonnen, ihrer Wut freien Lauf zu lassen, aber nirgends erwähnt sie die Farbe, die zu ihrem Markenzeichen werden sollte. Der einzige Hinweis auf das, was kommen sollte, war das Cover des Albums *Speak Now*: Ihr Kleid ist lila, aber ihre Lippen sind feuerrot.

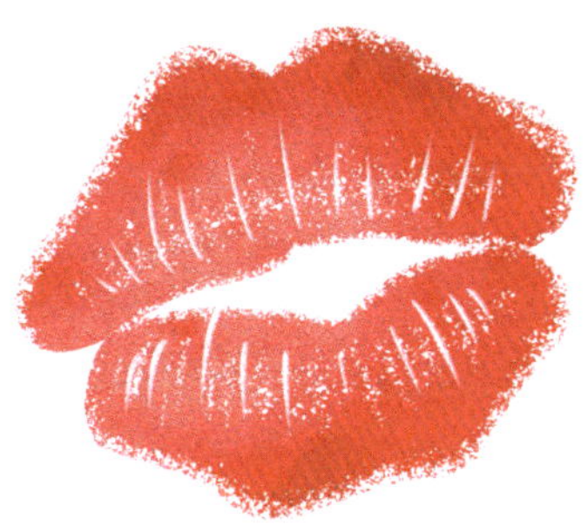

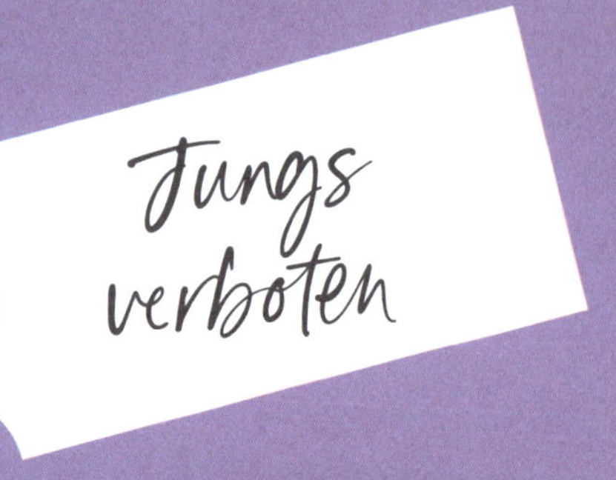

EINE PLAYLIST MIT TAYLOR-SWIFT-SONGS, IN DENEN ES NICHT UM JUNGS GEHT.

FREUNDE UND FANS

- »Long Live« – Schulabschluss; eine Hymne auf ihre Freunde, ihre Band und letztlich auch ihre Fans.
- »When Emma Falls In Love (Taylor's Version) (From The Vault)« – ein liebevolles Porträt einer Freundin, bei der es sich vermutlich um ihre langjährige Freundin, die Schauspielerin Emma Stone, handelt.
- »New Romantics« – mit Freunden Partys zu feiern macht Laune.
- »dorothea« – eine Freundin wird berühmt und du siehst sie nie wieder.
- »mirrorball« – Taylors unstillbares Bedürfnis, für ihre Fans zu singen. In der Bridge geht es um die Absage der *Lover*-Tour wegen Covid-19 und Taylors liebenswert anstrengende Persönlichkeit.

FAMILIE

- »The Best Day« – die glückliche, unschuldige Kindheit.
- »Never Grow Up« – das Gefühl, dass die Kindheit vorbei ist; die Angst, die Eltern zu verlieren.
- »Safe & Sound (feat. The Civil Wars)« – die Liebe einer großen Schwester für die kleine.
- »Ronan« – ein Lied für Ronan, den dreijährigen Sohn von Maya Thompson (die als Co-Autorin genannt wird), geschrieben aus ihrer Sicht.
- »Soon You'll Get Better« – der wohl persönlichste Song, den Taylor je veröffentlicht hat. Für die Entscheidung, ob er auf *Lover* erscheinen soll, wurde eine Swift-Familienkonferenz einberufen. Über die Krebserkrankung und Behandlung von Taylors Mutter Andrea und Taylors Angst, sie zu verlieren.
- »marjorie« – über das Leben von Taylors Großmutter Marjorie Finlay, einer Sängerin, deren Stimme im Hintergrund zu hören ist, wie sie eine Arie aus der Oper *La Rondine* von Puccini singt.

DAS LEBEN

- »A Place In This World« – eine sehr junge Taylor fragt sich, welchen Platz sie wohl in dieser Welt einnehmen wird.
- »22« – die Freuden und Probleme des jungen Erwachsenenalters, vor allem wenn man Taylor Swift ist.
- »Welcome To New York« – die Aufregung, in eine große Stadt zu ziehen, wo man sein kann, wer man will.
- »seven« – Erinnerungen an Taylors Kindheit in Pennsylvania.
- »You're On Your Own, Kid« – eine junge Taylor begreift, dass das Streben nach Erfolg und Liebe nicht immer zu vereinbaren sind.
- »this is me trying« – die Probleme der Ziellosigkeit und der Sucht.
- »evermore (feat. Bon Iver)« – Depression.

POLITIK

- »The Man« – FEMINISMUS.
- »Miss Americana & The Heartbreak Prince« – eine verwunschene Highschool als Sinnbild für den Zustand von Amerika.
- »You Need To Calm Down« – Gleichberechtigung! Insbesondere LGBTQ+-Rechte.
- »Only The Young« – Ermutigung junger Menschen, sich nach der Wahl von Donald Trump politisch zu engagieren.

- »mad woman« – wieder Feminismus! Das Lied richtet sich an Menschen, die sie verletzt haben, aber es geht auch darum, dass die Wut der Frauen den Menschen unangenehm ist.

LIEDER MIT GESCHICHTEN

- »the last great american dynasty« – eine Geschichte, die auf dem Leben von Rebekah Harkness basiert, deren Haus in Rhode Island Taylor 2013 kaufte. Falls sie es einmal verkaufen wird, sollte es vom Staat gekauft und in ein Museum verwandelt werden.
- »epiphany« – Kriegserfahrung und Arbeit im Gesundheitswesen während der Covid-19-Pandemie.
- »no body, no crime (feat. HAIM)« – die Geschichte eines Vergeltungsmordes an dem Mann, der deine beste Freundin getötet hat, und wie man damit davonkommt.
- »Cowboy like me« – die Geschichte eines Gauners, der sich verliebt.

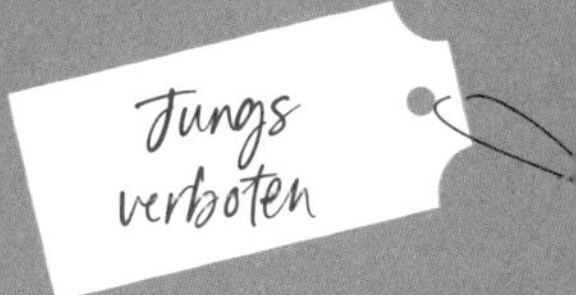

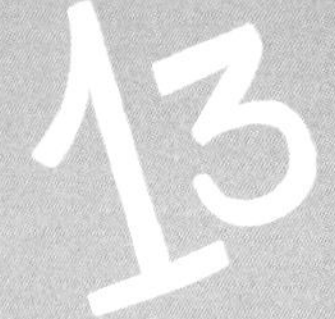

SPEAK NOW
Shout-out song
»LONG LIVE«

Taylors blaugrüne Gitarre mit den orangefarbenen Koi-Fischen in der Mitte steht in der Country Music Hall of Fame. Im Juli 2023 sah es so aus, als sei sie gestohlen worden, denn die Gitarre war durch ein Schild mit der Aufschrift »Artefakt vorübergehend entfernt« ersetzt worden. Der fünfte Teil von Taylors Show auf der *Eras*-Tour ist *Speak Now* gewidmet und endet mit »Enchanted«. Taylor verlässt danach in ihrem glitzernden Ballkleid die Bühne und kommt in ihrer »22«-Inkarnation wieder. Am 7. Juli ging sie nicht von der Bühne. Stattdessen griff sie zu ihrer Koi-Gitarre und spielte »Long Live« – ein Song über ihre »wunderbare, unglaubliche, wunderschöne Gaunerband«.[19] Und die Menge tobte.

Es spricht für Taylor und die ausgezeichneten Beziehungen, die sie aufbaut, dass einige der Mitglieder ihrer Band schon seit ihren frühesten Tagen auf der Bühne dabei sind, als sie noch als Vorgruppe für Country-Veteranen wie George Strait auftraten. Einen Song für ihre Band zu schreiben ist genau die Art von persönlicher Aufmerksamkeit, für die wir sie lieben. Die Saat für diese Hymne über Loyalität und das Tourleben wurde bereits in »Change« von *Fearless* gepflanzt, in dem es um Taylors Hoffnung geht, dass sie einmal den Durchbruch schaffen wird, obwohl sie damals noch bei einem kleinen Label ist.[20] In beiden Liedern zieht sie mit ihrer kleinen Bande von Verbündeten in den Kampf. »Long Live« ist gewaltiger, ergreifender und auch spezifischer in der Art und Weise, wie es das Aufflammen des Ruhmes einfängt, von dem Konfetti, das wie bei einer Liveshow herabregnet, bis zu den

Baseballkappen und zerrissenen Jeans, die ihre Band von wilden Tourmusikern trägt.

»Long Live« beschreibt, wie Taylor und ihre treue Band die Mauern, die sie noch in »Change« zurückhielten, durchbrechen. Sie haben die Hindernisse, denen sich Taylor gegenübersah, niedergerissen, und aus den Trümmern ihre Karriere aufgebaut. »Dieser Song handelt von meiner Band, meinem Produzenten und all den Leuten, die uns geholfen haben, das alles Stein für Stein aufzubauen. Die Fans, diejenigen, bei denen ich das Gefühl habe, sie gehören dazu; dieser Song handelt von den Erfolgserlebnissen, die wir in den letzten zwei Jahren hatten«.[21] Der Erfolg, den sie hier erwähnt, war die Auszeichnung als Entertainer of the Year bei den Country Music Awards 2009. Der Preis wurde von Faith Hill und Tim McGraw mit den Worten überreicht: »Country-Musik ist tatsächlich Musik für alle. Bei der Vielfalt der Nominierten heute Abend ist das noch nie so deutlich geworden«. Dabei verwies er auf Taylor und auf einen Mann, der keinen Cowboyhut trug.[22] Als Teil ihrer Rede holte Taylor ihre Band auf die Bühne, um sie an ihrem Erfolg teilhaben zu lassen, und nannte unter anderem die Namen Mike Meadows, Amos Heller und Paul Sidoti, die heute noch an ihrer Seite auf der *Eras*-Tour spielen. Es war ein eleganter Schachzug, anzuerkennen, dass bei den Liveshows eine Band spielt, die kein Backing-Track vom Band jemals ersetzen kann.

Die Fans haben »Long Live« angenommen, und sie erkennen sich in der Zeile über die tobende Menge wieder. Und natürlich toben sie auch, wenn der Song live gespielt wird. Als Taylor ihre Auszeichnung als Entertainerin des Jahres entgegennimmt, bedankt sie sich auch bei »den Fans, die mit ihren selbst gemachten Shirts zu den Shows kommen, und dem Ausdruck auf ihrem Gesicht. Deshalb mache ich das hier. Danke für diesen Augenblick.«[23] »Long Live« ist ein persönlicher Liebesbrief, es klingt aber auch wie ein Abschluss-Lied. Das Jahrzehnt ging zu Ende und sie erinnerte sich an ihre größten Erfolge. Sie konnte ja nicht wissen, was noch kommen würde. In dem Lied ist von »pretenders«, Heuchlern, die Rede, eine Anspielung auf Unaufrichtigkeit und Menschen, die Taylor von ihrer Position als Königin verdrängen wollen. Als Taylor 2011 zu den CMAs zurückkehrte, um ihre Krone als Entertainerin des Jahres zurückzuerobern, hatte sie bereits das ganze Jahr auf Tournee mit *Speak Now* verbracht. Die Country-Musik hatte sich in dieser Zeit verändert: Nur zwei der übrigen Nominierten trugen Cowboyhüte. Sie veränderte sich nur nicht schnell genug für Taylor. Als sie den Preis entgegennahm, las sie von einer Liste die Künstlerinnen und Künstler ab, denen sie für die gemeinsamen Auftritte auf der Tournee danken wollte (auf ihren Arm geschrieben, so wie sie bei Liveshows Texte und Sprüche auf ihren Arm schreibt). Neben Tim McGraw und Kenny Chesney dankte sie Nicki Minaj und Usher. Es war klar, dass Taylor dabei war, Kontakte außerhalb der Country-Szene zu knüpfen.

Die Taylor, die bei der *Speak-Now*-Tour Songtexte und die Zahl 13 auf ihren Arm kritzelte und jeden Abend von Drachen und Prinzessinnen sang, war auch die Taylor, die gerade eine sechsmonatige Schreibblockade durchlebte. Sie fand einfach nicht die richtigen Worte für das, was sie gerade empfand. »Es gibt eine Art von schlechter Stimmung, die so überwältigend ist, dass man nicht einmal darüber schreiben kann. Wenn man einen Schmerz empfindet, der so weit über das Dysfunktionale hinausgeht, der so viele Emotionen in einem hinterlässt, dass man sie nicht mehr vereinfachen kann, um über sie zu schreiben, dann weiß man, dass man da raus muss.«[24] Eines Tages kam Taylor als »gebrochener Mensch« in den Proberaum, davon überzeugt, keine Songs mehr in sich zu tragen. Der Funke kam zurück, als sie mit ihrer Band improvisierte. Sie setzte sich hin und »wiederholte immer wieder die gleichen vier Akkorde. Die Band stieg ein, Amos Heller am Bass. Sie gingen auf das ein, was ich spielte. Ich glaube, sie haben genau verstanden, was in mir los war. Und ich fing einfach an zu singen und zu improvisieren, und später wurde daraus ...«[25] – Na, was wohl?

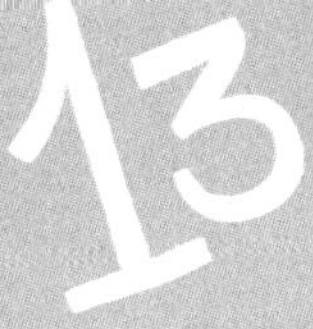

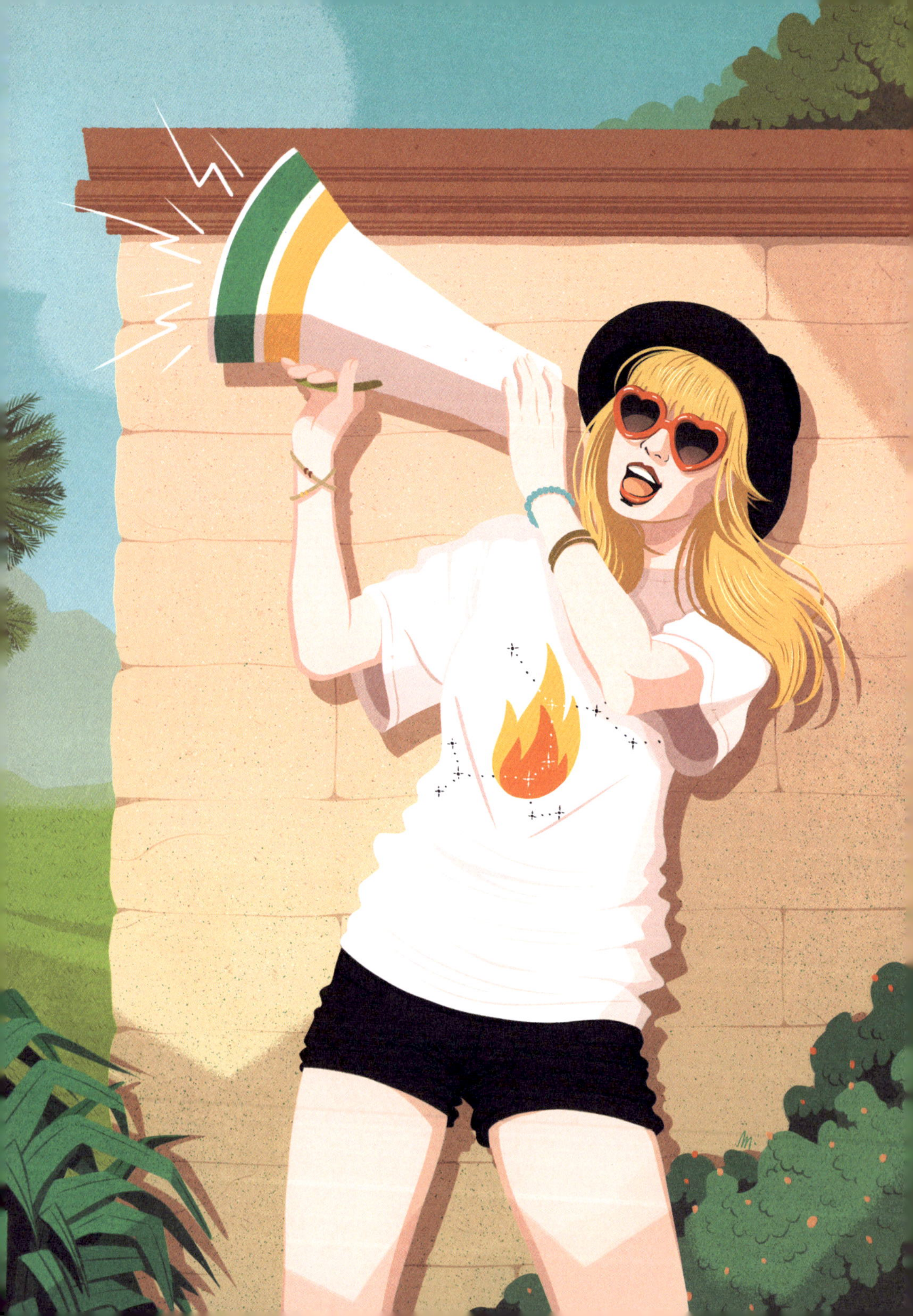

I Remember

4

RED

Zur Veröffentlichung ihres Albums *Red* 2012 spielte Taylor eine Handvoll neuer Songs in einem Raum voller glücklicher Fans, die sie als ihre »Freunde« bezeichnete. Taylor mischte die Dinge auf: Der Auftritt wurde über das Internet mithilfe der relativ neuen und aufregenden Technologie des Livestreaming übertragen. Doch mehr als über die Möglichkeit, Taylor live über das Internet zu erleben, staunten alle über die Musik. Sie spielte auf ihrer Akustikgitarre und saß vor einem riesigen Transparent mit ihrem eigenen Gesicht. Was auf dem Banner alles überstrahlt, sind ihre mittlerweile zum Markenzeichen gewordenen roten Lippen und blonden Haare. Auf ihren ersten drei Alben schrieb Taylor oft über das, was sie in den Augen anderer Menschen lesen konnte, ob diese sie nun wie in *Fearless* vom Beifahrersitz aus ansahen oder ihr wie in »Enchanted« zuflüsterten. Jetzt sprachen Taylors Musen mit Lippen und Händen. Auf ihrem Gesicht flackert nur kurz eine winzige Gefühlsregung auf, als Taylor über das Schreiben des langsamen, traurigen fünften Tracks auf dem Album spricht, den sie zwar liebte, der aber wahrscheinlich dazu bestimmt war, ein Deep Cut zu sein, über den außerhalb der Fanforen kaum gesprochen wurde: »Das Lied fängt damit an, dass man jemanden kennenlernt, mit allen Details über diesen unschuldigen Beginn, und es folgt der Geschichte bis zum bitteren Ende.«[1]

Als das *Rolling Stone*-Magazin *Red* im Jahr 2020 in seine Liste der 500 besten Alben aller Zeiten aufnimmt, beschreibt Taylor es als eine »Spritztour«, ein Jackson-Pollock-artiges »Splatter-Paint-Album« und ihr »einziges echtes Trennungsalbum«.[2] Das 99. beste Album aller Zeiten war in gewisser Weise ein chaotisches Experiment, laut Taylor »eine Metapher dafür, wie chaotisch eine echte Trennung ist«, mit einer Mischung aus »Nashville-Songs« und einem neuen, peppigeren Sound.[3] Die großen Singleauskopplungen von *Red* erkundeten Sounds quer durch alle Genres. Was sich 2012 für einige Leute wie ein Rundumschlag an Genre-Experimenten anfühlte, ist jetzt normal, denn Taylor kann fast jeden Sound ausprobieren. Die BBC bezeichnete Taylor 2023 gar als eigenes Sub-Genre.[4] Wenn man Taylor in dem Video zu »I Knew You Were Trouble« sieht, kann man kaum glauben, dass es sich um dasselbe Mädchen handelt, das »Love Story« und »Mine« gesungen hat. Das Genre der ersten drei Alben lässt sich grob als Teeniefilm-Soundtrack beschreiben, während Taylor auf *Red* beginnt, ihre Pop-Muskeln spielen zu lassen. Großartige Popmusik will unsere Aufmerksamkeit und bleibt haften wie Klebstoff – man denke nur an den Ohrwurm »Shake It Off«.

Was soll es lieber sein: zielgenaue Pop-Hits oder poetische, introspektive Songs? Hier ist ein Popstar, der beides kann. Der Song »Red« enthält eine Fülle von Metaphern und Beschreibungen: Er ist ein unlösbares Kreuzworträtsel und eine Kanonenkugel, die in dein Leben kracht. Ein Gruß an die Musen: Taylor hatte endlich einige gewichtige Persönlichkeiten in ihrem Leben, die ihrer Fähigkeit, Songs über sie zu schreiben, ebenbürtig waren. Auf dem Album geht es immer noch um Herzschmerz und sternenklare Nächte, aber Taylor traut uns auch eine philosophischere Note als je zuvor zu – etwas, das in ihren späteren Alben immer beeindruckender werden wird – und schreibt im luftigen Opener »State Of Grace« darüber, dass sie ihre Beziehung in die Hände des Schicksals legt. Obwohl alles neu ist, bemüht sich Taylor darum, dass sich ihre bisherigen Fans nicht abgehängt fühlen: »Du willst deinen Fans etwas Aufregendes bieten, aber du willst auch nicht, dass sie das Album hören und sagen: ›Ich erkenne sie nicht wieder‹. Irgendwo dazwischen muss man die Balance finden.«[5] Mehr als ein Jahrzehnt später meistert Taylor diesen Balanceakt noch immer. Die Songwriterin Diane Warren, die zusammen mit Taylor »Say Don't Go (Taylor's Version) (From The Vault)« für *1989 (Taylor's Version)* geschrieben hat, beschrieb, wie Taylor ihr Publikum erreicht. »Sie hat ein feines Gespür dafür, wie ihre Fans etwas hören wollen. Ich kann es nicht erklären, aber das ist vermutlich der Grund, weshalb sie der größte Star der Welt ist.«[6] Kein Wunder, dass ihr ihre Fangemeinde treu ist. Hat sonst noch jemand so intensiv darüber nachgedacht, was die Fans tröstet und glücklich macht?

Taylor wusste, dass nicht jeder ihre Musik cool fand. Der Typ mit seinen Indie-Platten, der »We Are Never Ever Getting Back Together« inspiriert hat, steht stellvertretend für all die Leute, die Taylor oder Popmusik im Allgemeinen belächelt haben: »Es war eine Beziehung, in der ich mich stark kritisiert und unterbewertet fühlte. Er hörte diese Musik, die kein Mensch kannte ... aber sobald jemand anderes anfing, diese Bands zu mögen, ließ er sie fallen. Ich fand das eine ziemlich merkwürdige Art, Musikfan zu sein. Und ich begriff nicht, warum er nie etwas Nettes über meine Musik und die Lieder, die ich schrieb, sagte.«[7] Im Nachhinein mag *Red* im Hinblick auf das musikalische Risiko, das Taylor einging, als Selbstläufer erscheinen, aber die Geschichte der Popmusik besteht zu 99 Prozent aus Karrieren, die nach dem ersten Hit-Album abflauen – oder spätestens nach dem dritten. Ja, Taylor hat ihren Drahtseilakt ein Jahrzehnt lang gemeistert, aber im Jahr 2012 waren die Dinge nicht einfach. Sie war sich schmerzlich bewusst, dass du nur für kurze Zeit das naive Mädchen spielen kannst. »Mit 22 sah ich bereits, wie jede Woche neuere und coolere Künstler herauskamen.«[8] Die neue Taylor wandte sich an einen Mann, der, so Taylor, »mir mehr über das Schreiben beigebracht hat als jeder andere«,[9] der Popmusik in all ihrer klebrigen und überdrehten Pracht versteht: Max Martin.

Die durchdringenden E-Gitarren, die kaskadenartigen Wiederholungen und vor allem der Refrain, der bei »I Knew You Were Trouble« genau das richtige Maß an Dramatik hält, tragen alle Max Martins Handschrift. Bei jedem Popsong, der ein Ohrwurm auf höchstem Niveau ist, sollte man bei Wikipedia nachschauen, ob nicht Max Martin dahintersteckt. Er produzierte »… Baby One More Time« (1998) und »Blinding Lights« (2019) und legte damit eine Karriere hin, deren Dauer und Relevanz nur wenige Menschen erreichen. Aus diesem Grund und wegen ihrer gemeinsamen Vorliebe für dramatische Refrains (man vergleiche »Love Story« und »I Knew You Were Trouble«) sind Max und Taylor ein Traumpaar im musikalischen Olymp. Max nennt seinen Ansatz zum erfolgreichen Hitmachen »melodic math«. Dazu gehören Regeln wie die, dass Verspaare die gleiche Anzahl von Silben haben, und alles Ablenkende und Unordentliche aus der Melodie entfernt wird. Er verwendet auch »melodische Ankündigungen«, also winzige Schnipsel der Refrainmelodie, die bereits in der Strophe auftauchen. So wird, wenn der Refrain einsetzt, ein Gefühl des Heimkommens erzeugt – und das macht einen großartigen Pop-Refrain aus. Taylors Melodie-Ankündigungen sind noch ausgiebiger und erzeugen einen noch größeren Effekt des Heimkommens. »I Knew You Were Trouble« mag einen intensiven, neuen Dance-Sound haben, aber es hat auch etwas, das als »T-Drop« bekannt geworden ist.

Der vom Songwriter Charlie Harding im Podcast *Switched on Pop* geprägte Begriff T-Drop ist eine Tonfolge, die man wiedererkennt, auch wenn man sie noch nie bewusst wahrgenommen hat. Bestimmte melodische Merkmale verbinden Songs aus Taylors verschiedenen Schaffensperioden, wie die im Zickzack auf- und abschwellenden Melodien von »Forever & Always« und »State Of Grace«, die beide von Beziehungen mit ihren Höhen und Tiefen handeln. »State of Grace«, der Opener von *Red*, steckt voller derartiger Selbstzitate. Der T-Drop ist dabei das Kernstück: die vierte Note einer Skala, gefolgt von der dritten und dann ein unerwarteter Sprung zur sechsten Note eine Oktave tiefer. Mit diesem Diagramm wird es etwas klarer:

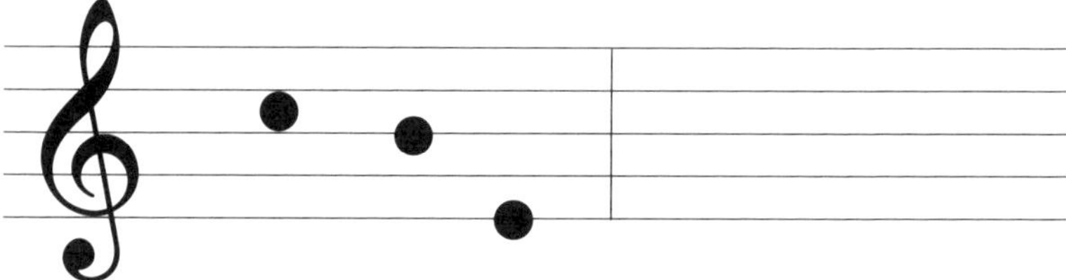

Ein Beispiel ist die Art, wie Taylor im Refrain von »You Belong With Me« »see-ee-ee« and »me-ee-ee« singt. Auch in »Welcome To New York« ist es zu hören. Das Stück ist tief im Taylorversum verwurzelt, und doch erkundet es klanglich neues, wildes Terrain. Auch hier knüpft sie an frühere Elemente an. Wir begegnen märchenhaften Geschichten wie in *Fearless* und *Speak Now*: Die erste Zeile von »I Knew You Were Trouble« ist »once upon a time« (es war einmal). Seit jeher hat Taylor ihre Songs mit diesen unsichtbaren Fäden verknüpft.

Taylor streut nicht nur vertraute Motive ein, sondern betritt mit ihrem Songwriting auch (heiliges) Neuland: »Ich liebe Bridges. Ich versuche immer, den Song mit einer Bridge aufs nächste Level zu heben.«[10] Die Bridge kommt nur einmal vor, deshalb ist sie der Ort für chaotische Gefühlsaussagen, von der Beschreibung eines Schneemobilunfalls (»Out Of The Woods«) bis hin zu einer vernichtenden Abrechnung mit Taylors eigener Ehefähigkeit (»You're Losing Me«). Taylors Bridges entstehen an einem Punkt, an dem ihre Gefühle nicht mehr in die Struktur von Strophe-Refrain hineinpassen. Um ein Lied interessanter zu machen, verwenden viele Songwriter dieses Element, wenn auch Taylors Bridges oft so effektvoll sind, dass sie den ganzen Song verändern. »Treacherous« von *Red* ist ein besonderes Beispiel, denn es ist sanft und unaufdringlich, aber in der Bridge legt Taylor den Schalter um. Das Thema ist ähnlich wie in der Bridge von »You Belong With Me«: Jemand fährt mitten in der Nacht zu Taylors Wohnung. Aber »Treacherous« schaltet einen Gang höher: Es ist nicht nur spät, die Nacht ist »schlaflos«, nur die Scheinwerfer erhellen die Dunkelheit. Die ganze Geschichte wird auf die Swift-Schlüsselelemente heruntergebrochen. Die Struktur von »Treacherous« ist neu, und die wird schließlich auf dem ganzen Album *folklore* zu finden sein: Es beginnt in einem entspannten, nachdenklichen Ton, um plötzlich in eine emotionale Bridge auszubrechen, die den ganzen Song bestimmt. Diese Struktur erzeugt das Gefühl, dass Taylor über ein Problem grübelt und dann eine plötzliche Erleuchtung hat. Taylor hat ihre Songs oft mit einem »Brief an jemanden« verglichen (»Dear John« ist wahrscheinlich das beste Beispiel).[11] Sie schreibt sich durch einen Gedankengang hindurch, erlebt eine plötzliche Offenbarung und wird euphorisch – oder wütend.

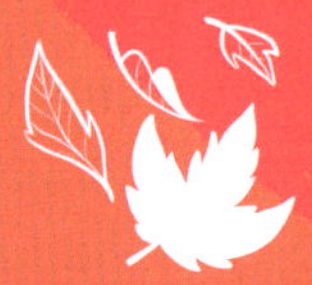

»Ich versuche immer, den Song mit einer Bridge aufs nächste Level zu bringen.« Die Bridge kommt nur einmal vor, deshalb ist sie der Ort für chaotische Gefühlsaussagen, von der Beschreibung eines Schneemobilunfalls (»Out Of The Woods«) bis hin zu einer vernichtenden Abrechnung mit Taylors eigener Ehefähigkeit (»You're Losing Me«).

Während der *Red*-Ära erlangte Taylor eine neue Art von kultureller Relevanz, die wir gerade erst im Rückblick beginnen zu bewerten. Taylor Swift ist, wie sie DJ Louie XIV vom *Pop Pantheon*-Podcast liebevoll bezeichnet, eine »basic bitch whisperer«. »Basic« zu sein, war ein kulturelles Phänomen, das nach dem Untergang des Hipstertums auftauchte, als die Ehrlichkeit als wichtigste Eigenschaft die Ironie zu ersetzen begann. Taylors Ehrlichkeit machte sie zum leichten Ziel für die letzten Flossenschläge des Hipstertums, und ihre Musik zu mögen wurde zum emblematischen Symbol dafür, »basic« zu sein. 2014 erschien im *Time Magazine* ein Artikel, der Taylor Swift als »Vanille Cola« bezeichnete, als »musikalisches Äquivalent zum Pumpkin-Spice-Latte-Trinken in Uggs, während man *Sex and the City* schaut«.[12] Der Artikel war mit einem BuzzFeed-Quiz verlinkt, das den Titel trug: »Wie basic bist du?«[13] Aspekte, die einen als »basic« qualifizierten, waren »Du magst Taylor Swift«, »Du magst Weißwein«, »Du identifizierst dich mit ›22‹« und »Du magst Duftkerzen« (dann müssen wir wohl alle ins »basic«-Gefängnis). Der Schöpfer des Quiz schrieb, dass »basic« zu sein bedeutet, »sich für Dinge zu begeistern, die ziemlich normal oder allseits beliebt« sind, es ist aber auch eine Auflistung von Dingen, die jemand, der weiße Weiblichkeit ausstrahlen will, angeblich mögen muss, um sich einzufügen. Deshalb passt Taylor auch nicht auf die Liste mit Starbucks-Kaffee: Niemand hat jemals an Einfluss gewonnen, indem er Taylor mochte – man bedenke, wie leidenschaftlich ablehnend die Leute ihr über die Jahre hinweg begegnet sind. Taylor wusste genau, wie sie ankam. Alle Popstars sind sensibel gegenüber dem, was über sie gesagt wird, aber an diesem Punkt war Taylor bekannt dafür, ständig online zu sein, auf Tumblr zu posten und selbst auf diesem

Berühmtheitslevel noch Fanmails zu beantworten. »22« schafft absichtlich Distanz zwischen Taylor und den »coolen« Leuten, die Teil einer »Szene« sind, und richtet sich stattdessen an ein Publikum, das sich nicht unbedingt darum schert, cool zu sein. Im Songtext gibt es auch einen Teil, indem ein Valley-Girl so tut, als wisse sie nicht, wer Taylor Swift ist. Im Musikvideo trägt Taylor ein mittlerweile kultiges Pailletten-T-Shirt mit der Aufschrift »Not a lot going on at the moment«, eine ironische Anspielung auf ihre fehlende Nonchalance; später wird sie diese Zeile zweimal als Instagram-Titel verwenden, wohl wissend, dass sie demnächst *folklore* und dann *evermore* herausbringen wird. Sie macht nicht einmal den Versuch, ein provokantes Image zu bewahren. »Bei Preisverleihungen tanze ich, als hätte ich Spaß, auch wenn sich sonst keiner amüsiert. Denn cool zu sein, heißt meistens, von allem gelangweilt zu sein. Und mich langweilt nichts von alldem.«[14]

»22« beweist Humor (dieses perfekt platzierte »ew«), eine unterschätzte Eigenschaft von Taylor. »I Bet You Think About Me (feat. Chris Stapleton) (Taylor's Version) (From The Vault)« ist auch witzig, mit seiner zunehmend absurden Auflistung von Gründen, warum der Ex anmaßend ist, und es ist vollgestopft mit Taylorismen, wie zum Beispiel 3 a.m., einem brillant angewiderten »huh« und der Dreistigkeit, dem Ex zu sagen, dass sie weiß, dass er noch an sie denkt. Es ist auch einer der wenigen Songs, in denen Taylor das Klassenthema anspricht. Er erwähnt den »Stammbaum« des Mädchens, mit dem dieser »Oberschichtentyp« sie ersetzt hat, und den »Silberlöffel«, mit dem er geboren wurde. Ihr Klassenunterschied bringt sie auseinander, und die Tatsache, dass beide ziemlich »hip« sind (ja, es ist wieder dieser Typ). Wenn wir davon ausgehen, dass es sich um dieselbe Person handelt, wie sie in

»All Too Well« und »Begin Again« beschrieben wurde, war einer seiner Wesenszüge, dass er über Taylors Witze nicht lachte. Das ist vor allem deshalb traurig, weil das Lachen ihres Partners ein Schlüsselelement von Taylors idealer Liebe ist, das in »Our Song«, »Jump Then Fall«, »Ours« und vor allem in »New Year's Day« präsent ist, wo sie befürchtet, ihren Freund und sein Lachen zu verlieren. Dass neben so vielen ausgezeichneten Vault-Songs auch »Starlight« mit auf das Album kam, war vielleicht ein Versuch, den Klassensnobismus zu korrigieren, der Taylor zu schaffen machte. Es ist die Liebesgeschichte von Ethel und Robert Kennedy, Teil der oft als »amerikanisches Königshaus« bezeichneten Kennedy-Familie. Es teilt das Wort »marvellous« mit »the last great american dynasty«, was darauf schließen lässt, dass Taylor das Wort mit Dynastien assoziiert. Falls du dich fragst, woher Taylor ihre ganzen Ideen hat: Sie schrieb »Starlight«, indem sie sich alte Fotos ansah und sich vorstellte, wie Ethel und Robert sich wohl kennengelernt haben, genauso wie sie es in dem Antiquitätengeschäft in »Timeless (Taylor's Version) (From The Vault)« aus *Speak Now (Taylor's Version)* tut. Ganz nach Taylors Art freundete sie sich

In »22« sehnt sich Taylor nicht in eine Nacht in der Vergangenheit zurück. Sie will heute Nacht.

später mit Ethel an und besaß kurzzeitig das Haus neben ihrem auf Rhode Island, bevor sie schließlich Holiday House kaufte, den Schauplatz für »the last great american dynasty«.[15]

Obwohl es in »Starlight« und Songs wie »All Too Well«, dem Schmuckstück von *Red*, um Erinnerungen geht, reicht dieses Album auch in die Gegenwart. »22« ist einer von Taylors ersten Songs seit *Fearless*, der sich anfühlt, als sei er komplett im gegenwärtigen Moment verwurzelt. Das ist schließlich ein wesentliches Merkmal von Pop: Es geht darum, im Hier und Jetzt zu sein. In »22« sehnt sich Taylor nicht in eine Nacht in der Vergangenheit zurück. Sie will heute Nacht. Es ist auch ein wichtiges Gegengewicht zu den Liedern, die extrem nah an ihren Partner heranzoomen. Schließlich gehört es zu Trennungen dazu, sich irgendwann wieder aufzurappeln und mit Freunden auszugehen. Taylor war die endlosen Geschichten um ihr Liebesleben leid und baute Freundschaft in ihr Image ein. Abigail aus »Fifteen« war immer noch ihre beste Freundin und in den Liner Notes zu *Red* erwähnte sie weitere vier Freunde in einer im Text von »22« versteckten Botschaft. Das Duett »Everything Has Changed« mit Ed Sheeran ist eines von zwei erfolgreichen Duetten mit männlichen Kollegen auf dem Album, und Taylor beschrieb ihn als »einen meiner besten Freunde, der mich in Pubs mitnahm und mir beibrachte, wie man eine gute Tasse Tee macht«.[16]

Diese versteckten Botschaften machten Spaß. Als *Red* herauskam, konnte man es nicht erwarten, sich auf den

Boden zu legen und die tollen Texte im CD-Booklet zu lesen und natürlich die Bilder von Taylor in High-Waist-Shorts und Filzhut zu studieren. Entweder man entdeckte wie ein echtes Superhirn die Großbuchstaben in den Texten selbst, oder ein anderer Fan gab einem den Tipp, dass es da – wie schon bei vorherigen Booklets – etwas zu entdecken gab. Mit Stift und Papier bewaffnet musste man sorgfältig jeden Buchstaben abschreiben, bis ein Wort oder Satz entstand. Taylor lässt den Swifties auch heute noch keine Ruhe: Im Vorfeld der Veröffentlichung von *1989 (Taylor's Version)* mussten die Fans gemeinsam 33 Millionen Minirätsel knacken, um die Titelnamen herauszufinden.[17] Man kann gar nicht genug betonen, was für eine große Strategin Taylor ist. Auf einer Listening Party für *Red* im Jahr 2012 sprach sie über ihr Songwriting, sanft, aber bestimmt, wie immer, wenn sie über ihre Karriere spricht: »Ein Lied ist immer ein bisschen wie eine Flaschenpost.«[18] Vermutlich lachte sie sich insgeheim ins Fäustchen, da sie bereits wusste, dass »Message In A Bottle (Taylor's Version) (From The Vault)« in ihrem eigenen »Vault« lag, wo es für die nächsten neun Jahre ein Geheimnis bleiben würde.

Die versteckte Botschaft von »Begin Again«, dem letzten Stück auf *Red*, ist vielleicht die eindringlichste. Sie ist: »I wear heels now«. Ich trage jetzt Absatzschuhe. Es ist ein kleiner Hinweis darauf, dass die romantische Liebe nicht mehr das A und O ist, sondern dass Taylor sich ihre eigene Identität aufbaut, indem sie tut und trägt, was sie will, und zwar ganz ungeniert. Sie muss sich nicht mehr kleinmachen, nur, um die Unsicherheiten von irgendjemandem abzufedern. Schließlich lautet die versteckte Botschaft von »We Are Never Ever Getting Back Together«: »Als ich aufhörte, mich darum zu scheren, was du denkst«. Sie hat die tragische

Es ist ein kleiner Hinweis darauf, dass die romantische Liebe nicht mehr das A und O ist, sondern dass Taylor sich ihre eigene Identität aufbaut, indem sie tut und trägt, was sie will, und zwar ganz ungeniert.

Liebesgeschichte, wegen der sie vergeblich nach ihrem alten Selbst gesucht hatte, vielleicht endlich überwunden. Während sie sich auf ein erstes Date mit einem neuen Mann vorbereitet, schaut sie in den Spiegel und setzt Kopfhörer auf, um ihre eigene Playlist zu hören. Wenn es *Red* ist, ist es der Sound der Hoffnung und des Neubeginns. Wenn es *Red* ist, ist der letzte Song auch eine Aufforderung an die verblüffte Person, die gerade eine lebensverändernde Platte gehört hat und bereit ist, sie ein zweites, drittes und hundertstes Mal zu hören: begin again – fang noch einmal von vorn an.

RED

Shout-out song

»ALL TOO WELL«

Das Wort »Kult« ist etwas ausgelutscht, aber der fünfte Song auf *Red* hat unter den Liedern über verlorene Liebe Kultstatus erreicht. In ihm steckt alles, wofür Taylor steht: persönliche Enthüllungen, detailreiche Geschichten und das Schwelgen in bittersüßen Erinnerungen. Die fünfeinhalbminütige Originalversion beschreibt, wie ein gebrochenes Herz einen in die Knie zwingt, und man sich fühlt, als sei man eine Fremde im eigenen Leben. Die zehnminütige Version ist die epische Schilderung einer Beziehung, die Taylor das Herz gebrochen hat. Angefangen bei einem winzigen Detail entsteht eine Spirale aus Demütigungen und Verrat, bis sie in einer gefrorenen Landschaft zurückbleibt, in der es nichts gibt, woran sie sich festhalten kann, außer dem Recht, sich zu erinnern.

Laut Taylor ist der fünfte Track auf jedem Album »sehr ehrlich, emotional, verletzlich und persönlich«.[19] »All Too Well« ist die Krönung aller Track Fives. Nachdem sie den Großteil des Songs während einer Jamsession mit ihrer Band aus dem Stegreif geschrieben hatte, merkte Taylor, dass er zu lang war, und rief die Songwriterin Liz Rose an, mit der sie bereits 14 Songs geschrieben hatte. »Er dauerte etwa 10 Minuten«, so Taylor. »Wir fingen an zu schneiden, zu kürzen, große Teile herauszunehmen, bis er eine vernünftige Länge von 5 Minuten und 30 Sekunden hatte.«[20] Als Red veröffentlicht wurde, begannen die Fans über diesen Song zu sprechen, der sie so sehr berührte. Taylor selbst war überrascht, dass er einer der Lieblingssongs wurde. Sie hatte befürchtet, er sei zu roh, und vielleicht ist es auch überraschend, dass ein Song, der so detailreich ihre eigenen Erfahrungen behandelt, so viele

Menschen bewegen kann. Wie viele ihrer Songs ist es ein offener Brief an die Person, die sie verletzt hat. Aber die Details, wie die fallenden Herbstblätter und die kalte Luft auf ihrer Reise ins New Yorker Umland, wo Taylor sich sicher ist, dass sie beide endlich »Ich liebe dich« sagen werden, machen es so real. Vor allem ein Bild hat eine besondere Bedeutung bekommen: der Schal, den Taylor als »Metapher« für den Teil von ihr in der Beziehung zurückgelassen hat.[21] Dann ist da noch das Bild, das so viele Menschen als romantisches Ideal im Kopf haben: in der Küche zu tanzen. Aber die Zeile, die die Leute zum Toben bringt, kommt in der Bridge, wo der, den Taylor einst liebte, sie anruft, jedoch nicht um die einstige Liebe wieder zu entfachen, sondern um ihr das Herz erneut zu brechen, es zu zerknüllen und wegzuwerfen, als ob es nichts wert wäre.

Neun Jahre später bewahrheiteten sich die Gerüchte um eine Extended Version des Lieds. »All Too Well (10 Minute Version) (Taylor's Version) (From The Vault)« wurde das letzte Lied auf *Red (Taylor's Version)*. In dieser Version rechnet Taylor noch rigoroser mit den Macken dieses Mannes ab, der mit ihren Gefühlen gespielt hatte, bis er sie schließlich fallen ließ – wie die Autoschlüssel, die er ihr in dem dazugehörigen Kurzfilm achtlos zuwirft. Der traurige, aber zärtliche Text der Originalversion, in denen seine Mutter Taylor Bilder von ihm als Kind zeigt, weicht dem Porträt einer überheblichen Person, die lieber ihren Charme spielen lässt, als aufrichtig zu sein. Seine unaufrichtige Liebe laugt Taylor aus und macht sie zu einem emotionalen Wrack, das keine Zärtlichkeit oder Freude mehr empfindet, sondern nur noch Scham. Der Song wurde im November 2021 eine ungewöhnliche Billboard Hot 100 Nummer eins. »All Too Well (10 Minute Version) (Taylor's Version)

(From The Vault)« ist nicht nur ein absoluter Downer im besten Sinne, sondern auch zehn Minuten lang. Es brach den Rekord für den längsten Nummer-eins-Hit in den USA, der 50 Jahre lang von Don McLean für »American Pie« gehalten wurde (Taylor schickte ihm zum Trost Blumen).

Bevor diese Version veröffentlicht wurde, dachten viele, es seien einfach viereinhalb Minuten mehr von dem, was schon da war. Das wäre nett gewesen, hätte aber kaum Neuigkeitswert – und es wäre unter Umständen sogar abgelehnt worden. Stattdessen wurden neue Melodien eingeflochten, und verwandeln das stete Ansteigen des Songs in ein echtes Crescendo. Das neue Outro ist eine Offenbarung. Die Musik hat sich unter jeder detaillierten, gequälten Textzeile aufgebaut, aber anstatt einen Moment des Triumphs oder der Katharsis zu erreichen, bricht sie plötzlich ab und wird karg und langsam. Die musikalische Kargheit steht für die Liebesgeschichte selbst: all die Erwartungen am Anfang, und am Ende nur noch Leere. Als die Musik verklingt, stellt Taylor die Art von Frage, die man jemandem stellt, der einen verlässt: Tut dir das auch weh? Die satten Herbstfarben verschwinden, Taylor ist wieder zurück in der Stadt. Der rettende Gedanke ist, dass sie alles aufgeschrieben hat. Niemand kann ihr ihre Version der Ereignisse nehmen: Sie war dabei und sie erinnert sich.

Taylor trug die zehnminütige Version von »All Too Well« zum ersten Mal in einem packenden Live-Auftritt von *Saturday Night Live* vor. Der Kurzfilm lief dabei im Hintergrund, mit Schauspielerin Sadie Sink, die eine jüngere Taylor darstellte, erst glücklich und verliebt, dann schluchzend und schließlich ihre Geschichte niederschreibend. Das Video endet mit einer Szene, in der Taylor in einem Buchladen ihre Geschichte einem gefesselten Publikum vorliest. Die ersten Male, die sie »All Too Well« live performte, sah sie dabei echt traurig aus. Je öfter sie den Song spielte und hörte, wie die Fans inbrünstig mitsangen und mitfühlten, umso mehr änderte sich ihre eigene Sicht darauf: »Für mich ist daraus eine Geschichte über das geworden, was die Fans taten.«[22] Es ist die internationale Hymne der Swifties.

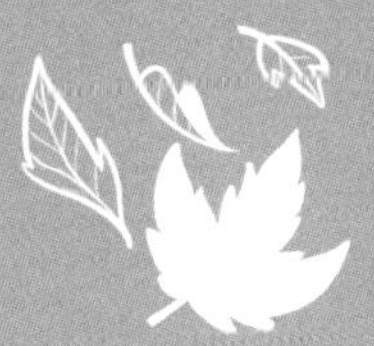

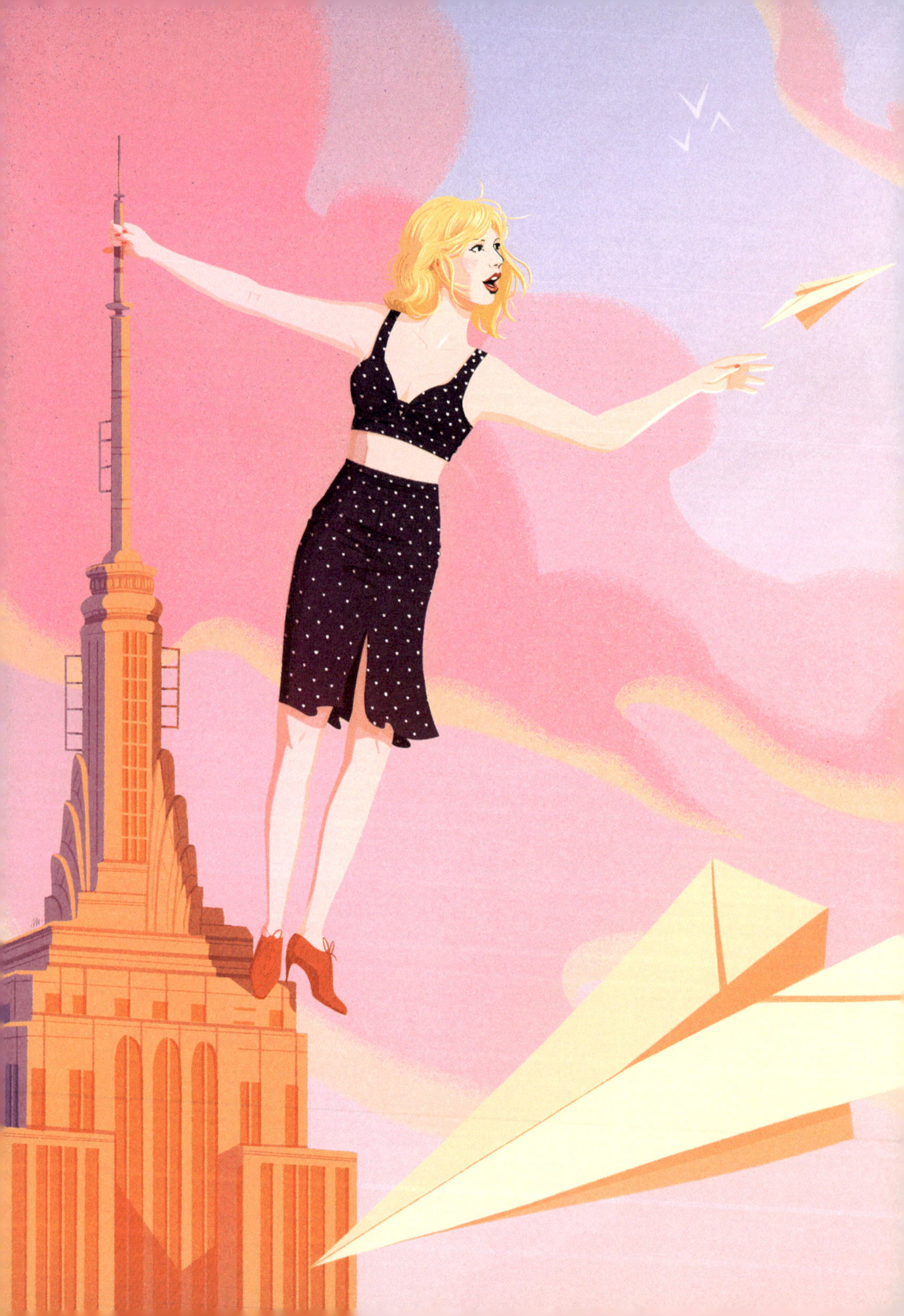

5

Neue Stadt, neuer Sound

1989

1989

ist so akribisch angelegt wie die Straßen von New York (nur viel sauberer). Wie alle Großstädte trägt es das Versprechen eines Neuanfangs in sich. Taylor erklärt es im Opener »Welcome To New York« – die Stadt ist ein Ort, an dem man die Freiheit hat, zu sein, wer man will, und zu begehren, wen man will. In diesem urbanen Wald hat sie die Möglichkeit, dem Medienrummel zu entkommen, den sie in »Blank Space«, »Shake It Off« und »I Know Places« beschreibt. Taylor hatte ihren neuen Sound gefunden: schroffe Drum-Machines, 80er Synthesizer und harte, verzerrte Bässe, wie sie um zwei Uhr morgens aus der Kneipe um die Ecke dröhnen. Taylor ist eine glückliche Touristin, die einfach von allem in New York begeistert ist. Sie wurde sogar zur »Willkommensbotschafterin«; zynische New Yorker waren ein Jahr lang nach der Veröffentlichung von *1989* etwas übersättigt, weil sie »Welcome To New York« in jedem Taxi hörten, in das sie einstiegen. Aber Taylor wurde nicht satt. »Die Stadt ist so elektrisierend, und ich bin mit solch einem Optimismus hingezogen.«[1] Die Stadt, die niemals schläft, ist für diese Schlaflose perfekt – Mitternacht ist in New York eine ganz normale Uhrzeit, um wach zu sein. Songs über das Streunen durch die Stadt wie »Wonderland« und »New Romantics« stellen New York als Taylors magischen Abenteuerspielplatz dar, eine surreale Alice-im-Wunderland-Landschaft, die eher in Polaroid-Schnappschüssen als in kunstvoll gestellten Fotos eingefangen wird. Sie kann dort alles sein – also beschließt sie, die größte Popmusikerin des 21. Jahrhunderts zu sein.

Taylor nennt *1989* ihr »erstes offizielles Pop-Album«.[2] Von »Baby Love« von den Supremes bis zu »Blank Space«: »Perfekter Pop« hat eine robuste musikalische Struktur, die einen nicht mehr loslässt, eine universelle Botschaft und etwas Pikantes, das einen einfängt. Es ist wie Verliebtsein, auf dreieinhalb Minuten eingedampft. Pop sollte keine Sekunde deiner wertvollen Zeit verschwenden, schließlich bist du ein beschäftigter Stadtmensch. Dieses Album ist auf das Nötigste reduziert: *Red* startet mit einem fast fünfminütigen Song, aber auf *1989* lässt sich Taylor erst im späteren Verlauf des Albums auf über vier Minuten ein, etwa bei Nashville-Rückbezügen wie »How You Get The Girl«. An diesem Punkt ist sie sich bereits sicher, dass sie einen mit der besten Aneinanderreihung von Popsongs aller Zeiten in ihren Bann gezogen hat. Es gibt keine gewaltigere, atemberaubendere und unterhaltsamere Abfolge als »Blank Space«, »Style«, »Out Of The Woods«, »All You Had To Do Was Stay«, »Shake It Off« und »I Wish You Would«.

Bei *1989* hat Taylor bereits Erfahrung mit dem Anfang und dem Ende von Beziehungen, und sie beginnt, das Muster zu erkennen. *1989*, benannt nach Taylors Geburtsjahr, hat den passenden Retro-Sound und handelt von der endlosen Rückkehr zu Erinnerungen in einem scheinbar unausweichlichen Kreislauf.

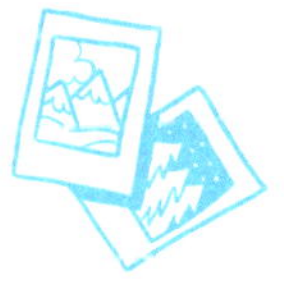

Sie kann dort alles sein – also beschließt sie, die größte Popmusikerin des 21. Jahrhunderts zu sein.

Ein nach ihrem Geburtsjahr benanntes Album kommt einem selbstbetitelten Album recht nahe, aber sie hatte *Taylor Swift* ja schon veröffentlicht. Die Geschichte dieses Albums handelt jedoch hauptsächlich von einer destabilisierenden Katz-und-Maus-Beziehung, die es nie ganz bis zur Liebe geschafft hat, und untersucht detailliert den verwirrenden Bereich zwischen Nichts und etwas Echtem.

Ein nach ihrem Geburtsjahr benanntes Album kommt einem selbstbetitelten Album recht nahe, aber sie hatte *Taylor Swift* ja schon veröffentlicht. Die Geschichte dieses Albums handelt jedoch hauptsächlich von einer destabilisierenden Katz-und-Maus-Beziehung, die es nie ganz bis zur Liebe geschafft hat, und untersucht detailliert den verwirrenden Bereich zwischen Nichts und etwas Echtem. In »Style« umkreisen sich die Liebenden ewig, allerdings nicht wie in der romantischen Schneekugel des Bonustracks »You Are In Love«, sondern als Gefangene in einer anstrengenden Beziehung, die zu nichts führt. Taylor bleibt in ihrem Kreislauf bis »Clean« gefangen. In Taylors Songankündigung während der *1989*-Tournee, auch bekannt als »Clean Speech«, spricht sie über die Resilienz, die es braucht, um auch nach Fehlern weiterzumachen:

> *In 25 Jahren habe ich gelernt, dass es schrecklich ist, Fehler zu machen und darunter zu leiden. Aber es macht dich stärker. Und Schlimmes zu durchleben und trotzdem weiterzumachen, macht dich nicht zum Mängelexemplar, sondern es reinigt dich.*[3]

Sie ist diesem Mann entkommen, aber in ihrer Musik wird immer wieder das Motiv des Zyklus auftauchen, und wie lange es dauert, Erinnerungen zu verarbeiten: In »right where you left me« (*evermore*) sieht Taylor zu, wie das Leben an ihr vorbeizieht, während sie in einem Restaurant festsitzt, unfähig, die Tretmühle ihrer Gedanken zu verlassen.

Auf *1989* untersucht Taylor auch ihr angespanntes Verhältnis zu ihrer eigenen Berühmtheit und wie die Medien über sie sprechen.

Während sie auf »22« jemanden besingt, der nichts über sie weiß, heißt es auf »Blank Space«, dass ihr neuer Liebhaber sicher schon von ihr gehört hat (schließlich ist sie Taylor Swift). Wie viele junge Frauen hat auch Taylor mit der Tatsache zu kämpfen, dass sie zwar gesehen werden und Aufmerksamkeit erregen will, dass aber viele das als Freibrief verstehen, um sie anzustarren und ihr Aussehen und ihr Verhalten zu kommentieren, ohne dass sie das etwas anginge. Taylor hatte bereits Namen angedeutet und in ihren älteren Liedern Geschichten aus ihren Beziehungen erzählt, und viele Medien nahmen das als Aufhänger für ihre Storys über sie – etwas, das sie zum Anlass nahm, eine satirische Version ihrer selbst aus Sicht der Medien zu erschaffen:

> *Das ist eigentlich eine echt interessante Figur, über die sie da schreiben. Sie jetsettet um die Welt, sammelt Männer, und bekommt jeden, den sie will … aber sie ist so anstrengend, dass die Männer sie verlassen, und dann heult sie, bis ihr der nächste ins Netz geht und sie ihn in ihrer Villa einsperrt.*[4]

Taylor musste die Medien mit einem neuen Narrativ füttern. Ihre musikalische Antwort auf das Interesse an ihrem Liebesleben war »Blank Space«, das als einfacher Song über die On-off-Beziehung aus *1989* gelesen werden könnte – aber viel brisanter und lustiger ist, wenn man versteht, dass Taylor die Rolle eines weiblichen Blaubarts spielt, der ständig das frische Blut süßer Jungs braucht. Es ist eine vernichtende Abrechnung, und in dem Musikvideo dazu stellt Taylor eine irre Frau dar, die mit einem Golfschläger auf einen Sportwagen einschlägt und sich auf ein

Pferd stellt. Nur Taylor schafft es, eine Satire auf die Nummer eins der Billboard Charts zu schicken.

Ein weiterer endloser Albtraum, aus dem Taylor nicht aufwachte, war die Anschuldigung, ihre Songs nicht selbst zu schreiben – sie hörte oft, dass »sie beim Schreibprozess auf keinen Fall etwas zu sagen haben kann«.[5] Taylor wehrt sich gegen diese Annahme vehement: »Ich werde nicht eine dieser Künstlerinnen werden, die reinkommt und sagt: ›Keine Ahnung, worüber wollt ihr schreiben?‹ oder die gefragt wird: ›Was ist denn gerade los in deinem Leben?‹ und ich erzähle was und dann schreiben sie ein Lied darüber. Ich wäre keine Sängerin, wenn ich keine Songwriterin wäre. Die Texte von jemand anderem zu singen, interessiert mich nicht.«[6] Um diesen Irrglauben zu korrigieren, kam *1989* mit Aufnahmen des Songwriting-Prozesses heraus, damit alle die Gelegenheit bekamen, zu hören, wie aus einer Idee ein Song wird. In einer dieser Aufnahmen spielt Taylor Max Martin und seinem Mitarbeiter Johan Shellback erste Entwürfe von »Blank Space« vor. Sie hat die Grundmelodie, die Idee und kaum Text – es ist kein Beispiel ihres tagebuchartigen Songwriter-Modus, in dem sie Lieder Wort für Wort schreibt, als wären sie Gedichte. Stattdessen hat Taylor die Stahlkonstruktion eines Wolkenkratzers errichtet, und jetzt müssen sie Wände und Fenster einbauen. Max und Johan fangen sofort an, die winzigen Elemente einzufügen, die ihre Songs so eingängig machen: ein »Oh« hier, ein anderes »Oh« dort, und jedes macht die Hauptmelodie überzeugender.

Die Schweden geben Taylor eine Menge Anregungen, und als sie das freche Klickgeräusch einstreut, das zum Pen-Click wird, ruft Max: »Das ist super, ich liebe es, es ist so nervig! Alle werden dich umbringen wollen!«[7] Taylor wird bei *reputation* wieder mit

Max und Johan zusammenarbeiten, und ein Videotagebuch wird einen weiteren Einblick in ihre fließende Zusammenarbeit geben und zeigen, wie kollaboratives Songwriting funktioniert. Taylor sitzt im Studio von Max auf der Couch und singt die Strophe von »King Of My Heart« und Johan beginnt sofort, den Vorrefrain zu improvisieren. Sekunden später singt Taylor zur neuen Melodie mit, etwas darüber, der amerikanische Traum zu sein. Max, der sein langes Haar zu einem eleganten Dutt gebunden hat, ergänzt die Keyboardklänge mit einem der vielen sorgfältig gestimmten Instrumente. Obwohl einige von Taylors Songs, zum Beispiel »Love Story«, in nur 20 Minuten geschrieben wurden, zeigt dies die harte Arbeit, die hinter einem Album steckt.

Für ihr Meisterwerk »Shake It Off« nahmen Taylor und die Schweden auf, wie ihre Füße auf den Boden stampfen – ein unterschwelliger Aufruf, in Aktion zu treten. Taylor hatte zuvor noch nie richtige Tanzmusik gemacht, obwohl sie anfing zu üben, als sie Songs für *Red* schrieb – der Track »Message In A Bottle (Taylor's Version) (From The Vault)« ist ein großartiger Tanzflächenaufwärmer für eine Party. Taylor wollte einen wahrhaft demokratischen Dance-Song schreiben, zu dem jeder tanzen kann, ohne Können oder selbst Begeisterung mitbringen zu müssen. »Ich will einen Song, der zum Beispiel auf einer Hochzeit gespielt wird, und das Mädchen, das den ganzen Abend nicht getanzt hat, wird von ihren Freunden auf die Tanzfläche gezerrt und sie sagen: ›Du musst unbedingt tanzen. Na los! Zu diesem Lied musst du tanzen!‹«[8] Es gibt ein Video, in dem die 25-jährige Taylor und der 43-jährige Max Martin in der Gesangskabine beim Aufnehmen der Backingvocals zu sehen sind, und beide tanzen fröhlich und albern herum. Es gibt uns einen Vorgeschmack darauf, wie das

Lied die Tanzmuskeln zum Zucken bringt, ganz egal, wer man ist. Taylor spielte 2015 auf einem Open-Air-Festival im Vereinigten Königreich vor einem Publikum, das kostenlos einen netten Tag verbringen wollte und zum Großteil von diesem »Tyler Swiff«-Mädchen nie gehört hatte. Sie hatten wahrscheinlich das Video, in dem ganz normal aussehende Leute zu »Shake It Off« tanzen, nie gesehen. Als Taylor zu spielen begann, saßen die meisten in Liegestühlen. Gegen Ende des Liedes hatte sich die Wiese in eine jubelnde Masse aus Kindern, Eltern, Teenies, Tanten und allen möglichen anderen Menschen verwandelt, die um ihr Leben hüpften und tanzten.

»Shake It Off« ist das Bubblegum-Highlight auf *1989*, und es enthält das einzige Taylor-Lachen des Albums (ein Popstar zu sein, ist eine ernste Sache). Die meiste Zeit geht es auf dem Album um wütende oder melancholische Themen, dargeboten in poliertem Popsound. Wenn Taylor davon singt, allein zu tanzen, bezieht sie sich auf die Arbeit der schwedischen Sängerin Robyn, der Erfinderin des Subgenres »Crying in the Club«. Robyns Songs »Dancing On My Own« und »Call Your Girlfriend« widersetzten sich der Konvention des unbeschwerten und fröhlichen Popsongs. Stattdessen verwendete sie pulsierende Synth-Sounds und die Euphorie explodierender Refrains, um Traurigkeit auszudrücken. Der Einfluss von Robyns »With Every Heartbeat« ist auf Taylors »Wildest Dreams« zu hören, denn beide verwenden verträumte Synthesizer und einen herzschlagartigen Rhythmus.

In »Wildest Dreams« kommen wir ihr durch den Sound so nah wie möglich, denn es wird dort eine Aufnahme von ihrem eigenen Herzschlag verwendet. »With Every Heartbeat« mündet an keiner Stelle in einen Refrain, was den Hörer mit einem Gefühl der Unruhe zurücklässt, bereit, es noch mal abzuspielen, falls das Ergebnis diesmal anders ausfällt. Auch wenn es bei Taylor immer einen Refrain gibt, ist *1989* vom Thema der Unruhe durchzogen, da Taylor ewig um ihre Obsession mit dem Bad Boy kreist – der einzige, der die Unruhe, die er gestiftet hat, mildern kann. Taylors Ängste in Bezug auf die Beziehung werden durch die Öffentlichkeit noch verschärft. In einem Interview mit dem *Rolling Stone* sagte sie 2014, dass sie die Witze über ihr Liebesleben nicht mag, weil sie ihre Arbeit herabwürdigen und dazu führen, dass »der Druck in einer neuen Beziehung so hoch ist, dass sie im Keim erstickt wird, bevor sie überhaupt beginnen kann«.[9]

Taylor ist eine »enthusiastische Optimistin«,[10] also bleibt sie positiv und spielt auf unterhaltsame Weise mit ihrer Medienpräsenz. Seit *Fearless* sind ihre Musen kreative Menschen, darunter auch Musiker, die mit den Möglichkeiten ausgestattet sind,

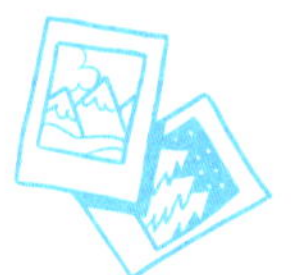

In »Wildest Dreams« kommen wir ihr durch den Sound so nah wie möglich, denn es wird dort eine Aufnahme von ihrem eigenen Herzschlag verwendet.

ihr mit der eigenen Kunst und einer eigenen Erzählung zu antworten. Für Promi-Paare ist es oft eine Herausforderung, gleichzeitig am selben Ort zu sein (»unvereinbare Zeitpläne«). Auf *1989* findet Taylor eine aufregende, mysteriöse Muse, die sich nie so ganz bestimmen lässt. Sie verwendet filmische Beschreibungen, um diese Person als einen der größten Herzensbrecher der Musik zu verewigen: eine rätselhafte, glamouröse Figur, die im Schutz der Dunkelheit schnelle Autos fährt. Sie vergleicht ihn mit dem legendären James Dean, dem ultimativen Bad Boy in Lederjacke. Das Lied »Slut! (Taylor's Version) (From The Vault)« erweitert dieses Porträt um einige Schattierungen, indem sie ihn auch als »Gentleman« beschreibt. Es ist eine sehr schmeichelhafte Darstellung. Das Bildmaterial fügt dem noch eine weitere Dimension hinzu: Das Musikvideo zu »Style« zeigt einen Mann, der einen zerbrochenen Spiegel hochhält, sodass statt seines eigenen Mundes Taylors roten Lippen zu sehen sind und seine Männlichkeit mit Taylors Superweiblichkeit verschmilzt. Im (sehr swiftschen) Rückspiegel sieht er Taylor, die ihm nachschaut. Er ist ihr männliches Spiegelbild.

Während sie ihr Album promotete, betonte Taylor, die Inspirationsquelle für »Style« nie genannt zu haben. Es war eine Botschaft für die Pop-Radiohörer. Die Papierflieger-Halskette, die sie im Video trägt und die im Text von »Out Of The Woods« genannt wird, erzählte denjenigen eine Geschichte, die zurückverfolgten, wem diese Kette gehört hatte. Sie wussten, dass es sich um einen Liebesbeweis handelte, der eine ganz bestimmte Beziehung symbolisierte. Es zeigt, dass Taylor hier bereits eine Art Spiegelkugel war und verschiedenen Hörerinnen und Hörern je nach Profil und Bedürfnissen eine andere Facette ihrer selbst zu zeigen. Daran arbeitet Taylor intensiv, wie sie *Wonderland* 2014 erklärt: »Menschen erwarten, das Kunst vielschichtig ist. Sie wollen eine Bedeutung und eine Story … Sie wollen die Gewissheit, dass es Geheimnisse gibt, die sie entschlüsseln können.«[11] Promi-Skandale, wie der angebliche Popstar-Streit um »Bad Blood«, pushten mit kostenlosem Schlagzeilen-Marketing die Verkaufszahlen des Albums. Die Musik steht dennoch immer auf ihren eigenen Füßen. Es ist auch in Ordnung, den Promi-Aspekt zu ignorieren und diese Geschichten privat und kostbar zu halten – nur du und das Lied, in einer Schneekugel tanzend. Taylor sagte dazu: »Es gibt einen Grund, weshalb es in diesem Song keine offensichtlichen Anspielungen gibt. Ich wollte keine Klatschparade anzetteln. Meine Absicht war, dass sich Menschen damit identifizieren konnten, die einmal betrogen worden sind.«[12] In den Liner Notes schrieb sie, dass es erst Lieder über ihr eigenes Leben waren, aber nun Lieder über das Leben der Fans sind.

Mit *1989* sicherte sich Taylor einen Platz in der Pop-Geschichte. Es geht nicht nur darum, Nummer-eins-Hits zu landen, sondern darum, Songs aufzunehmen, die zu geliebten Klassikern werden. Taylors Pop-Genie liegt darin, dass sie eine brillante Entertainerin ist, und dass sie Themen verwebt, die uns persönlich berühren. Bei diesem Projekt hatte sie die ultimative Kontrolle, mehr noch als bei *Speak Now*, bei dem sie jeden Song allein schrieb. In einem ausführlichen Interview, das sie der Recording Academy über die Entstehung von *1989* gab, schien sie ob der Meinung der Plattenfirmenchefs zu ihrer Musik beunruhigt und sagte: »[Scott Borchetta] geriet in einen halbpanischen Zustand und durchlief alle Stadien der Trauer – das Flehen, die Verweigerung. ›Kannst du drei Country-Songs machen? Können wir in ›Shake It Off‹ nicht eine Fiedel einfügen?‹ Und alle meine Antworten waren ein klares ›Nein‹.«[13] Taylor stand zu ihren künstlerischen Entscheidungen, und es zahlte sich aus. *1989* verkaufte sich in der ersten Woche eine Million Mal. Im darauffolgenden Jahr setzte sich Taylor für alle Musiker ein, als sie ihre Musik von Streaming-Diensten entfernte, bis eine bessere finanzielle Einigung erzielt werden konnte. Sie war selbstsicher, hatte die Kontrolle und war auf einem Karrierehoch: »Dieses Jahr war bisher das Lieblingsjahr meines Lebens. Ich bekam die Chance, ein Album genau so zu machen, wie ich wollte. Ich konnte es genau so veröffentlichen, wie ich wollte.«[14]

Was konnte noch schiefgehen?

1989

Shout-out song

»OUT OF THE WOODS«

OooooOoooOH OooooOoooOH!

In »Out Of The Woods« verwebt Taylor ihre Stimme mit einem seltsamen, chaotischen Backing-Track, der von ihrem Freund und Produktionspartner Jack Antonoff stammt. Der Song handelt davon, wie sich Taylor in ihrer Katz-und-Maus-Liebesgeschichte *1989* gefühlt hatte: »Das Grundgefühl, das ich in der ganzen Beziehung hatte, war Angst.«[15] Dieses Gefühl der Überwältigung ist in die Musik selbst eingebaut: Der Sound der Snare-Drum besteht aus weißem Rauschen und dem Geräusch, das Jack beim Fallenlassen einer Tasche mit Equipment erzeugt. Die kurzen Ausschnitte seiner Stimme, mit denen der Track beginnt, werden immer wieder wiederholt und brechen dann abrupt ab, wie die Beziehung selbst. Es wirkt chaotisch und destabilisierend und erzeugt ein Gefühl der Gefahr, widergespiegelt in Taylors flehender Frage, die sie unermüdlich den ganzen Refrain hindurch wiederholt. »Are we out of the woods?« Haben sie und ihre Muse das Schlimmste hinter sich? Im Ganzen ist es der Klang von Unsicherheit.

Dieser Song gibt uns keine Sekunde lang das Gefühl der Sicherheit, aber auf schöne Art und Weise. Taylor erzählt, dass sich ihr Blick auf die Liebe mit *1989* änderte: »Ich hatte immer geglaubt, dass man ›den Einen‹ finden kann. Dass es ab diesem Zeitpunkt keinen Kampf mehr gibt, dass man für immer zusammen glücklich ist. Nach ein paar Erfahrungen mit Liebe und Beziehungen lernt man, dass das absolut nicht der Fall ist. Es gibt haufenweise Grauzonen und komplizierte Situationen.«[16] »Out Of The Woods« fängt dieses Gefühl ein, am Rand der Liebe zu stehen, ohne sie jemals zu erreichen. Seltsamerweise wird das Lied nach mehrmaligem Anhören (etwa hundertmal sollte reichen) zu einem beruhigenden Mantra. Und wenn man einen richtig schlechten Tag hat, kann die angriffslustigste aller Swift-Bridges Wunder wirken.

Die Liebe in »Out Of The Woods« hat das Potenzial, Taylors häuslicher Traum zu sein, mit Tanzen im Wohnzimmer und gemeinsamem Auf-der-Couch-Herumliegen. Sie fangen Momente auf Polaroid-Fotos ein, die am Ende alles sind, was Taylor bleibt. Ein flüchtiger T-Drop im improvisierten »Oh« im zweiten Refrain gibt uns das Gefühl des Heimkommens. Hatte ein »Oh« jemals eine größere Wirkung? Aber es soll nicht sein. Die Liebenden sind Papierflieger, die in unterschiedliche Richtungen abheben. Die bombastische Bridge (Chorgesang; das Geräusch von tropfendem Wasser; alle Trommeln der Welt auf einmal) rast durch die Ereignisse: ein Unfall, ein Krankenhaus, beide weinen. Nach dieser gefährlichen Nacht sieht er sie an, wie immer – selbst beim Autofahren sieht er sie mit seinen grünen Augen an. Aber am Ende ist nicht klar, was es heißen soll.

Kann Taylor den Zyklen entkommen, die sie auf *1989* heimsuchen? Nicht mit »Out Of The Woods«, denn der fehlende Abschluss macht daraus einen Soundtrack für unmögliche, unlösbare Situationen. Auch »All Too Well« klingt darin wieder, denn Taylor sagt hier, dass sie sich erinnert. Auf *Midnights* wird sich Taylor auf diesen wackligen Boden zurückwagen, indem sie die Zeile über das Erinnern von »Out Of The Woods« in »Question ...?« sampelt. In diesem Lied fügt Taylor ihrer Liste noch mehr Fragen hinzu. Werden sie jemals »out of the woods« sein? Sie wird niemals eine Antwort erhalten.

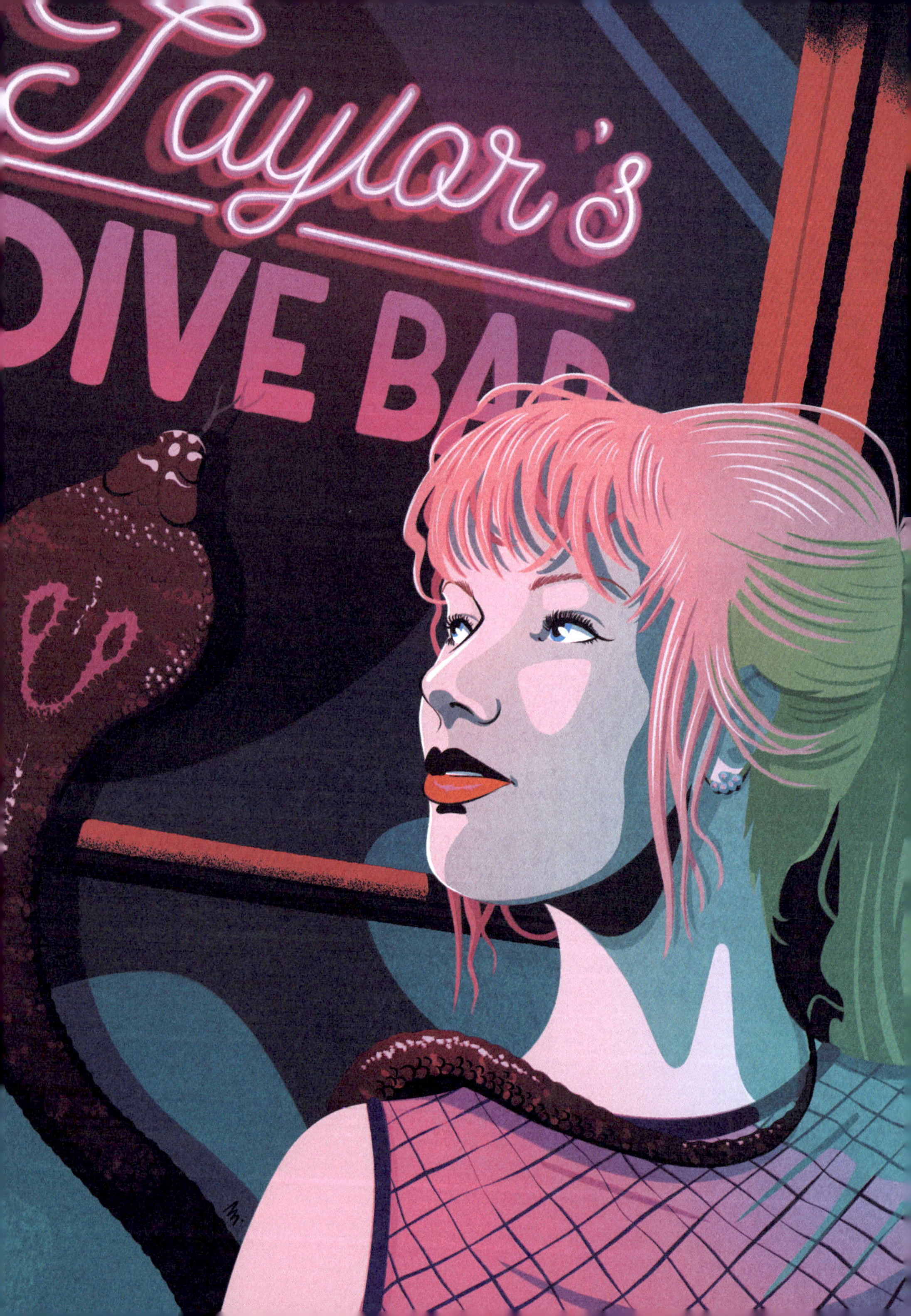
Taylor's
DIVE

6

Snakes and Ladders

REPUTATION

Die *1989*-Tour dauerte von Mai bis Dezember 2015, und nach all diesen Monaten, in denen Taylor ihre Zeit mit dem Organisieren von Überraschungsgastauftritten verbracht hatte und fast jeden Abend stundenlang aufgetreten war, beschloss sie, sich eine Auszeit zu nehmen. In einem Interview mit *Vogue* betonte Taylor 2016, wie unglaublich das Jahr 2015 für sie gewesen sei, dass sie sich aber auch darauf freue, zum ersten Mal in zehn Jahren eine Pause einzulegen.[1]

Taylor legte diese Pause ein, wenn sie auch nicht wie erwartet verlief. Normalerweise bringt sie verlässlich alle zwei Jahre ein Album heraus. Doch 2016 zog ins Land, ohne dass etwas geschah. Dann kam 2017 endlich ein Zeichen. Die Bilder, mit denen Taylor bei ihren Alben arbeitet, sind in der Regel sanft und leicht: Schmetterlinge, herzförmige Sonnenbrillen, Retro-Badeanzüge und Flamingo-Schwimmtiere. Das traurigste Symbol in all der Zeit war vermutlich der Schal. Es gab also nichts, das die Swifties auf den 21. August 2017 vorbereiten konnte, als Taylor auf ihren sozialen Medien plötzlich Videos einer angriffsbereiten zischenden Schlange postete. Zwei Tage später machte sie das Cover ihres neuen Albums publik. Ihr Haar sieht darauf nass aus, ihre Lippen sind dunkelrot geschminkt. War das wirklich Taylor Swift?

Man begann, wild über das Genre des neuen Albums zu spekulieren. Das zerfetzte, zerrissene Oberteil, das sie auf dem Cover trug, deutete auf Grunge hin – Taylor hatte auch damit begonnen, eine Rockversion von »We Are Never Ever Getting Back Together« auf Tournee zu spielen. Die gotische Schrift sah nach Hip-Hop-Platte aus den 90ern aus, zum Beispiel *Illmatic* von Nas, was die Frage aufwarf, ob Taylor jetzt ganz auf Hip-Hop setzte. Die Schriftart ähnelte auch der der *New York Times* und anderer

Zeitungen auf der ganzen Welt, und ihr Gesicht war halb mit Zeitungsprint überlagert. Es war eine Anspielung auf das 2017 in den Medien diskutierte Thema »Fake News« sowie auf Britney Spears' Video zu »Piece Of Me« (2007), in dem sie sich mit den Medien anlegt, in dem sich »Karma« auf »Drama« reimt und die Vocals stark synthetisiert und in der Tonhöhe verschoben sind. Taylor hatte noch nie überlagerte Bilder verwendet. Es war nur ein Bild, aber es war der erste Hinweis auf das, was seit ihrem Verschwinden aus dem Rampenlicht 2016 in ihr vorgegangen war.

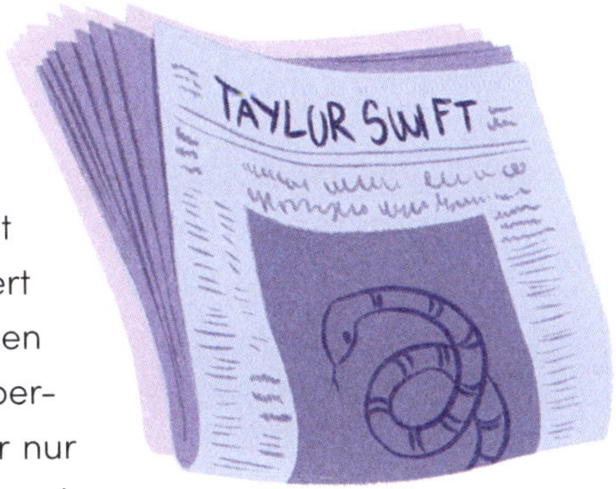

Die erste Single »Look What You Made Me Do« war für Taylor sowohl musikalisch als auch in Bezug auf ihre gesamte Popstar-Marke ein Neustart. Es war auch eine Schnitzeljagd nach musikalischen Anspielungen. Die gruselige Geisterbahn-Musik am Anfang kündigt an, dass dies ein düsteres Lied ist. Der Bass ist zum Fuzz verzerrt. Der Refrain von »Look What You Made Me Do« ist ein sogenannter Anti-Chorus: Statt voll und laut zu werden, ist er minimalistisch und gedämpft; der Produzent Jack Antonoff sagte, er »klingt deutsch«, womit er wahrscheinlich den in Berlin beliebten basslastigen House- und Techno-Sound meint. Doch das ist nur der Anfang der Dance-Music-Referenzen auf *reputation*, vergleichbar mit dem Dubstep-Vibe von »I Know You Were Trouble« auf *Red*. »Look What You Made Me Do« hat auch einen theatralischen Pre-Chorus mit der Wiederholung von sagenhaften zwölf identischen Noten. Schonungslose Stakkato-Noten wie diese sind der inoffizielle Sound weiblicher Wut in Liedern, die von Mozarts »Königin der Nacht«-Arie (mit den einleitenden Worten »Der Hölle Rache kocht in meinem Herzen«) bis zu Kelis' »Caught Out There« reichen. Taylor bringt den Text auf eine kühle und beherrschte Art und Weise rüber, die noch unheimlicher wirkt, als wenn sie schreien würde – obwohl tief im Hintergrund tatsächlich ein Schrei zu hören ist.

Als das Video ein paar Tage später veröffentlicht wird, bestätigt sich der Verdacht: Das ist eine ganz neue Taylor, die Pop-Girl-Attitüde mit Wut und Rachsucht kombiniert. Das Video von »Look What You Made Me Do« steckt derart voller Symbole und Anspielungen, dass es einem Renaissance-Gemälde das Wasser reichen könnte. Die Kamera schwenkt über ein Spukhaus auf einem Hügel und einen Friedhof und zoomt auf ein Grab mit der Aufschrift »Here Lies Taylor Swift's Reputation« – hier ruht Taylor Swifts guter Ruf. Eine Sekunde später platzt eine Zombie-Taylor aus dem Grab heraus. In der Vergangenheit sah Taylor grundsätzlich glamourös aus, selbst als sie im Video von »Out Of The Woods« im Matsch landet. Die Zombie-Taylor trägt das blaue Kleid aus dem Video von »Out Of The Woods«, aber sie hat nicht nur ein matschverschmiertes Kleid an – sie ist von oben bis unten verwest. Wir sehen Taylor, wie sie selbst nach einem Autounfall die Paparazzi auf den Fersen hat. Ein Leopard als Haustier an ihrer Seite ersetzt ihre üblichen flauschigen Kätzchen. Sie ist auch die Anführerin einer Armee von Robotern, die wie Models aussehen, und sie ist die Schlangenkönigin auf einem Thron, der von sich windenden Reptilien umringt ist. Obwohl schon früher Botschaften in den Liner Notes versteckt worden waren, wurde die Jagd auf Easter Eggs mit *reputation* endgültig zum Hobby für Fans. Auf dem Friedhof befindet sich ein Stein mit der Inschrift »Nils Sjöberg«, dem Pseudonym, unter dem Taylor den Rihanna-Song »This Is What You Came For« schrieb. Die Stelle, an der Taylor in orangefarbener Gefängniskleidung in einem goldenen Käfig schaukelt, sorgte für anhaltende Spekulationen. In den Gedichten, die den Deluxe-Ausgaben beiliegen, beschreibt sie ein »Justizsystem« in ihrem Kopf, mit dem sie ihre Feinde verurteilt, und wie diese sich selbst in die Gitterstäbe eines »goldenen Gefängnisses« verwandeln. In »So It Goes...« schreibt sie, eine Gefangene in einem goldenen Käfig zu sein. Viele Monde später tritt Taylor als goldene Justitia im Video zu »Karma« auf, in dem es darum geht, dass Karma eine Form der Gerechtigkeit ist, wenn sie sich auch Taylors Kontrolle entzieht. Sie sieht das heute entspannt: »Es bringt nichts, aktiv zu versuchen, deine Feinde zu ›besiegen‹. Die Spreu trennt sich vom Weizen, und zwar jedes Mal.«[2]

In »Look What You Made Me Do« tanzt Taylor auf eine völlig neue Art: Sie bringt die volle Popstar-Choreografie. In den Texten ihres gesamten Werkes wird getanzt, aber es ist ein romantischer Tanz in der Küche oder ein Wirbeln im Kleid. Bei den Liveshows waren ihre typischen Dance-Moves das Stolzieren und Fingerzeigen. Im Video zu »Shake It Off« führte sie vor, dass sie weder Ballett noch Breakdance, Twerking oder Cheerleading beherrscht. Doch nun ließ sie sich offenbar von Lady Gaga inspirieren und legte eine komplette Choreografie mit einer rein männlichen Tanztruppe in schwarzen Crop-Tops und mit glitzerndem Augen-Make-up hin. Für Taylor ist der Tanz ein bewährtes Ausdrucksmittel für Wut. Auf der *Eras*-Tour tanzt sie zum brodelnden »Vigilante Shit« (*Midnights*) einen aufreizenden Chair-Dance à la *Chicago*, der Erinnerungen an »Look What You Made Me Do« weckt.

In der zweiten Hälfte von *reputation* scheint Taylor ein bisschen über ihre Wut hinweggekommen zu sein und lacht über das Geschehene. »This Is Why We Can't Have Nice Things« handelt natürlich immer noch von demselben Verrat, aber es ist lustig und skurril, wild und amüsant zugleich, mit Texten über Champagner und Partys. Eine Anspielung auf F. Scott Fitzgeralds *Der große Gatsby* macht deutlich, dass die Party tragisch enden wird, aber der Song ist trotzdem ein Hit. »Gorgeous« handelt davon, jemand Neues kennenzulernen, und würdigt Taylors Katzen Olivia und Meredith. Neben ihrer Mutter Andrea spenden auch die Katzen ihr in den schwierigen Zeiten Trost. Die Deluxe-Version des Albums beinhaltet mehrere Fotos von den beiden. Katzen sind jedoch auch ein Rachesymbol für Taylor. Als sie und ihre Crew im Video zu »Look What You Made Me Do« den Tresor einer Streaming-Plattform ausrauben, tragen sie dabei Katzenmasken. In »Vigilante Shit« taucht Cat-Eye-Make-up auf, während »Karma« die Gerechtigkeit mit einer Katze vergleicht: ein kaltblütiger Killer für alle, außer Taylor, die sie liebt.

Ein weiteres Verbrechen wird in »Getaway Car« begangen. Der Song ist eine gelungene Kombination aus Nashville-Songwriting und Bon-Jovi-Songs zum Mitgrölen. Er erzählt die Geschichte von zwei Räubern à la Bonnie und Clyde und wie sie Bonnies Ex ausrauben. Am Ende verlässt Bonnie den neuen Mann, der ihr bei der Flucht vor dem alten geholfen hat, mit der Erklärung, er hätte es sich ja gleich denken können. Der Text bezieht sich auf den Ort, an dem sie sich kennengelernt (»met«) haben, und spielt damit auf Taylors Auftritt bei der Met Gala 2016 an. Sie trug das aufgehellte platinblonde Haar, auf das in »Dress« Bezug genommen wird, einem weiteren Song, in dem erwähnt wird, wo Taylor jemanden kennengelernt hat (die Afterparty der Met Gala 2016 muss unglaublich gewesen sein). Taylors Dokumentarfilm *Miss Americana* zeigt, wie die Bridge des Songs geschrieben wurde. Jack Antonoff spielt den Backing Track und versucht, »getaway car« auf »I'm losing my ... something« zu reimen. Taylor schlägt »Motel Bar« vor, und die Worte fliegen zwischen den beiden hin und her, während sich die ganze Bridge in Sekundenschnelle entfaltet. »Argh!«, ruft Taylor begeistert. Jack sagte dazu: »Das ist das erste Mal in meinem Leben, in den Millionen von Stunden, die ich in Studios verbracht habe, dass die Kamera läuft, wenn ein Wunder geschieht.«[3]

Einblicke in den Songwriting-Prozess von *reputation* sind wie Goldstaub. Um ihr ruhiges, friedliches Leben zu bewahren und ihr Verschwinden Anfang 2017 zu bekräftigen (»Ein Jahr lang hat mich niemand zu Gesicht bekommen«),[4] entschied sich Taylor, keine Presseinterviews zu geben. Anstelle ihrer üblichen Einblicke in das Songwriting und ihrer Auftritte in Talkshows, in denen sie über Musik, das Leben und das Touren spricht, postete sie ein Bild auf Instagram mit der Bildunterschrift:

There will be no further explanation.
There will just be reputation.
(Keine weiteren Erklärungen. Nur reputation.)

Die Interpretation des Albums erfolgte ausschließlich durch die Musik und die Puzzlestücke, die die Fans aus den Secret Sessions zusammensetzen konnten. Ja, selbst inmitten ihres Rückzugs aus der Welt lud Taylor noch handverlesene Fans zu sich nach Hause ein, um das neue Album zu anzuhören. Sie tanzte, umarmte die Leute und gab ihnen das Gefühl, eine Freundin gefunden zu haben. Ihr Schweigen ermöglichte es uns auch, selbstständig die Bedeutung der Songs und der ganzen Phase zu entschlüsseln. »In meiner *rep*-Ära« wurde zum geflügelten Wort, das eine Zeit beschreibt, in der Chaos und Zerstörung herrschen, die dich aber auch endgültig davon befreit, den Leuten gefallen zu wollen.

»Look What You Made Me Do« war ein gigantischer Nummereins-Hit. Taylor war laut Jack »extrem und klar auf eine Stimmung fixiert«.[5] Und sie bewies ein feines Gespür dafür, wohin sich die Kultur entwickeln würde. Die Billboard-Nummer eins in den USA nach Taylors Song war der erste Hit von Cardi B, »Bodak Yellow«. Der Song ist mit gruseligen Synthesizern unterlegt, ähnlich wie in »Look What You Made Me Do«, und Cardi B hat einen Geparden als Haustier und leert einen Beutel mit Diamanten aus. 2017 lag eindeutig etwas in der Luft. Doch obwohl die Videos zu »Look What You Made Me Do« und dem tropischen »...Ready For It?« darauf abzielten, Taylor als knallharte Frau zu präsentieren, waren beide von der für sie typischen Verspieltheit durchzogen. Die sexy Urlaubsromantik von »...Ready For It?« und der clevere Text, der Tricks wie das Aufgreifen des letzten Lautes des Wortes »Island« und dessen Wiederholung zu Beginn des nächsten Satzes wie eine Art kompliziertes Puzzle verwendet, klangen lustig, nicht düster und wütend. Als die Fans schließlich das ganze Album zu hören bekamen, mit seinen vielen Liebesliedern wie »Delicate«, war klar, dass es auf *reputation* um mehr ging als die dunkle Seite.

Wenn *reputation* eine sich windende Schlange mit einer weichen, schönen Unterseite ist, dann gilt für die Popmusik meist das Gegenteil. Taylors Image wurde sorgfältig geschützt, um der Art von fiesem Medienpranger zu entkommen, an dem andere weibliche Berühmtheiten standen – insbesondere diejenigen, die ihre Karriere als Teenager begannen, wie Britney Spears. Taylor war damit aufgewachsen, dabei zuzusehen, wie prominente Teenager ihrer Vorgeneration öffentlich in Stücke gerissen wurden. Paparazzi-Fotos von einer psychisch sehr angeschlagenen Britney gehörten zu den am weitesten verbreiteten Bildern 2007. Taylor erinnert sich daran, wie sie von »jedem zweiten gefragt wurde: ›Wird aus dir auch so eine Katastrophe? Wann wirst du wohl entgleisen wie ...‹ und dann nannten sie die anderen Mädchen, die für sie eine totale Katastrophe waren«.[6] Taylor kleidete sich konservativ und achtete penibel darauf, nicht einmal »mit einem Glas in der Hand gesehen zu werden, in dem Alkohol sein könnte«,[7] weshalb sie von der richtig fiesen Berichterstattung (ausgenommen die schnippischen Bemerkungen über ihr Liebesleben und ihr künstliches Image), verschont blieb. 2016 begann ihr Märchenschloss zu bröckeln.

Am 29. August 2016, ein Jahr vor dem Post mit den zischenden Schlangen, schrieb Taylor in ihr Tagebuch: »Dieser Sommer ist die Apokalypse.«[8] Das verunglückte, von Paparazzi umgebene Auto in »Look What You Made Me Do«, steht für ihre Katastrophe: »Ich verlor um ein Haar mein Leben und meinen Verstand«, erzählt sie, als sich die öffentliche Meinung gegen sie zu wenden begann, und während der berüchtigten »Taylor Swift Is Over Party« ihre Kommentare mit zahlreichen Schlangen-Emojis versehen wurden.[9] Obwohl sich Taylors Gegenschlag *reputation* gut verkaufte, hätte es auch ganz anders laufen können. Die Karrieren von Musik-Megastars wie Mariah Carey bis zu The Chicks wurden beschädigt und entgleisten, sei es, weil sie in einem schlechten Film mitgespielt oder ihre politische Meinung geäußert hatten. Wir wissen nicht, was im Hinterzimmer der Plattenfirma besprochen wurde, aber Taylor erklärt ohne Umschweife: »Mach dir nichts vor – mir wurde meine Karriere genommen [...] Das hat mich psychisch so weit runtergezogen, wie ich es noch nie erlebt hatte. Ich zog ins Ausland. Ich habe meine Mietwohnung ein Jahr lang nicht verlassen [...] Ich war richtig am Boden.«[10] Jeder, der sich schon einmal als Versager gefühlt hat oder von Menschen, denen er vertraut hat, betrogen wurde, kann dieses Gefühl gut nachempfinden. Es ist niederschmetternd. Innerhalb eines Wimpernschlags wurde Taylor von der beliebten Entertainerin und dem »braven Mädchen« zur (vermeintlichen) Schlange und Schurkin.

Taylor hatte schon immer ein Problem mit dem good girl/bad girl-Dualismus: »Mein ganzer moralischer Kodex, als Kind und jetzt, beruht auf dem Bedürfnis, als gut zu gelten. Es war alles, worüber ich schrieb. Es war alles, was ich wollte.«[11] In »Sad Beautiful Tragic« und »Style« beschrieb sie sich selbst als braves Mädchen, und obwohl sie mit der Ästhetik böser Mädchen kokettierte, ging es nie weiter, als dass sie die Girl-Gang zusammentrommelte, um in »Bad Blood« in Catsuits herumzustampfen, oder einen sichtbaren BH im Video zu »I Don't Wanna Live Forever«, einem Song für den Soundtrack von *Fifty Shades Darker*, zu tragen. Dazu gebracht zu werden, sich wie ein schlechter Mensch zu fühlen, hat Taylor tief getroffen: In *Miss Americana* sagte sie über Popstars: »Wir haben diesen Beruf ergriffen, weil wir gemocht werden wollen, weil wir von Natur aus unsicher sind, weil wir den Applaus genießen, weil es uns vergessen lässt, wie stark unser Gefühl ist, nicht gut genug zu sein.«[12] In »I Did Something Bad« probierte Taylor aus, wie es wäre, nicht unter dieser Art von Druck zu leben. Diesmal war sie es, die die Männer an der Nase herumführte, und es machte ihr sichtlich Spaß! Eine chaotische, sittenlose Taylor auf einem Album zu hören, war eine aufregende Sache, denn es war eine große Veränderung im Vergleich zu dem, was Taylor-Fans bis zu diesem Album gewohnt waren. Doch so zu tun, als wäre ihr alles egal, war einfach nicht Taylors Sache. Sie ging kämpfend unter – Verweise auf Waffen ziehen sich durch das ganze Album: Pistolen, Messer, Heugabeln, Gift und sogar eine Axt in dem boshaften, aber poppigen »This Is Why We Can't Have Nice Things«. Aber sie ging unter. Nicht einmal Taylor würde behaupten, dass sie in diesem Krieg der Worte triumphiert hat, denn in »Call It What You Want« spricht sie davon, »ein Messer zu einer Schießerei mitzubringen«, um auszudrücken, wie schlecht sie auf die Ereignisse von 2016 vorbereitet gewesen war. Anstatt

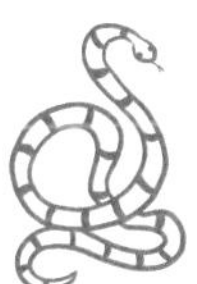

Anstatt ihre Gegner zu begraben, ist *reputation* ein Prüfstein der Verletzlichkeit geworden, und gerade deshalb ist es auch eines ihrer wichtigsten Alben.

ihre Gegner zu begraben, ist *reputation* ein Prüfstein der Verletzlichkeit geworden, und gerade deshalb ist es auch eines ihrer wichtigsten Alben. Es gibt zu, wie verfahren die schlimmsten Zeiten sind – wenn sie im wahren Leben eintreten, ist es unmöglich, die Shake-it-off-Taylor herauszuholen. *reputation* erinnert die Hörerinnen und Hörer jedoch auch daran, dass schreckliche Situationen auch in einen Neuanfang münden können.

Taylor sagt heute, dass *reputation* »eigentlich eine Liebesgeschichte war«.[13] »End Game« klingt wie ein Angeber-Song, aber es geht darum, ewige Liebe zu finden (Gast Ed Sheeran singt über die Party zum vierten Juli bei Taylor, auf der er seine jetzige Frau kennenlernte,[14] während der Rapper Future sich selbst als »Bad Boy« bezeichnet, der aber sein Leben für dich geben würde – ideal!). *reputation* ist durchzogen von der nervösen Spannung frischer Liebe: »Call It What You Want« und »Dancing With Our Hands Tied« sind beides ängstliche Songs über den Verlust der wertvollen neuen Beziehung, die Taylor begonnen hatte und die während des ganzen Dramas ihr Schutzraum wurde. Bei der Veröffentlichung von *reputation* erzählte Taylor den Fans bei den Secret Sessions angeblich, dass »Gorgeous« über ihren »Angel Boyfriend« sei, mit dem sie seit einem Jahr zusammen war – und dass sie das bitte weitererzählen sollen.[15] Als Taylor Einträge aus ihren Tagebüchern als Teil der Deluxe-Edition von *Lover* veröffentlichte, erfuhren wir, dass die Beziehung Ende 2016 begann: In einem Eintrag vom Januar 2017 heißt es: »Wir sind jetzt seit drei Monaten zusammen und niemand hat es mitbekommen.«[16] Im Tagebuch erfahren wir auch, wie wichtig es Taylor war, die zarte neue Beziehung geheim zu halten, um ihr Zeit zum Wachsen zu geben – genau wie in »Dancing With Our Hands Tied«: »Ich will nicht, dass sich irgendwas verändert oder kompliziert wird oder sich jemand einmischt.«[17] Taylors Beziehung mit Songwriter und Grammy-Gewinner William Bowery, von dem hier die Rede ist, inspirierte eine Reihe völlig neuer, aufschlussreicher Taylor-Songs. »Dress« ist so unerwartet sexy, dass Taylors Eltern angeblich den Raum verließen, als sie es bei den Secret Sessions spielte.[18] Das ist doch Andreas Baby!

Am Ende von *reputation* gibt es ein Geschenk: Man hört auf einem Album selten Taylor am Piano: Trotz ihres Rufes als Autorin von Liebesliedern ist sie ein Popstar und macht peppige Songs, keine Balladen. Hier ist das Piano allein im Hintergrund zu hören, weit genug, um den Gesang zu untermalen, ohne zu sehr aufzufallen. Es scheint, als ob Taylor und die Musik gemütlich zu Hause ihren jeweiligen Beschäftigungen nachgehen, harmonisch, aber nicht im Gleichschritt. Es klingt zwar leicht, doch es ist überraschend schwierig, bei »New Year's Day« Klavier zu spielen und mitzusingen. Und wir befinden uns (noch) nicht einmal in einer verrückten Taktart, sondern im üblichen 4/4-Takt, der in der Popmusik so allgegenwärtig ist, dass man ihn »common time« nennt. Die Taktart findet man normalerweise leicht heraus, indem man zum Gesang mitklatscht. In diesem Lied klatscht man viermal pro Verse, viermal hintereinander. Wenn man aber versucht, zu »New Year's Day« mitzuklatschen, kommt man schnell durcheinander. Während die bad-girl-Swifties mit *reputation* die Zeit ihres Lebens hatten, war für die feinfühligen Swifties dieser intime, wankende Song ein Rettungsanker. Hier ist im Ansatz Taylors natürliche Begabung beim Arrangieren von Text und Musik zu erkennen, die sich auf ihrem musikalisch komplexesten Album *evermore* erst richtig entfalten wird.

Es ist der Morgen nach einer Silvesterparty, und das Konfetti muss zusammengekehrt werden. Lieder wie *Fearless* konzentrierten sich auf genau den Moment, in dem das Konfetti in die Luft geworfen wird und die Liebe wunderbar ist. Laut Taylor ist das letzte Lied auf *reputation* nicht vom Silvesterabend inspiriert, sondern eher davon, was danach passiert: »Ich glaube, es ist sogar noch romantischer, wenn man weiß, wer einen am Neujahrstag aushält. Wer einem eine Kopfschmerztablette gibt und einem beim Aufräumen hilft.«[19]

Am Silvesterabend fassen wir gute Vorsätze für das neue Jahr, am Neujahrstag geht es darum anzufangen, sie einzuhalten. In dem Song geht es um Geschichten und Erinnerungen, aber anders als in den meisten ihrer Songs kann Taylors Partner die Seiten dieser Geschichte auch lesen – obwohl sie ihn bittet, nicht bis zum Ende zu blättern. Es wäre ihr sogar lieber, wenn es kein Ende gäbe. Sie vertraut ihm damit auch etwas an, das sie bisher in ihren Alben für sich behalten hatte. Es ist der Stoff ihres Songwritings: Die Erinnerung an ihre Liebe. In »All Too Well« war die Erinnerung, alles, was ihr geblieben war, aber sie gibt jetzt Verantwortung ab. Die Erinnerung gehört beiden. Dies war die Art heimeliger Liebe, nach der sich Taylor in ihren Tagträumen gesehnt hatte, von »Mine« bis »Stay Stay Stay«. Und ihr Traum wurde wahr.

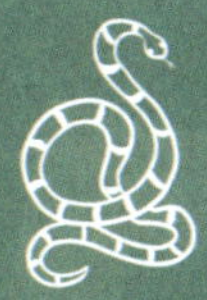

Sie vertraut ihm damit auch etwas an, das sie bisher in ihren Alben für sich behalten hatte. Es ist der Stoff ihres Songwritings: die Erinnerung an ihre Liebe. In »All Too Well« war die Erinnerung, alles, was ihr geblieben war, aber sie gibt jetzt Verantwortung ab. Die Erinnerung gehört beiden.

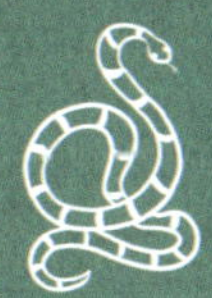

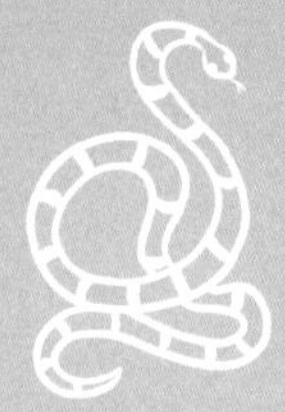

REPUTATION
Shout-out song
»DELICATE«

Taylors *rep*-Ära entstand aus einem schlimmen Lebensabschnitt, doch wie so viele Konflikte bot es auch eine Gelegenheit zur Veränderung: Wenn ohnehin jeder glaubt, du wirst entgleisen, warum nicht einen darauf trinken? Mit der Zeit lernte Taylor zu schätzen, wie sich dadurch unser Verständnis von ihr als Person erweitert hat: »Du bekommst eine Rolle als dieses ewig lächelnde, ewig glückliche ›American Sweetheart‹, doch sobald sie dir genommen wird, merkst du erst, wie erleichtert du bist, denn diese Rolle war extrem einengend.«[20] Man erinnert sich kaum, aber damals war es schon radikal, Taylor in Straßenkleidung zu sehen, weil man sie sich bis dahin nur in hübschen Kleidchen und passenden Garnituren vorstellen konnte.

Nicht nur flucht sie zum ersten Mal auf »I Did Something Bad«, auf *reputation* trinkt sie auch zum ersten Mal. Trinken war davor immer als etwas Unattraktives dargestellt worden, als Kontrollverlust: Der Kritiker in »Mean« landet besoffen in einer Bar, wo er über Taylor herzieht. Auf *1989* war Sich-Betrinken eine Metapher für Eifersucht, in »Blank Space«, und in »Clean« wurde Taylors Kleid mit Wein besudelt – eigentlich eine ideale Art, das Album zu beenden: befleckt, wie auch bald ihr America's-Sweetheart-Image. Auf *reputation* trinkt sie, weil es Spaß macht. Im Video zu »End Game« leert sie im regenbogenfarbenen Paillettenkleid Pints und Shots. Ab jetzt wird das Thema Trinken und Sich-betrinken auf vielerlei Art und Weise in Taylors Musik auftauchen, vom traurigen Whiskeytrinken à la Country in »this is me trying« bis zum Champagner als Symbol für die Ehe in »champagne problems«. Ausgehen ist für einen Menschen in seinen 20ern ein ganz normaler Zeitvertreib: Die meisten Menschen treffen ihre wahre Liebe nicht im eigenen Hinterhof à la »Mary's Song (Oh My My My)« (*Taylor Swift*). Taylor wird das Trinken zu einem so normalen Teil ihrer Selbstdarstellung machen, dass sie von nun an in Talkshows ein Glas Wein genießt und sogar in einem Werbespot für eine Kreditkartenfirma, die die *Eras*-Tour gesponsert hat, eins bestellt. Es tat ihrem Ruf als Vorbild keinen Abbruch.

Die Anfangsphase einer Beziehung ist bekanntermaßen risikobehaftet – wann kann man sagen, dass man aus dem Dating-Wald heraus ist und eine Beziehung hat? »Delicate« ist ein wichtiger Eintrag in der Kategorie der Taylor Songs, die die Frage stellen: »Bin ich das Mädchen aus ›cardigan‹ oder das aus ›august‹?« Wie in »You Belong With Me« weiß Taylor, dass es in Liebesgeschichten neben dem glücklichen Paar noch viele andere Figuren gibt, einschließlich all der Mädchen, die es nicht bis zur Freundin geschafft haben, aber trotzdem große Gefühle hatten. »Delicate« ist das erste Anzeichen dafür, dass *reputation* ein Liebesalbum sein könnte und ein Korrektiv zur Taylor von »I Did Something Bad«, der es offenbar egal ist, wen sie verletzt, denn »jeder wird dich verraten« (wie sie eines Tages im Video zu »Anti-Hero« an die Tafel schreiben wird). Auch wenn sie zukünftig weiterhin den »august«-Mädchen ihren Stolz zurückgeben wird, ist dieses Mal sie die Glückliche. Auf *Red* begannen Liebe und Hoffnung wieder in einem Café, jetzt ist es eine dive bar.

Taylor wird für ihre Texte so geschätzt, dass wir manchmal vergessen, dass sie ihre Alben auch selbst produziert und den Sound mitgestaltet. Wer das bezweifelt, sollte einmal *Lover* mit *Midnights* vergleichen: Sie werden von praktisch denselben

Leuten hinter den Kulissen produziert, klingen aber völlig unterschiedlich. Taylor achtet immer darauf, dass die Songs die Stimmung widerspiegeln, die sie mit dem Sound vermitteln will, von dramatischen Streichern in »Haunted« (*Speak Now*) bis zum beharrlichen Dröhnen in »The Archer« (*Lover*), das ihre unbezwingbaren Beklemmungen ausdrückt. Selbst ihre romantischsten Momente peppt sie gern mit einem Beat auf, sei es der tropische Synth-Beat in »Delicate« und »Cornelia Street« oder ihr eigener Herzschlag in »Wildest Dreams« (*1989*). Der Text in »Delicate« über die Zerbrechlichkeit frischer Zuneigung, wird durch den Einsatz eines Vocoders unterstrichen, der Taylors Stimme besonders entrückt klingen lässt. »Clean«, der introspektivste Song auf Taylors vorherigem Album *1989*, wurde von Imogen Heap produziert, deren Technik, stark bearbeitete Vocals übereinanderzuschichten, auf ihrem einflussreichen Song »Hide And Seek« zu hören ist. Hier lässt der Fuzz-Effekt ihre Stimme fast wie eine Kirchenorgel klingen. »Delicate« ist gleichermaßen entrückt wie tanzbar. Taylor beschrieb den Einsatz des Vocoders bei den Liebesliedern des Albums als »echt verletzlich und echt emotional und echt traurig, aber schön«.[21] »King Of My Heart« und »Getaway Car« nutzen ebenfalls den Vocoder, und Taylor wird im verzerrten Intro von »Midnight Rain« (*Midnights*) wieder darauf zurückgreifen.

Das Video zu »Delicate« zeigte auch, entgegen allen Gerüchten, dass die alte Taylor nicht ganz tot war. Sie albert herum und schneidet Grimassen. Wenn sie sich in einer verregneten Seitengasse auf einer Motorhaube wiederfindet, wie es in Musikvideos eben üblich ist, dann nur, um ihre Fähigkeit zum Spagat zu zeigen, den sie ein ganzes Jahr lang geübt hat.[22] Taylor kann chaotisch sein, aber am Ende wird sie sich immer anstrengen. Am Ende des Videos, wo sie für die Paparazzi zur Schau gestellt, aber gleichzeitig von allen normalen Leuten, die im Hotel arbeiten und wohnen, ignoriert wird, geht sie in eine Bar namens Golden Gopher, durchnässt vom Regen, als ob sie den ganzen Weg dorthin gelaufen wäre. Jeder dreht sich nach ihr um, aber sie sucht nur nach einer bestimmten Person. Am Ende entdeckt sie ihn – und ihr Gesicht hellt sich auf.

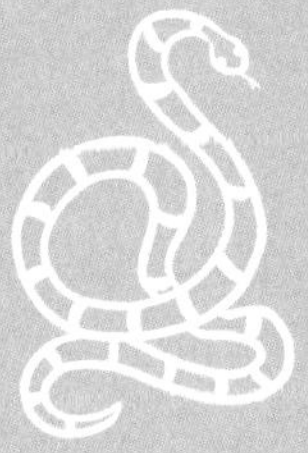

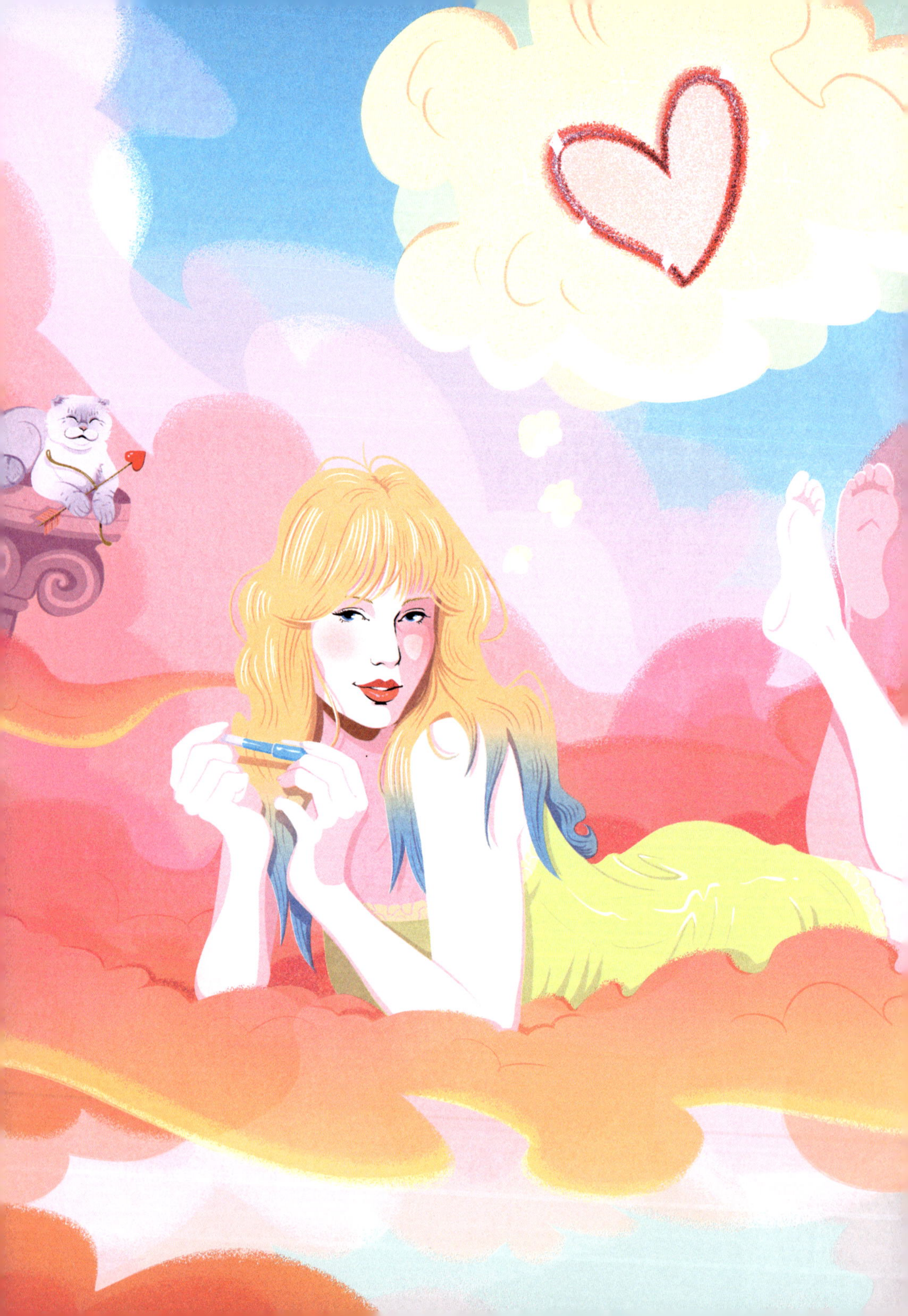

7

Was wirklich zählt

LOVER

Am letzten Abend der *reputation*-Tour im November 2018, erzählt Taylor der Menge: »Ich habe viel über das Album *reputation* nachgedacht – für mich was dieses Album immer eine Art der emotionalen Verarbeitung, es ist wie eine Katharsis.«[1] Die Tour gab ihr die Chance, die schwierige Zeit, die sie durch den dramatischen Abstieg in der öffentlichen Meinung erlebte, mit Humor zu nehmen: »Ich kann euch gar nicht sagen, wie sehr ich mir jedes Mal das Lachen verkneifen musste, wenn Karyn, meine 20 Meter hohe aufblasbare Kobra, vor 60.000 kreischenden Fans auf der Bühne erschien. Es ist das Stadion-Tour-Äquivalent, einem hasserfüllten Troll-Kommentar auf Instagram mit ›lol‹ zu antworten.«[2]

Die Tatsache, dass Tausende von Menschen ihre Lieder mitsangen, beeinflusste Taylors nächstes Album, *Lover*, das sie als »eine natürliche Fortsetzung der Ereignisse in meinem Leben« bezeichnete (Augenzwinkern, Smiley).[3] Als »Liebesbrief an die Liebe« griff es die Anziehungskraft auf, die in »Delicate« begann und in »New Year's Day« erblühte, und schließlich zur kompletten Liebesgeschichte wurde. Taylor erklärte den Unterschied zwischen Verknalltsein und wahrer Liebe: »Ist die Person ehrlich, selbstbewusst und verschmitzt komisch, wenn du es am wenigsten erwartest? Ist sie für dich da, wenn du sie brauchst? Liebt sie dich noch, nachdem sie dich am Boden gesehen hat? Oder nachdem sie sich dabei erwischt hat, wie du mit deinen Katzen sprichst, als wären es Menschen?«[4] Die Fähigkeit, Dinge lustig zu finden, hat für Taylor etwas Romantisches: Die einzig echt glücklichen Momente auf *reputation* sind die, in denen sie auf »Gorgeous« nach einer Zeile über ihre Katzen lacht. Ihr Lachen ist eine ihrer stimmlichen Superkräfte. Seit ihrem ersten

Lachen in »Hey Stephen« haben wir sie aus reinem Vergnügen lachen hören (»Stay Stay Stay«) und bitterlich gackern bei dem Gedanken an Vergebung (»This Is Why We Can't Have Nice Things«). Im ersten Track von *Lover*, »I Forgot That You Existed«, in dem es darum geht, loszulassen, lacht sie zweimal. Taylor beschrieb *Lover* als »weite Wiesen und Sonnenuntergänge und SOMMER«,[5] im Vergleich zur »Nacht, Dunkelheit, Sumpfhexe«[6] auf *reputation*. Dieses fruchtbare Gefühl des Sommers deutete auf die überbordende Kreativität hin, mit der sie 2020 zwei Alben in einem einzigen Jahr herausbringen würde: »Ich habe wirklich das Gefühl, dass ich einfach weitermachen könnte – so ist die Stimmung im Moment. Ich glaube, ich habe noch nie so viel geschrieben. Das sieht man auf *Lover*, auf dem so viele Songs sind, wie auf noch keinem meiner Alben« (18, um genau zu sein).[7]

Nach Jahren der für sie untypischen Geheimnistuerei freut sich Taylor wieder auf den helllichten Tag, und stellt fest, dass die dunklen Seiten, die sie in *reputation* erforscht, außerhalb ihrer natürlichen Komfortzone liegen, in der sie mit ihren Hörerinnen und Hörern in Kontakt zu treten pflegt.[8] Dieser Wunsch nach Nähe resultiert auf *Lover* in zahlreichen Mitsing-Liedern und fröhlichen Sounds. Die geplante Tour war eine Mischung aus Auftritten als Festival-Headliner und Taylors eigenen Mini-Festivals. Auf dem sogenannten Loverfest sollten neben Taylor viele andere Künstlerinnen und Künstler auftreten. Eine der wenigen öffentlichen Erklärungen, die Taylor in der *reputation*-Phase abgab, war die Veröffentlichung einer Spotify-Playlist mit Songs, die sie gern hörte. Dasselbe tat sie bei *Lover,* unter anderem mit Songs von The Chicks, Nicki Minaj, Kesha und Clairo. Gerüchten zufolge waren dies die Künstlerinnen, die auf dem Loverfest neben ihr auftreten sollten, doch das werden wir leider nie herausfinden – die Tour wurde wegen der Covid-19-Pandemie abgesagt.

Taylor ließ es sich auch nicht nehmen, uns mit jeder Menge Easter Eggs zu quälen. Im Video zu »Lover« wird die Geschichte von Taylor und ihrem Freund, gespielt von ihrem Kumpel und Back-up-Tänzer Christian Owens, erzählt. Sie spielen ihr Leben in einem Haus mit sieben Zimmern nach, in denen sie kuscheln, feiern, sich streiten und wieder versöhnen. Jedes Zimmer ist in einem ganz besonderen Farbschema gehalten – sieben Zimmer für sieben Alben!

1. Ein gelb-orangefarbenes Zimmer, in dem Taylor und Christian an der Decke Brettspiele spielen – ein Easter Egg für die Neuaufnahme von ***Fearless***, die bereits in Planung war.[9]
2. Ein tiefblauer/lila Raum, in dem Taylor allein am Klavier sitzt, bis Christian sich zu ihr gesellt – ganz allein Songs zu schreiben bedeutet ***Speak Now***.
3. Ein burgunder- und kirschrotes Zimmer, in dem eine Neujahrsparty stattfindet – es geht gut aus, aber das Paar hat einen Streit, weil Taylor glaubt, Christian beim Flirten erwischt zu haben. Taylors Party-Trauma zeigt sich besonders in »The Moment I Knew« und »All Too Well (10 Minute Version) (Taylor's Version) (From The Vault)« aus ***Red***.

4. Ein blaues Zimmer, wo das Paar in einem Goldfischglas schwimmt. Es könnte eine Metapher für den Eingriff der Medien in die Privatsphäre sein, wie in »Blank Space« and »I Know Places«. Das ist ***1989***.
5. Ein schwarz gestrichener Dachboden »up in the roof« wie in dem Moment in dem der Junge in »King Of My Heart« Taylor gewinnt, indem er ihr sagt, dass er auf sie steht. Das ist ganz klar ***reputation***.
6. Ein rosa Zimmer, in dem das Paar streitet und sich wieder versöhnt. Das ist *Lover*.
7. Ein grünes Zimmer mit dem Bild einer Katze, wo Taylor Gitarre und Schlagzeug spielt. Es ist nur noch ihr Debütalbum übrig, also muss es ***Taylor Swift*** sein.

Das Haus repräsentiert das heimelige Glück, das Taylor gefunden hat, vor allem, weil es sich in einer Schneekugel befindet – eine Anspielung auf eine Zeile aus einer von Taylors zärtlichsten romantischen Fantasien, »You Are In Love«. Es geht auch um ihr Gesamtwerk, und den ersten Hinweis darauf, dass sie auf ihre Epochen (*eras*) zurückblickt (etwas, das sie auf ihrer *Eras*-Tour noch ausbauen wird, indem sie zwei weitere Räume im Haus für *folklore* und *evermore* einbezieht). 2019 sagt Taylor: »Trotz aller Neuerfindungen, wollte ich mein Haus niemals einreißen. Weil ich dieses Haus gebaut habe.«[10] Jetzt ging es ihr darum, dieses Haus zu besitzen. »Ich habe immer meine Musik selbst geschrieben, ich habe immer meine eigenen Entscheidungen getroffen, ich habe immer alles, was ich tue, selbst bestimmt, aber die Tatsache, dass [*Lover*] mir gehört, macht es zu etwas Besonderem, mehr als alles, was ich je gemacht habe.«[11] Lover war oberflächlich betrachtet fröhlich und albern, aber es war auch ein ernsthafter Meilenstein in Taylors Karriere: Nachdem sie zum ersten Mal seit ihrer Teenagerzeit einen neuen Plattenvertrag unterschrieben hatte, war es das erste Album, das ihr vollständig gehörte.

Als Taylor in ihrer Zeit in Nashville ihren ersten Plattenvertrag unterzeichnete, erklärte sie sich wie die meisten Künstlerinnen und Künstler damit einverstanden, dass ihr Label im Besitz der Masteraufnahmen ihrer Alben blieb. Früher war dies ein physisches Tape, das die ursprüngliche Studioaufnahme eines Songs oder Albums enthielt, von dem alle Vinylplatten, CDs und schließlich digitale Downloads kopiert wurden. Heutzutage sind Masteraufnahmen meist digital, aber legal werden sie genauso gehandhabt: Wenn ein Song gestreamt wird, ist das eine Kopie des originalen Masters. Das ist aus zwei Gründen wichtig: Das Geld, das beim Verkauf einer herzförmigen rosafarbenen Vinylplatte in limitierter Auflage oder beim Abspielen eines Liedes im Radio ausbezahlt wird, wird aufgeteilt. Die Person, die die Masteraufnahme besitzt, erhält ihren Anteil, und obwohl ein Teil davon wiederum als Tantieme an die Künstlerinnen und Künstler weitergegeben wird, kann es sich dabei, je nach Vertrag, um einen winzigen Betrag handeln. Der andere Teil geht an die Personen, die das Lied geschrieben haben. Daran kann man sehen, warum Musikerinnen und Musiker stark davon profitiert, ihre Musik selbst zu schreiben und die Masteraufnahmen zu besitzen. Es ist schwer, Geld zu verdienen, wenn man 15 Prozent der Hälfte von 0,01 Dollar pro Reproduktion von einer Streaming-Plattform erhält.

Der andere Grund, warum die Masteraufnahmen für Taylor wichtig sind, ist, dass sie der Eigentümerin zusammen mit

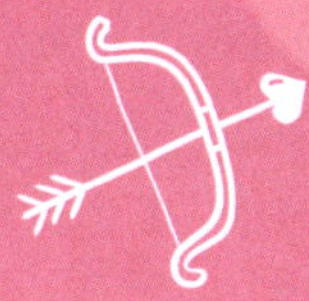

Lover war oberflächlich betrachtet fröhlich und albern, aber es war auch ein ernsthafter Meilenstein in Taylors Karriere: Nachdem sie zum ersten Mal seit ihren Teenagerjahren einen neuen Plattenvertrag unterschrieben hatte, war es das erste Album, das ihr vollständig gehörte.

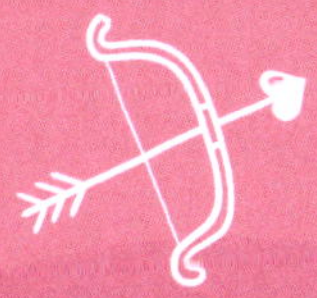

dem Songwriter eine Stimme darüber geben, wofür die Musik verwendet wird. Die Eigentümerin des Masters entscheidet darüber, ob ein Song in Fernsehshows, Werbung oder Filmen verwendet wird. Als Taylors Plattenvertrag nach sechs Alben endete, wurden die Masteraufnahmen von ihrem alten Label verkauft. Jetzt wurde die Musik, die sie über ihre Erfahrungen im wirklichen Leben geschrieben hatte, von »Fifteen« über »Begin Again« bis hin zu »Delicate«, wie eine Ware gehandelt. Das machte die Songwriterin Taylor tief unglücklich und die Geschäftsfrau Taylor wütend. Auf Anraten der Sängerin Kelly Clarkson begann sie, ihre Alben neu aufzunehmen, mit neuen Covern und nagelneuen Songs »from the vault« (aus dem Tresor). Diese »Taylor's Versions« brachten viele neue Lieder ans Licht und gaben denjenigen, die ihre ursprüngliche Veröffentlichung verpasst hatten, eine neue Chance, sie zu entdecken. Die Arbeit daran hieß, dass Taylor in ihrem eigenen unglaublichen Backkatalog stöberte, was unter anderem *Midnights* inspirierte (13 schlaflose Nächte aus der Vergangenheit) und die gesamte Idee der *Eras*-Tour hervorbrachte. Taylors Freude und Stolz darüber, dass sie den arbeitsintensiven Prozess der Neuaufnahme ihrer älteren Musik erreicht hat, ist deutlich zu spüren: Das Cover von *1989 (Taylor's Version)* ist das erste überhaupt, auf dem Taylor lächelt. Kelly erzählt, dass Taylor ihr zu jeder Veröffentlichung einer Taylor's Version Blumen schickt: »Ich hab auch diesen echt süßen Cardigan bekommen.«[12]

Die Kontrolle über ihre Kunst zurückzugewinnen, gab Taylor auch ihr Selbstvertrauen zurück. 2019 übernahm sie erstmals die alleinige Regie für ein Musikvideo: »The Man«. *Lover* klingt verspielt, wie in der Bridge von »I Think He Knows«, wo die Melodie fast schon dreist in die Nähe einer ganz simplen Tonleiter gerückt wird. Taylor fühlte sich frei, in ihrem neuen Plattenvertrag zu tun, was sie wollte. »Die molekulare Chemie des alten Labels bestand darin, dass jede kreative Entscheidung, die ich treffen wollte, infrage gestellt wurde [...] Ich habe echt zu viel über diese Alben nachgedacht.«[13] Oh, und das Draufgängerische ist auch zurück: In »I Think He Knows« lenkt Taylor das Auto und, so wird angedeutet, auch die Beziehung. *Lover* ist in der Gegenwart verwurzelt, ohne sich um Zeitlosigkeit zu kümmern: Es gibt witzige Anspielungen auf andere berühmte Persönlichkeiten des Jahres 2019, und nach sechs Alben mit Telefonanrufen nutzt Taylor in »Paper Rings« endlich das Internet, um ihrer Liebe nachzuspionieren. Obwohl das Album eine gewisse Naivität vortäuscht, gewinnen Taylors Symbole an Komplexität, genau wie sie selbst. Die Farbe Blau war von Anfang an in Taylors Texten präsent: Auf *Red* blickte sie in blaue Augen; in »Gorgeous«, auf *reputation*, waren sie Meerblau, auf *Lover* verdunkeln sie sich zu Indigoblau. Auf früheren Alben wurde Blau mit Traurigkeit und Verlust in Verbindung gebracht, hier wird es zu einem wesentlichen Bestandteil der Liebe, die Höhen und Tiefen übersteht. In »Paper Rings« springt sie mit ihm in eiskaltes Wasser, obwohl sie davon ganz blau wird. In »Lover« ist sein Herz »blue«, also melancholisch, doch sie will es trotzdem, und zwar für immer.

Während Taylor sich bisher nicht zu ihren politischen Ansichten geäußert hat – was die Fans vor allem im Zusammenhang mit der Präsidentschaftswahl 2016 enttäuschte –, nutzte sie *Lover*, um ihre Haltung zu sozialen und politischen Themen deutlich zu machen. Was *Vox* als Taylors »sorgfältig aufgebautes Image der Neutralität« bezeichnete, hatte tiefe Wurzeln.[14] Taylor erklärte 2019 im *Guardian*: »Das Wichtigste, was sie dir als

Country-Künstler eintrichtern, und das kannst du jeden anderen Country-Künstler fragen, ist: ›Sei nicht wie The Dixie Chicks!‹«[15] Die Band, die heute als The Chicks bekannt ist, war 2003 sehr erfolgreich, bis Leadsängerin Natalie Maines wegen eines einzigen politischen Kommentars von einer Musikindustrie, die sie zuvor verehrt hatte, brutal gecancelt wurde. Einer der Investoren von Taylors ehemaligem Label Big Machine war Country-Sänger Toby Keith. Er verachtete The Chicks dermaßen, dass er vor einem Banner spielte, auf dem Natalies Gesicht neben dem von Saddam Hussein zu sehen war. Es war eine der berüchtigtsten Fehden in der Country-Szene, und es besteht kein Zweifel, dass Taylor in den ersten Jahren ihrer Karriere alles mitbekam. Kaum hatte sie sich von ihrer alten Plattenfirma in Nashville getrennt, lud Taylor die Chicks ein, mit ihr »Soon You'll Get Better« zu singen. Taylor zeigte sich auch auf andere Weise solidarisch mit ihren Kolleginnen in der Musikbranche: Als Geste der Unterstützung für Kesha spendete sie 250.000 Dollar, um die Sängerin bei der Begleichung ihrer Gerichtskosten in dem von Musikproduzent Dr. Luke angestrengten Prozess zu unterstützen.[16] Zu der Verleumdungsklage, die ein Radio-DJ gegen sie erhoben hatte, weil sie ihn beschuldigt hatte, sie begrapscht zu haben, sagte Taylor: »Es ist eine qualvolle Angelegenheit, an die Öffentlichkeit zu gehen. Ich weiß das, weil mein Prozess wegen sexueller Belästigung eine entmutigende, schreckliche Erfahrung war. Ich glaube den Opfern, weil ich aus erster Hand weiß, welche Scham und welches Stigma es mit sich bringt, sich zu melden und zu sagen: »Das ist mir passiert«.[17]

Mit »The Man« und »You Need To Calm Down« wagte sich Taylor zum ersten Mal an Protestsongs, ein notorisch schwieriges

Genre. Der Spagat zwischen einem starken Statement und einem eingängigen Song ist schwierig: Die besten politischen Popsongs befassen sich in der Regel mit Gleichberechtigung und Selbstermächtigung in einer brillant euphorischen Verpackung, wie Lady Gagas »Born This Way« oder »9 To 5« von Dolly Parton. In einem Song Wahlpolitik und Demokratie zu thematisieren, ist eine ganz andere Sache. Erstens, wie viel Vorwissen kann man von den Hörerinnen und Hörern erwarten? In den Jahren 2016 und 2017 hatten viele Menschen das Gefühl, in ein Gespräch einzutreten, das schon seit Jahren ohne sie geführt wurde, während Menschen, die bereits in Politik involviert waren, das Gefühl hatten, dass diese Neulinge zu spät zur Party kamen (ein bisschen wie ein Swiftie aus der *Midnights*-Ära). Der Versuch, mit diesem kulturellen Wandel Schritt zu halten, forderte in der Popmusik einige Opfer. Taylors Kollegin in der Popmusik, Katy Perry, brachte 2017 die Single »Chained To The Rhythm« heraus, in der sie den Standpunkt vertrat, dass Pop selbst ein kapitalistisches Betäubungsmittel ist, das uns von realen Ereignissen ablenken soll. Der Song war gut gemacht (ein Max-Martin-Stück in Zusammenarbeit mit Sia) und schien Katys echte Überzeugungen widerzuspiegeln. Er äußerte sich zur Politik. Es ist auch ein wegweisendes Beispiel dafür, dass ein kreatives Risiko und eine gut gemeinte Aussage eine Popkarriere eher behindern als befördern.[18]

Taylor machte ihre Hausaufgaben in Sachen Politik so sorgfältig und methodisch, wie sie sich Spagat beigebracht hatte: »Ich habe mir viel Zeit genommen, um mich über das politische System und die Zweige der Regierung zu informieren, die die unser tägliches Leben beeinflussenden Gesetze verabschieden.«[19]

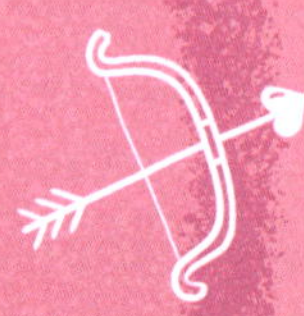

Die Botschaft, die Taylor mit der Neuaufnahme ihrer Alben vermittelte, war, dass ihre Arbeit wertvoll war, und damit auch sie selbst, und darüber hinaus auch ihre Fans, einschließlich all der jungen Mädchen im Publikum.

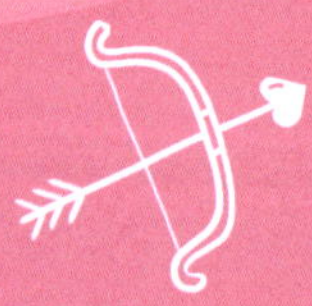

Auf *Lover* hören wir das Ergebnis von Taylors jahrelangem Nachdenken. Taylors Dokumentarfilm *Miss Americana* gibt den Fans einen Einblick, wie sie es geschafft hat, ihren Aktivismus in ihren Alltag als Popstar einzubinden: »Ich möchte auf Glitzer stehen und gleichzeitig die Doppelmoral in unserer Gesellschaft anprangern können. Ich will rosa Klamotten tragen und meine Meinung über Politik äußern können, und ich finde nicht, dass diese Dinge sich gegenseitig ausschließen müssen.«[20] Taylors größter Beitrag zur Kultur ist die Art und Weise, wie sie Popmusik zur Kunstform erhoben hat (zusammen mit der ebenso einflussreichen Beyoncé). Sie eroberte sich den Respekt des Mainstreams, und damit auch ihre Fans. Pop wird kulturell mit Frauen und schwulen Männern assoziiert und bietet nicht nur eine Auszeit von der Last des Lebens, sondern auch eine Möglichkeit, mit anderen durch stundenlange Diskussionen und Analysen in Kontakt zu treten. Pop bringt Freude, und dennoch wird er stets als oberflächlich degradiert. Die Botschaft, die Taylor mit der Neuaufnahme ihrer Alben vermittelte, war, dass ihre Arbeit wertvoll war, und damit auch sie selbst, und darüber hinaus auch ihre Fans, einschließlich all der jungen Mädchen im Publikum. Die größte politische Aussage von Taylors Karriere ist, dass man Mädchen und deren Interessen zu respektieren hat.

Die Markteinführung von *Lover* wurde zwar von den Ereignissen 2020 verkürzt, aber die Geschichte ist dort nicht zu Ende. Das Album hat viel zu bieten, es ist für alle was dabei: Das temperamentvolle Saxofon in »False God« kommt gleich neben »You Need To Calm Down«. Taylors Performance von »False God« bei *Saturday Night Live* bekehrte viele Leute zu ihrer Musik, die dadurch eine andere Seite von ihr kennenlernten, als die von »Shake It Off« bis »Me!«, die sie aus dem Radio kannten. Sogar ihr Outfit zeigte, dass dies hier eine neue Taylor war: Ihre Mode während der *Lover*-Ära war geprägt von hellen, fast grellen Farben und Pastelltönen. Für den Song »False God« trug sie einen schicken schwarzen Blazer und eine Strassjeans – eine glamouröse Abendgarderobe. Auf *Lover* ist für jeden was dabei. Das Schicksal wollte es, dass der neue Sound der Country-Musik sowohl »Me!« als auch »You Need To Calm Down« von der Spitze der Billboard-Charts verdrängte: Nicht einmal Taylor kam an dem TikTok-Kracher »Old Town Road« von Lil Nas X vorbei. Eine weitere Wendung in der Geschichte der digitalen Musik kam ein paar Jahre später. Der Song »Cruel Summer«, den viele Fans als das herausragende Stück von *Lover* bezeichnen, wurde immer beliebter, auch während der *folklore*- und *evermore*-Ära. Es hat den verzerrten Gesang, der in Taylors Songs für emotionale Verletzlichkeit und Unsicherheit steht, aber es hat auch einen mächtigen, eingängigen Refrain und die beste Bridge zum Mitgrölen seit »Out Of The Woods«. Es enthält mit der Textstelle über das Hineinschleichen in einen Garten sogar einen kleinen Wink an Taylors Klassiker »Love Story«. Auch das verzweifelte Love-Story-Feeling kommt in der Geschichte des Songs auf. »Du sehnst dich nach etwas, das du noch nicht ganz erreicht hast – du siehst es klar vor dir, aber du kannst es einfach nicht erreichen.«[21] »Cruel Summer« lauerte auf seinen Moment, wurde im Stillen immer beliebter und kletterte im Sommer 2023 in den Charts nach oben, als Taylor auf Tour ging und den Song nach einem Ausschnitt aus »Miss Americana & The Heartbreak Prince« als ersten vollständigen Song der *Eras*-Tour sang. Im Oktober 2023 erreichte es endlich die Spitze. Taylor, die sich bekanntlich für Zahlen interessiert und sicherstellt, dass alles korrekt seinen Gang geht, konnte sich entspannen: Jetzt hatte jedes Album, das sie seit *Red* veröffentlicht hatte, seine Nummer eins in den Billboard Hot 100.

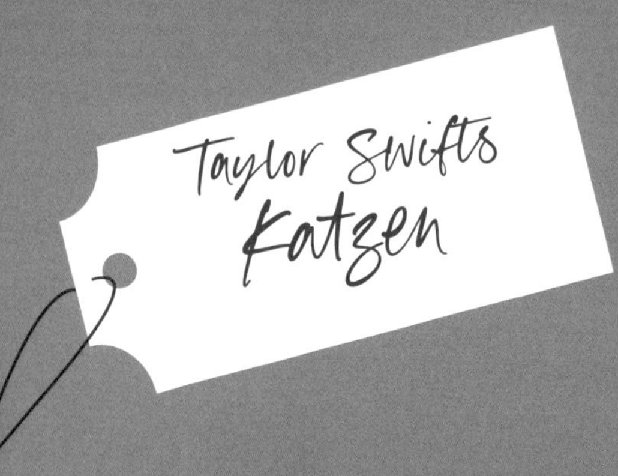

DIE HAUSTIERE VON TAYLORS FAMILIE

Bevor sie Katzen hatte, war Taylor Mitbesitzerin von Bug und Baby, den beiden Hunden ihrer Familie. Sie tauchten in den Vlogs auf, die Taylor zu Beginn ihrer Karriere postete, und sind im Video zu »Christmas Tree Farm« zu sehen, das aus Videomaterial aus Taylors Kindheit besteht.

MEREDITH GREY

Taylors erste Katze war Meredith, adoptiert im Jahr 2011. Sie ist eine Schottische Faltohrkatze und hat ihren Namen von Meredith Grey aus der Fernsehserie *Grey's Anatomy*, einer der Lieblingsserien von Taylor. Laut Fans, die sie bei den Secret Sessions live erlebt haben, ist sie »weich wie ein Wattebausch«.[22] Nach einer Zeit der Abwesenheit von den sozialen Medien (d. h. Meredith in ihrer *rep*-Ära) war Taylor gezwungen, Fragen über den Verbleib ihrer ältesten Tochter im Jahr 2021 zu beantworten: »Ehrlich gesagt HASST Meredith es, fotografiert zu werden.«[23] Taylor warb mit einem Bild der introvertierten Katze für die Einhaltung der Sicherheitsvorschriften während der Pandemie: »Für Meredith ist Selbstisolation eine Lebenseinstellung. Sei wie Meredith.«[24]

OLIVIA BENSON

Olivia wurde im Juli 2014 geboren und ist ebenfalls eine Schottische Faltohrkatze. Sie ist nach der Figur Olivia Benson aus der Fernsehserie *Law & Order: Special Victims Unit* benannt. Mariska Hargitay, die Olivia spielt, revanchierte sich 2024 für das Kompliment, als sie ihr neues Kätzchen Karma nannte. Taylor sucht für ihre Katzen nach eigenen Angaben Namen von »starken, komplexen, unabhängigen Frauen« aus. »Das ist das Motto.«[25] Olivia reist stilvoll: In *Miss Americana* ist sie zu sehen, wie sie von Taylor in einem Katzenrucksack mit Sichtfenster getragen wird. 2014 trat sie mit Taylor in einem Werbespot für Diät-Cola auf.

BENJAMIN BUTTON

Taylor traf Benjamin Button beim Videodreh zu »Me!«. Die Katzentrainerin sagte Taylor, dass das Kätzchen zur Adoption freigegeben sei: »Sie gab mir dieses winzige Kätzchen in die Hand, und es fängt an zu schnurren und schaut mich an, als wollte es sagen: › Du bist meine Mama und ich ziehe bei dir ein‹. Ich verliebte mich sofort.«[26] Laut Taylor rauft Benjamin gern mit den anderen Katzen: »Benjamin fängt die Rangelei an, und Olivia beendet sie immer. Er ist doppelt so groß wie sie, aber sie ist eine wahnsinnig gute Kämpferin.«[27] Benjamin wurde die besondere Ehre zuteil, über Taylors Schultern drapiert auf dem Cover des *Time Magazine* zu erscheinen, als sie zur Person des Jahres gekürt wurde.

DER FILM *CATS*

»Ich habe Katzen. Ich bin völlig vernarrt in sie. Ich liebe meine Katzen so sehr, dass ich, als mir eine Rolle in einem Film namens *Cats* angeboten wurde, dachte: Das muss ich unbedingt machen. Als wäre ich dazu berufen – für die Ladys.«[28] In Vorbereitung auf ihre Rolle als Bombalurina in dem 2019 erschienenen Film *Cats* begann Taylor, ihre Katzen besser zu verstehen, indem sie durch die »Katzenschule« ging: »Du schaust dir Katzenvideos an, siehst, wie sie laufen, wie sie Dinge wahrnehmen, lernst anatomische und biologische Fakten.«[29] Das Training machte sich bezahlt, denn obwohl der Film keinen Oscar gewann, lobten Kritiker und Fans Taylors Leistung als eine der wenigen, die den bewusst affektierten Charakter des Musicals verstanden hatten. Taylor sagte, »mir machte die Arbeit an diesem schrägen Film einen Riesenspaß.«[30]

KITTY COMMITTEE STUDIO

Taylor taufte ihr Homestudio, das sie während der Pandemie einrichtete, um zu Hause Gesangsaufnahmen machen zu können, Kitty Committee Studio. Es hat keinen festen Standort und bezieht sich auf jeden Ort, an dem Taylor von zu Hause aus aufnehmen muss. Benannt ist es nach dem »itty bitty pretty kitty committee«, Taylors Sammelname für Meredith, Olivia und Benjamin.

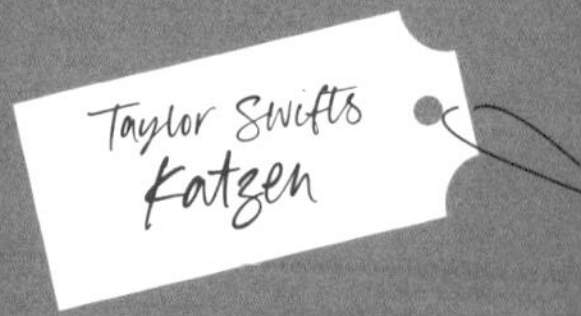

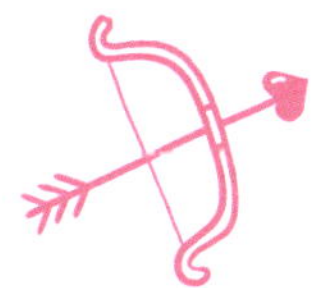

»Ich habe Katzen. Ich bin völlig vernarrt in sie. Ich liebe meine Katzen so sehr, dass ich, als mir eine Rolle in einem Film namens *Cats* angeboten wurde, dachte: Das muss ich unbedingt machen.«

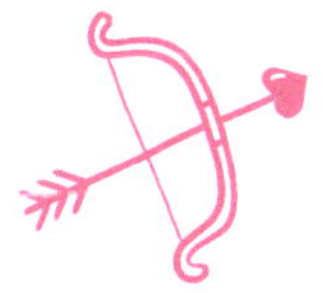

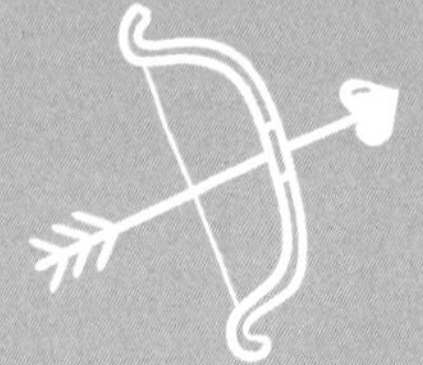

LOVER

Shout-out song

»MISS AMERICANA & THE HEARTBREAK PRINCE«

Als Taylor während ihres Rückzugs aus dem Rampenlicht 2016 in ein fernes Land (das Vereinigte Königreich) floh, bekam sie zum ersten Mal die Chance, Amerika im Rückspiegel zu betrachten. Bis dahin war das Amerikanischsein alles, was sie kannte: Einer ihrer ersten Auftritte war bei einem Football-Spiel, wo sie die Nationalhymne sang – ein typischer Karrierestart für amerikanische Interpreten. Und irgendwie war die Idee, Amerika zu verkörpern, tief in ihr verwurzelt: Vor ihren Tourneen zu *Fearless* und *Speak Now* hörte sie vor jeder Show »American Girl« von Tom Petty. Taylors Bewunderung für diesen Song könnte der Grund dafür sein, dass sie 2003 eines ihrer allerersten Demos »American Boy« nannte, über einen jungen Mann, der in einer Kleinstadt aufwächst.[31] Als Taylor älter wurde, ersetzt sie für die *Red*-Tour »American Girl« durch »American Woman« von Lenny Kravitz. Als Taylor ins Ausland zog, schloss sie Amerika umso fester ins Herz. In »King Of My Heart« sagt sie, dass ihr neuer Freund »auf sie steht«, (»you fancy me«) ein Zeichen dafür, dass sie nicht mehr in Tennessee war. Auf *Lover* wird Taylors Vertrautheit mit dem Vereinigten Königreich in »London Boy« mit all seinen spezifischen Orten und Idris Elbas Intro über das Fahren eines britisch ausgesprochenen »scootah« (Roller) deutlich. Nachdem Taylors Liebesaffäre mit England endete, schlüpfte sie wieder in ihre Rolle als typisch amerikanisches Mädchen, sagte »So Long, London« und tauschte Rugbyspiele gegen American Football. Das brachte sie wieder in Reichweite dieser wichtigen Figur in der Geschichte Amerikas und der von Taylor Swift. Seit *Fearless* hat Taylor das ultimative Symbol der amerikanischen Mädchenwelt mehrfach beschworen, und in »Miss Americana & The Heartbreak Prince« taucht es wieder auf, düsterer denn je: die Cheerleaderin.

Schon vor Urzeiten, in »You Belong With Me« war die Cheerleaderin die Rivalin im Wettstreit um den beliebtesten Jungen. Als Taylor sich im Video zu »Shake It Off« als Cheerleaderin verkleidete, war dies eine der vielen unauthentischen Figuren, an deren Verkörperung Taylor scheitert. Taylor wird sich niemals wie eine beliebte Cheerleaderin fühlen, aber sie versteht deren symbolische Macht. In »Miss Americana & The Heartbreak Prince« besteht der Refrain aus Anfeuerungsrufen, wobei die Cheerleader (die »go«, »fight« und »win« rufen) zu Taylors Background-Chor werden. Der Song spielt in einer düsteren Version der niedlichen Highschool aus Songs wie »Fifteen« und ist damit das Äquivalent zur Zombie-Taylor aus dem Video zu »Look What You Made Me Do«. Wie Zombie-Taylor hat auch die Hauptfigur von »Miss Americana & The Heartbreak Prince« ihren Ruf als braves Mädchen verloren: Sie zerstört sogar ihr Abschlussballkleid, ein Symbol dafür, dass sie mit der Highschool durch ist. Stattdessen läuft Miss Americana davon, anscheinend wird sie nie ihren Abschluss machen. Es wäre leicht anzunehmen, dass wir es hier mit einem Song über die Kämpfe von Highschool-Mädchen oder einer Metapher für die Tyrannen aus Taylors Zeit zu tun haben, wenn sie uns nicht selbst gesagt hätte, dass es »definitiv um Politik« geht.[32] Beim Schreiben von »Miss Americana & The Heartbreak Prince« wollte Taylor »die Idee der Politik aufgreifen und einen metaphorischen Ort dafür wählen«.[33] Daraus ergaben sich Bilder wie das der Homecoming

Queen, die einen Beliebtheitswettbewerb gewinnt – eine Metapher für die Präsidentschaftswahlen. Der Subtext des Liedes ist der Wunsch, vor allen Problemen Amerikas einfach wegzulaufen, aber Taylor kann das genauso wenig wie Miss Americana einfach die Schule verlassen kann. Das beklemmende Gefühl des Songs unterstreicht den Inhalt von *Lover* als Ganzes: Die Auseinandersetzung mit der Politik mag sich oft anstrengend und verlustreich anfühlen, aber sie ist nicht länger fakultativ. Wie »False God« ist auch »Miss Americana & The Heartbreak Prince« in der Tonart h-Moll geschrieben, wodurch es weniger hell und fröhlich klingt als Stücke wie »Lover« oder »Paper Rings«. Diese beiden Lieder in Moll lassen uns mit einem Gefühl der Unsicherheit und Unentschlossenheit zurück. In »False God« wird nicht klar, ob die Liebe ehrlich oder gelogen ist. In »Miss Americana & The Heartbreak Prince« ist nicht klar, ob es einen Ausweg aus der verfluchten Highschool gibt, die die amerikanische Demokratie darstellt.

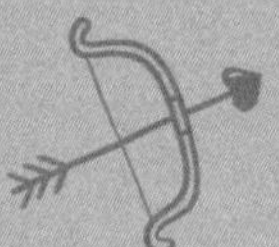

Der Subtext des Liedes ist der Wunsch, vor allen Problemen Amerikas einfach wegzulaufen, aber Taylor kann das genauso wenig, wie Miss Americana einfach die Schule verlassen kann.

Als Taylor einen Namen für ihren Dokumentarfilm wählen musste, in dem es um Taylors Enttäuschung über die Kritik an *reputation* geht, und der Einblicke in ihren Songwriting-Prozess gibt, entschied sie sich für »Miss Americana«. Es spiegelt auch wieder, wie sehr Taylors Leben zum nationalen – oder sogar globalen – Nachrichtenmaterial wird. Für viele Menschen außerhalb Amerikas symbolisiert Taylor die unterhaltsamen, spektakulären Aspekte der amerikanischen Kultur, aber leider auch die Art und Weise, wie diese Kultur ihre Mädchen behandelt. Die Cheerleaderin ist das amerikanische Mädchen schlechthin, aber ihr Sport wird nicht in gleicher Weise anerkannt oder belohnt wie männerdominierte Sportarten wie Football. Die Regisseurin des Filmes, Lana Wilson, sagt, dass sie den Titel gewählt haben, weil er, wie auch der Song, die dunkle Seite des American Girl beleuchtet: »Auch wenn man den Song nicht kennt, sehe ich den Film als einen Blick auf die Kehrseite von America's Sweetheart.«[34]

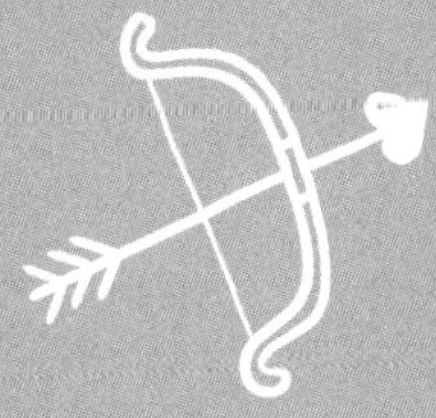

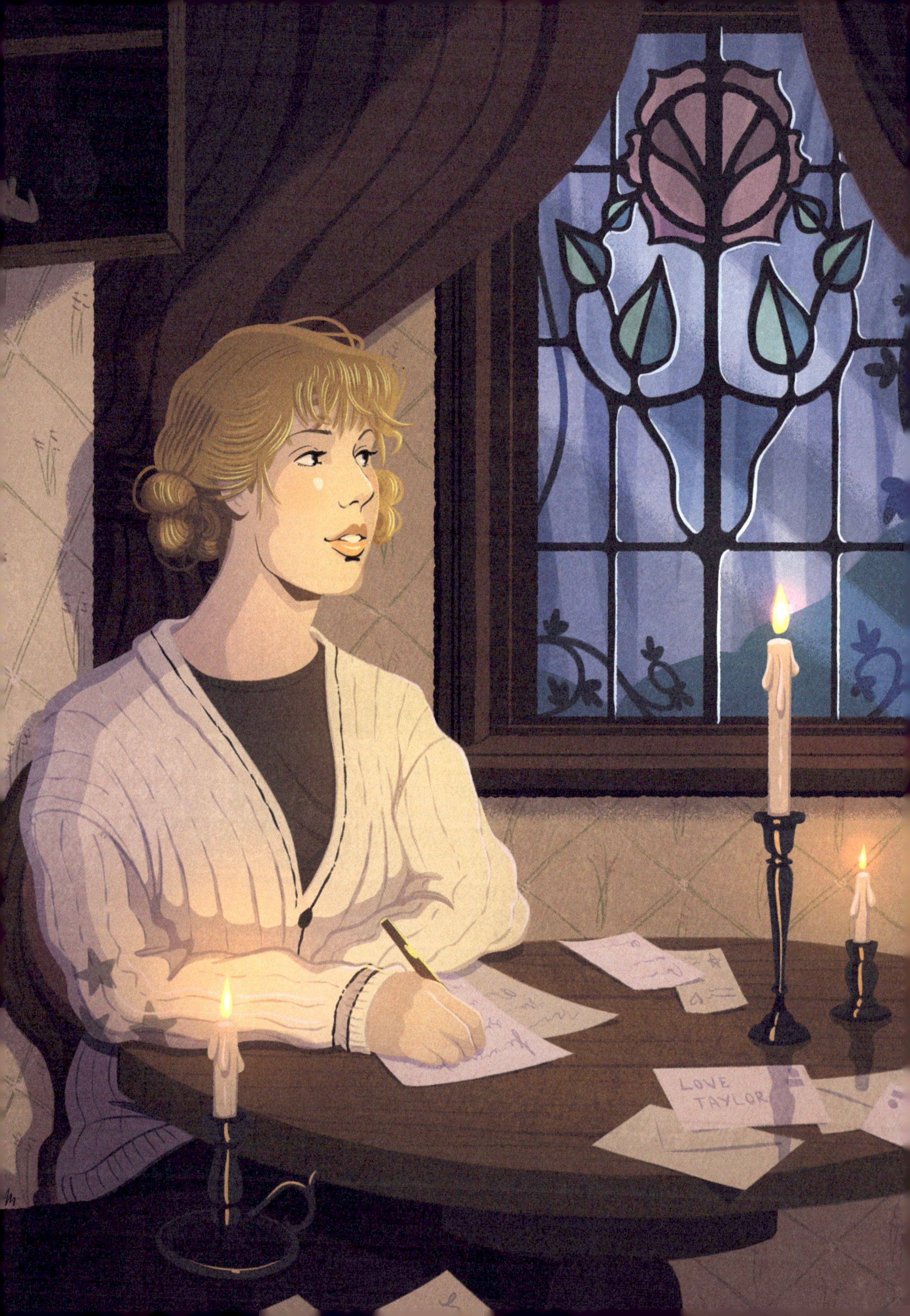
LOVE
TAYLOR

8

Into the Woods

FOLKLORE

Inmitten eines grauen Jahres, blühte die Nachricht auf Millionen von Telefonen auf: »Sie macht was«. Auf Taylors Instagram war eine völlig neue Serie von Bildern zu sehen, ganz anders als die üblichen, auf denen Taylor ihr von Glitzerherzen umrahmtes Gesicht oder Zimtschnecken und Katzen postete. An diesem Tag waren es neun schwarz-weiß Fotos von Bäumen (BÄUMEN), darunter ein körniges Bild von Taylor, die einen großen, karierten Mantel trägt. Alles ohne Bildunterschrift – sie wusste, dass wir wussten, dass dies nur eins bedeuten konnte: neue Musik. »Sie macht was!!!!«, war die Antwort von einer Million Leute.

Taylor ist tief in der Alben-Kunst verwurzelt und setzt normalerweise auf eine Markteinführung der alten Schule. Sie kündigt neue Alben entweder über soziale Medien an (wie bei *reputation*) oder neuerdings bei Preisverleihungen vor Fans und anderen Musikern. Im August 2022 kündigte sie etwa *Midnights* bei den MTV Video Music Awards an, und im Februar 2024 nutzte sie die Dankesrede für den Gewinn ihres 14. Grammys, um ihr elftes Studioalbum *The Tortured Poets Department* anzukündigen. Normalerweise wird mit der Vorankündigung zwei Monate vor der Veröffentlichung die Zeit genutzt, um einen Hype zu kreieren und nacheinander Singleauskopplungen und Musikvideos zu veröffentlichen. Mit *folklore* schlenderte sie am 23. Juli 2020 lässig auf die sozialen Medien und gab uns 16 Stunden Zeit, um uns emotional darauf vorzubereiten, uns einen Tag von unseren Verpflichtungen freizuhalten und eine Ecke zu finden, in der wir uns einigeln konnten, um das neue Album ungestört anzuhören. Am nächsten Tag erschien *folklore*.

Wenn man den Wald von *folklore* durchstreift, entdeckt man dort eine ganze »mythologische amerikanische Kleinstadt«,[1] mit einer Reihe von Charakteren aus Taylors Leben oder Fantasie, darunter »einen 17-Jährigen, der auf einer Veranda steht und lernt, sich zu entschuldigen. Verknallte Kids, die an der immergrünen High Line entlangspazieren. Mein Großvater Dean bei der Landung auf Guadalcanal 1942. Eine unangepasste Witwe, die sich genüsslich an der Stadt rächt, die sie verstoßen hat«.[2] Wir begegnen Süchtigen und Exilanten, jungen Mädchen und Mitarbeitern des Gesundheitswesens. Taylor weist auch darauf hin, dass *folklore* von »lyrischen Parallelen« durchzogen ist, von ihrer Auseinandersetzung mit der harten Arbeit, die es braucht, um Taylor Swift zu sein, in »mirrorball«, bis hin zu der harten Arbeit, sich von einer Sucht und dem Streben nach Perfektion zu erholen, in »this is me trying«. Diese Verknüpfungspunkte, alle durch Taylors Songwriting zusammengehalten, dem »invisible string« (unsichtbaren Band), das ihre Arbeit durchzieht, machen daraus eine Art Mini-Taylorversum.[3]

Wie alle, die am Anfang der Pandemie im Lockdown waren, erinnert sich auch Taylor daran, wie unentschlossen sie war, was sie jetzt tun sollte, und ob sie überhaupt irgendetwas tun sollte.[4] Aber nur drei Tage lang. Dann schrieb sie, damit sie etwas zu tun hatte, *folklore*. Als Popstar ohne Bühne fiel ihr ein Musikerkollege ein, den sie 2019 kennengelernt hatte. Aaron Dessner, Gitarrist und Songwriter der Band The National, hatte ihr erzählt, dass sein Songwriting-Prozess darin besteht, einen Track zu erstellen und ihn an seine Bandkollegen weiterzuleiten, die daran arbeiten und ihn wieder zurückschicken, egal wo auf der Welt sie sich gerade befanden. Taylor war es gewohnt, ihren Produzenten Sprachnachrichten mit Songideen zu schicken oder von ihnen Tracks zur Vertonung ihrer Ideen zu erhalten, aber es war ein neues Konzept, komplett remote zu arbeiten, anstatt gemeinsam im Studio. Stattdessen kam die Tontechnikerin Laura Sisk, die seit *1989* mit Taylor zusammenarbeitet, in Taylors mit Glyzinien bewachsenem Haus in LA vorbei und richtete dort eine Gesangskabine ein. Taylor taufte es das »Kitty Committee Studio«.

Zum ersten Mal seit *reputation* sind Albumtitel und Songtitel in Kleinbuchstaben geschrieben. Taylor sagte, *reputation* sei »nicht uneingeschränkt kommerziell«, und dieselbe Logik gilt auch hier.[5] *folklore* war ein Experiment zu einer seltsamen Zeit, das darauf ausgelegt war, mit geringem Einsatz konsumiert zu werden. Es kann beinahe nicht zu ihrem Popstar-Kanon gezählt werden.[6] Sollte es zu schräg werden und die Leute es nicht mögen, konnte es wie die Mixtapes oder Genre-Experimente anderer Popstars behandelt und als Kuriosität für Sammler abgeheftet werden. Das hatte zum Ergebnis, dass *folklore* ziemlich verspielt ist: Taylor ist wie ein (trauriges) Theaterkind, dass alle Charaktere in Folklore-Town spricht. Viele der Songs sind eher wie Schnappschüsse aufgebaut, sie wirken wie Unterhaltungen im Stil von »Treacherous«, durchsetzt von herausragenden Bridges. Die strukturierteren Songs gehen auf Taylors Country-Musik-Ausbildung zurück, mit Wendungen in »the last great american dynasty« und »betty« (letzterer sogar mit Mundharmonika für die volle Folk/Country-Dosis). Das ganze Projekt wirkt so locker wie Taylors Karoshirts auf den Promofotos. Zum ersten Mal in ihrer Karriere gab es kein riesiges Geschäft, bei dem der Lebensunterhalt von Hunderten von Menschen davon abhing, ob sie einen Hit landete, der ausverkaufte Stadiontourneen einbrachte, oder ob das Internet sich darüber aufregte, ob sie die richtige Single aus dem Album ausgewählt hatte. Die Musik war nur für sie und uns, die sie zu Hause anhörten. Also ging Taylor in ihre musikalische Heimat zurück: Americana.

folklore ist schwer einzuordnen. Wo manche Alt Rock heraushörten, sahen andere eine Singer-Songwriter-Platte aus den 90ern (wir müssen noch bis »willow« auf *evermore* warten, bis Taylor ihre Einflüsse aus 90er-Trends bestätigt). Das Design war wegen der Lockdown-Bestimmungen mehr DIY als üblich, ohne große glamouröse Teams: »Ich frischte mir den Lippenstift auf und rannte in ein Feld und [Fotografin Beth Garrabrant] machte Fotos.«[7] Wenn der Sound auch ganz anders ist, bleibt die Taylor-Album-Struktur, die uns ans Herz gewachsen ist, grob erhalten: »the 1« bricht gleich in der ersten Zeile durch ein Schimpfwort mit allen Erwartungen; es gibt einen herzzerreißenden fünften Track mit »my tears ricochet« und ein leichtes, jugendliches Märchenlied mit »betty«, in der swiftschen Tradition von bewusst naiven Songs à la »Stay Stay Stay«. Die Themen sind jedoch trauriger, verrückter und dunkler als auf ihren früheren Alben. Taylor beschrieb Jack Antonoff die Inspiration für »my tears ricochet«, als sie sich in den Long Pond Studios trafen, um das Album zum

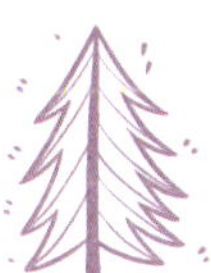

Die Musik war nur für sie und uns, die sie zu Hause anhörten. Also ging Taylor in ihre musikalische Heimat zurück: Americana.

ersten Mal gemeinsam durchzuspielen: »Jemand kann dein bester Freund, dein Gefährte und die Person sein, der du am meisten vertraust, und dann kann er zu deinem schlimmsten Feind werden, der weiß, wie er dich verletzen kann, eben weil er einmal die Person war, der du am meisten vertraut hast.«[8] Taylor wird diese Art des Verrats, den sie als eine Mischung aus dem Ende einer Freundschaft, einer geschäftlichen Verleumdung und einer bitteren Scheidung beschreibt, auf *folklore* durcharbeiten. Sie fand, dass Scheidungsgeschichten, in denen es um das Ende eines gemeinsamen Mythos und die Auflösung eines finanziellen Arrangements geht, zu dem passten, was ihr gerade durch den Kopf ging: »Ich schrieb einige der ersten Texte zu diesem Lied, nachdem ich *Marriage Story* gesehen hatte, in dem es darum geht, dass Ehen schief gehen und katastrophal enden können. Diese Songs sind also teilweise ausgedacht, teilweise wahr und teilweise beides.«[9] *folklore* ergründet komplexe Emotionen, die Taylor gefühlt hat und von denen sie hofft, dass auch wir sie kennen: Depression, nicht verarbeitete Bitterkeit, die frustrierte Wut, die sich im Laufe der Jahre in Frauen ansammelt. Sie kommen in der Geschichte der viel kritisierten Frau zum Ausdruck, der früher ihr Haus gehörte, oder in Taylors Beschreibung der erschütternden Realität des Versuchs, als geliebtes Fan-Idol das Ein und Alles für alle Menschen zu sein. Wir erfahren in diesen Texten mehr über Taylor, als aus 1000 Schlagzeilen über ihre Männergeschichten. Sie sind nicht bekennend, sondern intim. *folklore* ist wie ein wunderschönes Gespräch, das man zufällig mithört.

Und was hören wir da? Geschichten aus der Nachbarschaft. Wenn es ein Bild gibt, das sowohl in Taylors Texten als auch in ihren Musikvideos immer wieder auftaucht, dann ist es Taylor am

Diese Songs sind also teilweise ausgedacht, teilweise wahr und teilweise beides. *folklore* ergründet komplexe Emotionen, die Taylor gefühlt hat und von denen sie hofft, dass auch wir sie kennen: Depression, nicht verarbeitete Bitterkeit, frustrierte Wut, die sich im Laufe der Jahre in Frauen ansammelt.

Telefon, von »Our Song« über »Maroon« bis hin zu »Look What You Made Me Do«. Hören wir also rein: »Hast du gehört, dass James am Ende mit Betty durchgebrannt ist? Ich weiß!«; »Dieses Flittchen Taylor Swift hat das Haus von Standard Oil gekauft. Ihre Partys zum vierten Juli sind so laut«; »Und hast du gehört, dass sie auf diesem Album zweimal das F-Wort sagt? Sie hat komplett den Verstand verloren.« Taylors Talent für den Spagat zwischen Hell und Dunkel zeigt sich, wenn sie flucht. In »mad woman« knurrt sie »Fuck you«, während in »betty« James' Sorge, Betty könnte ihm sagen, »go fuck yourself«, viel unbeschwerter klingt. Bei Taylor geht es am Ende oft darum, Ärger Luft zu machen. Die Wut von Frauen wird gemeinhin als verrückt und abstoßend angesehen und als Verlust der moralischen Überlegenheit, die ihre einzige Sicherheit darstellt. Wenn also Popstars wie Beyoncé ihrer unbändigen Wut Luft machen, zum Beispiel in »Ring The Alarm«, ist das ein starkes Statement. Taylors wütendste Songs vor *folklore* sind die, in denen sie eine moralische Haltung einnehmen kann, von »Should've Said No«, bis »Better Than Revenge« oder »Bad Blood«, in denen ihre Nemesis wie ein freches Kind behandelt wird. Die Geschichte des zerrütteten Verhältnisses zu den Leuten, mit denen sie am Anfang zusammengearbeitet hatte, als sie noch davon träumte, dass ihre Lieder im Radio gespielt würden, ist hingegen undurchsichtiger und beinhaltet Vertragsverhandlungen und Musikindustrie-Getuschel. Unsere Hauptinformationsquelle ist Taylor, und selbst sie wirkt zwiegespalten. Ihre Tränen prallen zwischen ihr und dem Antagonisten hin und her (»ricochet«) und verletzen damit beide – ein Krieg, der nur Verlierer kennt. »mad woman« drückt ihre Wut aus, macht aber auch Taylors Recht deutlich, zu thematisieren, was sie will. In »The Man« äußert sie sich zum ersten Mal zum Thema Feminismus, und jetzt erkundet sie die unangenehmen Nuancen der Doppelmoral: »Was am Frausein am meisten wütend macht, ist dieses Gaslighting, das darin besteht, dass von uns jahrhundertelang erwartet wurde, männliches Verhalten stillschweigend in uns aufzunehmen.«[10] Taylors Version der Ereignisse wird nicht umgeschrieben werden: Seit den verwirrenden Schachspielen von »Dear John« hat sie Missbrauch in Worte gefasst.

»Mad woman« thematisiert nicht nur Gaslighting, es ist auch bahnbrechend, weil endlich das Wort »Frau« anstelle von »Mädchen« verwendet wird. Pop ist von der Jugend besessen und hat ein zwiespältiges Verhältnis zu erwachsenen Frauen, wie Taylor erfahren musste, als sie zu einer solchen heranwuchs. Im Gespräch mit der *Vogue* spricht Taylor über ihre jugendliche Ignoranz gegenüber Sexismus und wie sich das mit dem Älterwerden änderte: »In dem Moment, in dem ich anfing, als Frau wahrgenommen zu werden, wurde es mir klar.«[11] Taylor beschreibt sich in »the last great american dynasty« zum ersten Mal als Frau, was nur logisch ist: Mädchen sind in vielerlei Hinsicht mächtig, aber sie kaufen selten Immobilien. Der Song erzählt die Geschichte von Rebekah Harkness, der ehemaligen Besitzerin von Taylors Haus in Rhode Island, wo sie ihre berühmten Fourth of July-Partys veranstaltet. Der Minimalismus und die Weiträumigkeit von Aarons Musik inspirierten Taylor: »Ich wollte schon seit 2013 einen Song über Rebekah Harkness schreiben, aber ich habe nie den richtigen

Ansatz gefunden, weil es nie einen Track gab, der das Zeug dazu hatte, die ganze Lebensgeschichte einer Person zu enthalten.«[12]

Diese Kluft zwischen Mädchen und Frau erlaubt es Taylor, ihr bisher vollkommenstes und ergreifendstes Unschuldszeugnis zu schreiben. Die ersten drei Klaviertöne von »seven« erheben sich wie die Schaukel über dem Bach aus Taylors Erinnerungen. Bei den Zeilen über Zöpfe und Piraten drückt sie ihrer Stimme die kleinmädchenhafte Tonlage auf, wobei sie ihr Gesangsinstrument und ihr Talent, sich verschiedene Stimmen anzueignen, optimal einsetzt. Das Klavier plätschert vor sich hin, als würde es von pummeligen Kinderhänden gespielt werden. Einige von Taylors Songs versprühen mädchenhafte Energie, wie »Stay Stay Stay« oder »Love Story«, aber »seven« ist eher ein respektvolles Zeugnis für die Ernsthaftigkeit kindlicher Interessen; die kleine Taylor des Songs schmiedet einen ausgeklügelten Plan, um ihrer Freundin zu helfen, ihrem wütenden Vater zu entkommen. Das Lied erwähnt auch ein Konzept der Liebe, die von Mensch zu Mensch weitergegeben wird wie Folklore, wie eine Tradition oder ein Volkslied. Taylor bediente sich auf *Taylor Swift* an den Bildern von Liebe, die ihr von zu Hause mitgegeben worden waren. Jetzt schafft sie neue Bilder, vom Aufräumen nach der Silvesterparty in »New Year's Day« bis hin zu diesem winzigen, zarten Porträt zweier Kinder, die einen Bach entlang spazieren und angeregt Pläne schmieden, wegzulaufen, um Piratinnen zu werden.

All diese Entscheidungen deuten darauf hin, dass das Genre von *folklore* schlicht »Taylor Swift« ist. Dennoch wurde das Genre in der Presse und in Fanforen viel diskutiert, weil eben viele ein emotionales Interesse an der Einordnung haben. Ist das Album »Indie« oder »Alternative«? Der Begriff »Indie« bezeichnete ursprünglich Musik, die von einem unabhängigen Label und nicht für eine große Plattenfirma wie Sony produziert wurde. Taylor und Aaron haben vielleicht eine gemeinsame Basis gefunden, denn Taylor war während der ersten sechs Alben ihrer Karriere bei dem unabhängigen Plattenlabel Big Machine unter Vertrag, was Songs wie »Shake It Off« per Definition zu Indie-Musik macht. Im Laufe der Zeit wurde »Indie« nicht mit der Art der Verbreitung der Musik assoziiert, sondern mit einem bestimmten Gitarrenband-Sound, der weniger heavy ist als klassischer Rock und der eher introspektive Themen behandelt, zum Beispiel Sucht (»this is me trying«) und Traurigkeit. Dies traf den Ton von 2020 perfekt; oder wie Taylor es zu *folklore* und dessen begeisterter Kritikerresonanz ausdrückte, »jeder musste mal ordentlich heulen«.[13] Der Sound von *folklore* und die Präsenz des männlichen Indie-Musikers Jason Vernon von Bon Iver öffneten neue Wege ins Taylorversum, nämlich für die Fans, die sich nicht wohl dabei fühlten, die von Lichterketten durchzogene Girlhood Lane entlangzugehen oder den Menschenmassen auf der Main Pop Girl Avenue zu begegnen. Abgesehen von seinen Referenzen als Indie-Künstler erwies sich Jason Vernon als idealer Sparringspartner für Taylor. Taylor beschreibt, wie sie sich die Bridge anhörte, die er für »exile« geschrieben hatte: »Hände aufs Gesicht, Gesicht schmilzt, alles ist aus Konfetti.«[14] Auf *evermore* nimmt er eine noch größere Rolle ein, spielt Gitarre und Schlagzeug bei »cowboy like me« und dem mürrischen, gehässigen Brief »closure«, und lässt uns im winterlichen »evermore« in den Duett-Himmel aufsteigen.

Es mag größtenteils ohne Popsong-Drama auskommen (obwohl das Ende von »betty« etwas mit der Wendung in »Love Story« gemeinsam hat), aber *folklore* ist nicht sanft. Irgendwie entwaffnet es die Hörerinnen und Hörer und sticht in empfindliche Stellen. In einer für Popmusik seltenen Anspielung auf die Covid-19-Pandemie verweist »epiphany« auf Menschen, die die Hände ihrer Angehörigen durch eine Plastikfolie halten mussten, um sich nicht mit dem Virus anzustecken. Obwohl Taylor schon früher die dunklen Seiten verlorener Liebe erforscht und starke politische Positionen bezogen hatte, war es dennoch erstaunlich, sie so zu hören. Es ist ein völlig neuer Taylor-Modus. Taylor erschloss mit *folklore* textliches Neuland, indem sie Menschen beobachtete, ihnen zuhörte und über sie nachdachte, während sie in ihrer Quarantäne stundenlang Filme schaute.[15] Der Beginn von »epiphany« klingt sogar wie das leicht disharmonische Geklimper eines Orchesters, das sich einstimmt. Die Vorstellung, dass Hunderte von Menschen zusammenkommen, um sich ein Konzert anzusehen, war im Sommer 2020 ein Wunschtraum.

Diese Isolation mag der Grund dafür sein, dass Taylor sich in den Songs »betty«, »august« und »cardigan« eine ganze gequälte Highschool-Klasse geschaffen hat, mit der sie abhängen kann. Hört man sich das Album der Reihe nach an, begegnet man zunächst der Hauptfigur in »cardigan«, die der Vorstadt und der Mädchen-von-nebenan-Figur entwachsen ist und nun schwarzen Lippenstift und High Heels trägt. Sie ist nachdenklich und poetisch und haucht ihrer großen Liebe etwas Mystisches und Magisches ein. Sollte es sich bei diesem Jungen wirklich um James aus »betty« handeln, hat Betty viel Arbeit in »cardigan« investiert, um ihn als ernsthafte romantische Figur erscheinen zu lassen (ein Meta-Kommentar dazu, wie Taylor ihre Musen in ihrer Musik unglaublich verführerisch und faszinierend darstellt).[16] In »betty« lässt sich James leicht von dem Mädchen aus »august« beeinflussen, das von Taylor in den *Long Pond Sessions* Augustine getauft wird. Die Krönung der Dreiecksbeziehung ist die Geschichte von Augustine, dem Mädchen, das einen Sommer mit James verbringt und in der Hoffnung lebt, dass aus ihrer Affäre eine Beziehung wird. Es ist die Art von Situation, die Taylor in »Cruel Summer« und »Delicate« beschreibt: die zaghaften Phasen zwischen Anbandeln und Liebe, in denen man Angst hat, der andere ist kurz davor, das Weite zu suchen. Auf dem Weg zum Strand betrachtet sie seinen Rücken und sehnt sich danach, ihn zu berühren und ihn für sich zu beanspruchen, ist sich aber nicht sicher, ob sie das darf. James haut schließlich ab und Augustine bleibt nichts als die Zeit, die sie mit dem Warten auf seinen Anruf verschwendet. Es ist ein liebenswürdiges und einfühlsames Porträt einer Figur, die in den meisten Liebesgeschichten nicht vorkommt: diejenige, deren Hoffnungen enttäuscht werden. Augustine ist die »andere Frau«, wie die in »illicit affairs«. Taylor bringt diesen beiden Frauen ein Mitgefühl entgegen, das ihnen in einer Kultur, in der Ehebruch, wie es in »Getaway Car« heißt, als das schlimmste Verbrechen gilt, oft abgesprochen wird: »Die Vorstellung, dass es in jeder Situation eine böse Schurkin gibt, die einem den Mann ausspannt, ist eigentlich ein völliger Mythos, denn das ist in der Regel überhaupt nicht der Fall. Jeder hat Gefühle und will gesehen und geliebt werden.«[17]

All die Bücher, die Taylor während der Quarantäne liest, finden Eingang in ihre Songs. Taylor nimmt in ihrem Werk immer wieder Bezug auf Gedichte, sowohl innerhalb als auch außerhalb ihrer Texte: In den Liner Notes für *Red* steht, dass sie sich von dem »Gedicht 20« von Pablo Neruda inspirieren ließ: »So kurz dauert die Liebe und so lang das Vergessen«. »illicit affairs« verwendet einen literarischen Verweis als unsichtbares Band zu einem sehr alten Lied. Taylors 2006 veröffentlichter Song »The Outside«, »illicit affairs« und »'tis the damn season« von ihrem nächsten Album *evermore* zitieren alle das Robert Frost Gedicht »Der unbegangene Weg« (»The Road Not Taken«) und dessen berühmte Schlusszeilen. Es ist ein ähnliches Bild wie das Paralleluniversum, das sich Taylor in »The Man« vorstellt, wenn sie sich fragt: »Wenn ich all die gleichen Entscheidungen getroffen hätte, all die gleichen Fehler begangen hätte, all die gleichen Errungenschaften verzeichnen könnte, wie würde es aufgenommen werden?«[18] In »illicit affairs« wird die wenig befahrene Straße gewählt, um nicht auf dem Weg zu einem geheimen Treffen erwischt zu werden, wie es der Schuft in »mad woman« ständig zu tun scheint (wenn Taylor das Stück live spielt, zählt sie vier oder fünf Liebschaften an ihren Fingern ab). Dieser Mensch betrügt seine Frau und sie scheint nicht einmal sauer darüber zu sein, während Taylor eine für eine junge Frau »normale Anzahl von Verabredungen« hatte und dennoch bis heute die wichtigste Information über sie ist, dass sie »viele Typen hat«.[19] Der andere Weg von »illicit affairs« zollt auch den Lebensentwürfen Respekt, die sich abseits binärer Moralvorstellungen abspielen, und in denen Affären besondere Farben der Leidenschaft erleben. Auch in »Out Of The Woods« und »Question...?« benutzt sie Farben als Mittel, um eine einzigartige Verbindung zwischen zwei Menschen darzustellen. Wie Taylor in »Daylight« erkundet, muss Liebe keinesfalls nur schwarz-weiß sein, sie kann auch rot, golden, lavendelfarben oder blau sein. Für ein Album mit monochromem Cover ist *folklore* ein regelrechter Farbrausch. Insbesondere taucht ein neuer Blauton in ihrer Palette auf. In »invisible string«, »peace« und »hoax« erwähnt Taylor den »Blues«, also die Melancholie, als Teil des Lebens und als Teil der Person, die sie liebt. Im Gespräch mit Jack Antonoff in Long Pond fragt sie: »Mit wem würdest du traurig sein? Und mit wem würdest du dich auseinandersetzen, wenn die Person traurig wäre? Und würdest du trotzdem bleiben, wenn der Himmel monatelang grau wäre?«[20] Sie blieb.

Die Sonne über Folklore-Town geht unter. In dem verträumten Video zu »cardigan« befindet sich Taylor in einer Hütte, trägt ein weißes Nachthemd und ihr natürlich gewelltes Haar zu zwei Dutts gebunden, was diesen Moment ihrer kreativen und ästhetischen Reise für immer prägen sollte (als Folge der sozialen Distanzierung stylte Taylor ihr Haar und ihr Outfit für das Video selbst). Wie in einer Szene aus *Der König von Narnia* klettert sie statt in einen Schrank in ein Klavier und findet darin eine Welt voller Geschichten. Als *folklore* herauskam, wurde es mit einer Begeisterung aufgenommen, wie sie nur eine Welt von Musikfans erleben kann, die drei Monate lang keine Freude und nichts Neues erlebt hatte. Es war unglaublich: Nicht nur gab es ein neues Taylor-Album, es führte Taylors Songwriting auch an neue Orte, von denen wir nicht ahnen konnten, dass sie in ihr schlummerten. Für Taylor war der Zuspruch zum Album eine Ermutigung, weiterhin Musik zu machen, die nicht direkt mit ihrer Berühmtheit in Verbindung steht: »Ich sah einen Weg für meine Zukunft, und das war ein bahnbrechender Moment der Aufregung und des Glückes.«[21] 2020 war die Zukunft alles andere als klar, und niemand wusste, wann Künstlerinnen und Künstler wieder auf Tour gehen wurden. Es fühlte sich an wie eine kleine, ruhige Auszeit vom normalen Leben. Also beschloss Taylor, dass sie noch nicht fertig war – *folklore* sollte noch eine Schwester bekommen.

FOLKLORE

Shout-out song

»MIRRORBALL«

In »mirrorball« wird das Dilemma erkundet, es immer allen recht machen zu wollen. Die Bildsprache vom Ende der Show stammen aus Taylors vergangenen Tourneen und spiegeln die Enttäuschung über das abgesagte Loverfest wider: Disco (*1989*), Rodeo (yee-haw, das ist die *Fearless*-Tour) und Zirkus (Taylor als Zirkusdirektorin auf der *Red*-Tour) sind geschlossen. Über das Schreiben des Songs inmitten der Pandemie sagte Taylor, es sei »das erste und eines der einzigen Male, dass die Zeit, die wir durchleben, tatsächlich textlich verarbeitet wird ... das Album erlaubt dir, deine Gefühle zu fühlen, und es ist ein Produkt der Isolation«.[22]

Als »mirrorball« herauskam, sprach es Taylor aus der Seele und zeigte ihren Arbeitsdrang, auch wenn sie allen Grund gehabt hätte, sich während des Lockdowns auszuruhen: »Ich habe eine Entschuldigung dafür, mich zurückzulehnen und nichts zu tun, aber das mache ich nicht, und ich kann es auch nicht, und ich weiß nicht, warum.«[23] Der Song wird immer aktueller, je mehr Taylors Ruhm wächst und je mehr wir uns damit auseinandersetzen, was es bedeutet, dass unsere Worte und Gesichter über die sozialen Medien um die Welt gehen. Wie Taylors Bilder von Ruhm und Rampenlicht, die bis »Tim McGraw« zurückreichen, kann es auf zwei Arten gelesen werden: »Es war eine Metapher für Berühmtheit, aber auch eine Metapher für so viele Menschen, die das Gefühl haben, sie müssten ständig ›on‹ sein.«[24]

Als Ikone einer der größten Musikfangemeinden überhaupt ist Taylor der ultimative »People Pleaser«, der fieberhaft witzige

Alben-Roll-outs und unterhaltsame Hits erschafft und, wie sie in *Miss Americana* verriet, darauf bedacht ist, einen bestimmten Look zu wahren, um Kritik zu vermeiden. Wie all die winzigen Spiegel auf einer Discokugel erschafft sie auf verschiedenen Plattformen ständig neue Bilder von sich selbst, um sicherzustellen, dass wir ihr weiterhin unsere Aufmerksamkeit schenken. Für einen Star, der eine so enge Beziehung zu seinen Fans pflegt, ist das ein empfindlicher Gedanke: Ruhm kann beide Seiten beeinflussen. Bei der Frage, ob »mirrorball« überhaupt veröffentlicht werden sollte, überlegte Taylor, ob es nicht zu ungeschönt sei.[25] Für Menschen, die mit dem Internet aufgewachsen sind, insbesondere diejenigen, die sich aus beruflichen oder sozialen Gründen vom Internet abhängig fühlen, stellt Taylor auch die Frage, was es für einen Preis hat, sich selbst zur Marke zu machen. »Jeder von uns kann zum Formwandler werden, aber was macht das mit uns?«[16]

In der Spiegelkugel sehen wir verschiedene Versionen von uns selbst, und traurigerweise sind das nicht immer die besten. In den letzten Jahren hat die Fankultur eine enorme kulturelle Kraft entwickelt. Sie wird »Fan-Economy« genannt und baut auf unsere Loyalität und Hingabe zu bestimmten Personen oder Bands. Taylor hat sich als eines der größten Marketing-Genies unserer Zeit erwiesen, wobei es auch nicht schadet, dass sie ein exzellentes Produkt verkauft: Man kann sich darauf verlassen, dass sie wirklich jedes Mal ein hochwertiges Set an Songs herausbringt. Zwischen Albumveröffentlichungen zieht sie unsere Aufmerksamkeit mit Tourneen auf sich, mit Kurzfilmen, wie den zu der zehnminütigen Version von »All Too Well«, und mit dem, was Schriftstellerin Anne Helen Petersen ihre »Gossip Art«, also Tratsch-Kunst, nennt, etwa etwas so Banales wie ein Abendessen im Restaurant zu etwas Aufregendem zu machen. Taylor hat ein außergewöhnliches Charisma, sie ist tatsächlich wie eine Discokugel, die den Raum erhellt. Doch trotz ihres Talents, unsere Aufmerksamkeit für sich zu gewinnen, kann sie das Ergebnis nicht immer kontrollieren. Taylors Plädoyer auf der Bühne im Jahr 2023 für »Freundlichkeit und Sanftmut bei unseren Internetaktivitäten«, um die Fans davon abzuhalten, weiterhin so aggressiv Stellung für sie zu beziehen, wurde weitgehend ignoriert.[27] Ex-Partner und Ex-Freunde sowie Musikkritiker sahen sich Stürmen von gemeinen Kommentaren ausgesetzt. Es ist ein Spiegelbild der Mob-Mentalität, die in jeder Gemeinschaft grassieren kann, aber es ist frustrierend, dies in der Fangemeinde einer Sängerin zu sehen, die Höflichkeit so hoch schätzt und deren aggressivste Aussage überhaupt »Better Than Revenge« war.

2020 verbrachten wir zunehmend mehr Zeit am Handy, womit auch die Zahl der Menschen, die Plattformen wie TikTok benutzten, so hoch war wie noch nie. Taylors riesiger Backkatalog und ihre

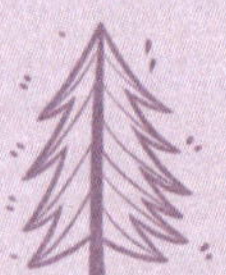

Taylors Plädoyer auf der Bühne im Jahr 2023 für »Freundlichkeit und Sanftmut bei unseren Internetaktivitäten«, um die Fans davon abzuhalten, weiterhin so aggressiv Stellung für sie zu beziehen, wurde weitgehend ignoriert.

faszinierende Persönlichkeit machten sie zum idealen Thema für alles Mögliche, von Quizfragen zum Ermessen deines Fanstatus bis hin zu Beiträgen im True-Crime-Stil, bei denen die Fans direkt in die Kamera sprechen. Die Easter Eggs, die Taylor während ihrer ganzen Karriere versteckt hatte, waren die Hinweise im Krimi, das Erraten des nächsten Albumveröffentlichungsdatums war die Lösung und wir alle waren Sherlock Holmes. Im August 2021 trat Taylor selbst TikTok bei und postete lustige Videos, in denen wir nach Hinweisen auf das nächste Album suchen konnten (ein Glitch in ihrem Video entpuppte sich als Anspielung auf den Song »Glitch« von der Deluxe Edition von *Midnights*) und die Art von Behind-the-Scenes-Inhalten, die wir seit ihrem Untertauchen vor *reputation* nicht mehr gesehen hatten. Das starke Narrativ hinter der Neuaufnahme von »All Too Well (10 Minute Version) (Taylor's Version) (From The Vault)« im November 2021 war ein Wendepunkt. *Variety* berichtete, dass »innerhalb von zwei Tagen die Aufrufe von TikTok-Inhalten, die sich auf Taylor beziehen, von einem vorherigen Höchststand von 80 Millionen auf über 260 Millionen angestiegen sind, da ihre Fans über die neuen Songtexte diskutieren und versuchen, die Easter Eggs in dem Kurzfilm zu finden, bei dem sie Regie führte und in dem Sadie Sink und Dylan O'Brien mitspielen«.[28] War Taylor bereits vorher weltberühmt, griff sie nun nach den Sternen.

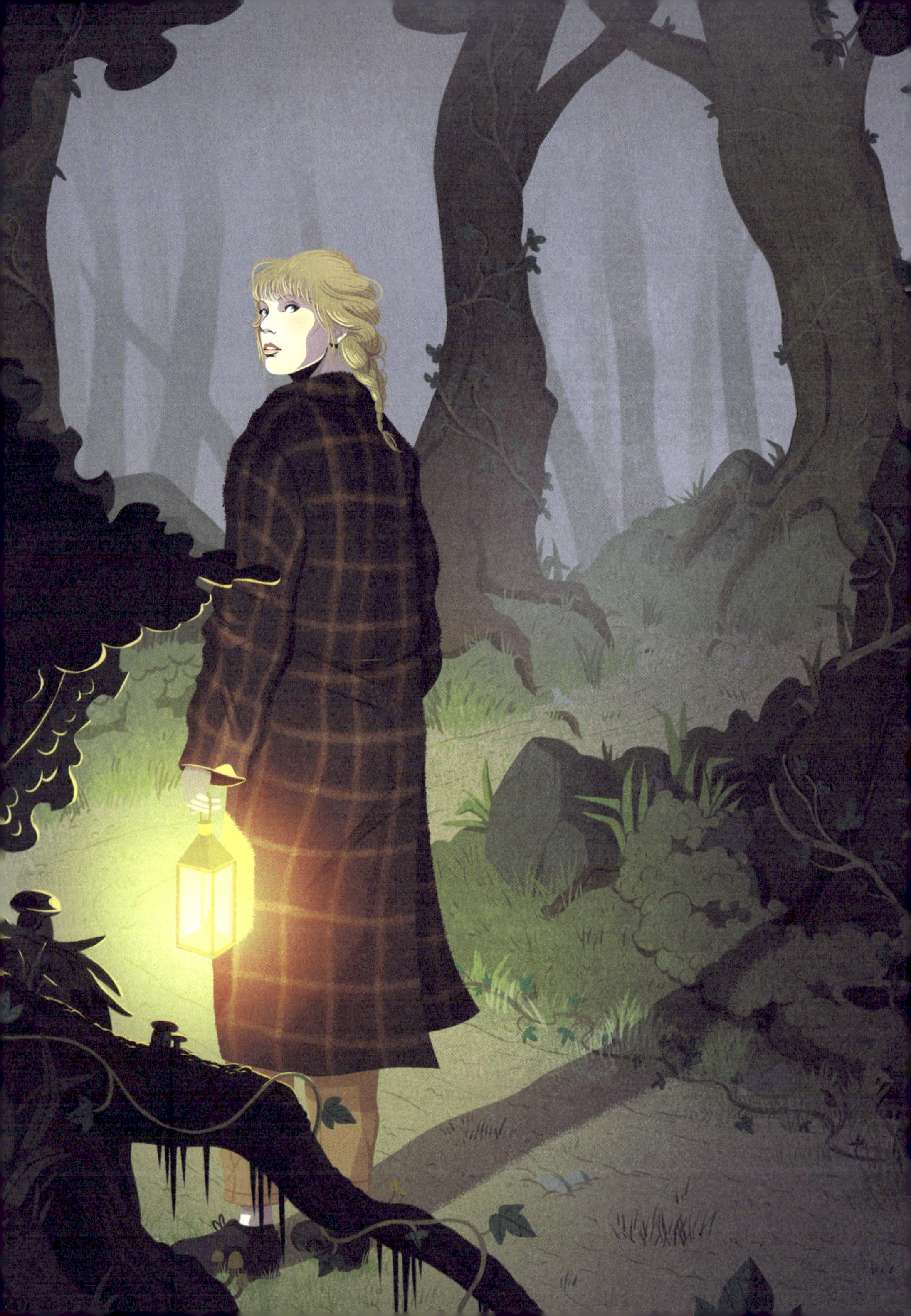

The Graveyard Shift

EVERMORE

Viele von Taylors Alben beginnen mit einem Neuanfang. Auf *1989* ist Taylor in einer neuen Stadt, mit einem neuen Soundtrack. Bei der Veröffentlichung von *Lover* machte Taylor »I Forgot That You Existed« zum Opener, weil sie dermaßen die Nase voll hatte. Auf *folklore* machte sie ganz was Neues – klanglich, kreativ, persönlich, die ganze Palette. Doch so aufregend Neuerfindungen sind, sie können auch anstrengend sein, wie sie in ihrem Dokumentarfilm *Miss Americana* erzählt:

> *Die ständige Notwendigkeit, etwas Neues zu machen, neue Facetten von dir zu finden, die den Menschen brillant vorkommen. Sei neu für uns, sei jung für uns, aber nur auf neue Art und Weise, und nur so, wie wir es gern hätten. Und erfinde dich neu, aber nur auf eine Weise, die wir als angenehm empfinden, aber auch als Herausforderung für dich. Lebe ein Narrativ, das interessant genug ist, um uns zu unterhalten, aber nicht so schräg, dass es für uns unangenehm wird.*[1]

Wenn Taylor ihre Energie nicht gerade in eine Transformation steckt, nutzt sie sie, um neue Songs zu schreiben. Auf *Speak Now* perfektionierte sie mit »Dear John« die Swift-Bridge. Doch selbst in der *Speak Now*-Ära musste eine ganze Tour auf die Beine gestellt und haufenweise Pressearbeit erledigt werden. Taylor entschied sich noch am Tag der Aufnahme der *Long Pond Sessions*, mit Aaron Dessner und Jack Antonoff weiter Musik zu machen. *folklore* and *evermore* haben diese Leichtigkeit, weil Taylor sich eine Auszeit von ihrem Job als Popstar nahm: »Ich muss eine Trackliste erstellen, und entscheiden, welcher Song für die Stadion-Show ist, welcher für das Radio, welcher für Leute, die sich in ihre Gefühle hineinsteigern wollen«.[2] Stattdessen produzierte Taylor Storytelling-Meisterwerke wie »'tis the damn season«, das voller Bilder von Kleinstädten und Trucks steckt, die direkt aus *Taylor Swift* stammen, aber mit dem Vorteil, dass sie inzwischen 14 Jahre an ihrem Handwerk gefeilt hat. Und ein paar Drinks waren im Spiel: Aaron Dessner erzählte nach den Dreharbeiten zu den *Long Pond Sessions*: »Wir spielten die ganze Nacht und haben nach dem Kamingespräch eine Menge Wein getrunken – und wir waren alle ziemlich betrunken, um ehrlich zu sein – und dann dachte ich, sie wäre ins Bett gegangen. Aber am nächsten Morgen kam sie um neun Uhr an und meinte ›Ich muss euch dieses Lied vorsingen‹. Sie hatte es mitten in der Nacht geschrieben.«[3]

Das Neuland dieser Lieder, die das Leben außerhalb des »Richtigen« erforschen, hat Vergleiche mit der Folksängerin Joni Mitchell nach sich gezogen, einer weiteren großen Künstlerin, die über das Leben und die Liebe schrieb. Joni Mitchells Mischung aus fröhlichen, beschwingten Songs voller funkelnder Details, wie die häusliche Harmonie in »Chelsea Morning«, und herzzerreißend traurigen Hits wie »River«, machen die Verbindung zwischen ihr und Taylor offensichtlich. Der Start war jedoch holprig. Laut dem Kritiker, der die Vorlage für »Mean« auf *Speak Now* war, war er derjenige gewesen, der Taylor ans Herz gelegt hatte, sich Jonis *Blue* anzuhören. Doch wie auch immer sie die altehrwürdige Songwriterin entdeckt hat, auf der *Speak Now*-Tour war Taylor ihr bereits verfallen: Vor fünf Shows schrieb sie sich Texte von Joni auf den Arm, darunter »All I Want«, in dem es in swiftiger Manier um eine einsame Straße geht. Während der Promo von *Red* bezeichnete Taylor *Blue* als ihr absolutes

Lieblingsalbum, weil es »so tief in die Seele von jemandem blickt«.[4] Joni und Taylor haben als Frauen im Musikbusiness viel gemeinsam, nicht zuletzt die Tatsache, dass sie schon sehr früh in ihrer Karriere von einigen Kritikern abgetan wurden, bevor ihr Können offenkundig wurde. In der Besprechung eines Konzerts von Joni aus dem Jahr 1967 wurde die spätere Legende und Autorin des drittbesten Albums aller Zeiten des *Rolling Stone*[5] als »eine Augenweide in einem eng anliegenden silbernen Lamé-Minikleid und mit flachsfarbenem Haar, das ihr bis unter die Schultern fällt«[6] beschrieben, während eine Besprechung von *Blue* aus dem Jahr 1971 das Album lächerlicherweise als »konturenreiche, wunderschön singbare Lieder, aber nichts Tiefgründigeres« bezeichnete.[7] Was wollten sie denn noch?

Taylor bewundert, dass Joni »so viele Facetten von sich selbst durchlaufen hat«[8] – auf *evermore* konnten wir definitiv neue Facetten von Taylor entdecken. Im Kontrast zu der zuckerwattesüßen Bilderwelt früherer Songs über die Ehe, von »Mary's Song (Oh My My My)« bis »Lover«, tötet Taylor jetzt einen mordenden Ehemann aus Rache in »no body, no crime (feat. HAIM)«. Der sitzen gelassene potenzielle Verlobte aus »champagne problems« nimmt den Nachtzug, um den urteilenden Blicken zu entgehen, nachdem ihm seine Verlobte weggelaufen ist. »tolerate it« ist inspiriert von dem 1938 erschienenen Schauerroman *Rebecca* der englischen Autorin Daphne du Maurier, der die Spannungen in der Ehe der jungen (zweiten) Mrs. de Winter beschreibt. Taylor erzählt von ihren Eindrücken aus der Lektüre von *Rebecca*:

»Ich dachte, wow, ihr Ehemann toleriert sie, auch wenn sie alles tut, um ihm zu gefallen. Er toleriert sie einfach nur die ganze Zeit. Ein Teil von mir konnte sich damit identifizieren, weil ich mich an einem Punkt in meinem Leben genauso gefühlt habe.«[9] Nach all den Scheidungs-Vibes auf »my tears ricochet« und »mad woman« auf *folklore* sind beide Alben ideal für Bindungsängstliche. Wenn Liebe gefunden wird, dann zwischen zwei Außenseitern, die sich in einem Zelt kennenlernen, wie in »cowboy like me«. In diesem langsamen, filmhaften Song aus der Perspektive einer verbitterten Hochstaplerin geht es darum, dass man sein Glück dort findet, wo man es am wenigsten erwartet. Es ist eine von Taylors fesselndsten Gesangsdarbietungen. Taylors Fantasie ist fantastisch darin, tolle Kulissen zu finden: Der Song beginnt auf einem Tennisplatz, der zur Tanzfläche wird, spielt zwischendurch in einer Flughafenbar und endet in den Gärten von Babylon.

Wenn *folklore* soundtechnisch schon einen großen Sprung machte, sind die echten grenzüberschreitenden Schätze auf *evermore* zu finden. In »peace« auf *folklore* liefert Aaron Dessner seinen bisher abgedrehtesten Instrumental-Part. Das war ein Wendepunkt. Er sagte zu ihr: »Als ich deinen Teil der Bridge hörte, mit all den merkwürdigen Taktarten und Akkordwechseln, war für mich klar, dass wir hier alles Mögliche ausprobieren können.«[10] Auf *evermore* finden wir Taylors experimentellste Stücke. Die verdrehte Taktart, die sie schon in »New Year's Day« angedeutet hatte, kommt in den ungewöhnlichen 10/8-Taktarten von »tolerate it« und »closure«[11] zum Tragen, ihrem experimentellsten Song, seit sie versehentlich acht Sekunden weißes Rauschen veröffentlicht hat.[12] Dass sie in einer solch komplizierten Taktart schreiben kann, beweist ihr musikalisches Gespür. Für diejenigen, die Parallelen zwischen Taylors künstlerischer Entwicklung und der von Joni Mitchell sehen, ist dies ein vielversprechendes Zeichen für Taylors 20. oder 30. Album, wenn sie vielleicht eine Jazzplatte macht, eine Oper schreibt oder sich einem anderen musikalischen Genre zuwendet, das sie interessiert.

In »marjorie«, einem wunderschönen Lied über ihre Großmutter, die Sängerin Marjorie Finlay, kokettiert Taylor tatsächlich mit der Oper. Im Text geht es um den Rat, den Marjorie Taylor mit auf den Weg gegeben hat: Klugheit mit Freundlichkeit und Höflichkeit mit Macht zu verbinden. Es ist faszinierend, den Einfluss von Taylors Großmutter mütterlicherseits zu hören, die das Kaltwasserschwimmen liebte und von der Taylor sicherlich ihr musikalisches Talent geerbt hat: »Sie liebte es, zu unterhalten: Auf ihren Partys stand sie immer irgendwann auf und sang ihren Freunden was vor.«[13] Marjorie starb zu der Zeit, in der Taylor nach Nashville ging und versuchte, ihre Demos an den Mann zu bringen. Sie erlebte nicht mehr, wie sich die Träume ihrer Enkelin erfüllten, aber sie hatte maßgeblich zur Entstehung dieser Träume beigetragen, indem sie Taylor zu ihrem ersten Musical, *Charlie und die Schokoladenfabrik*, mitnahm, was das Theaterkind in Taylor weckte: »Ich fing an, Kindermusicals zu machen, weil ich es liebte, wie diese Kinder auf der Bühne standen und sangen und schauspielerten.«[14] Das Ergebnis dieser Bühnenerfahrung ist immer noch in ihren theatralischen Gesten auf der Bühne zu sehen. Es gibt Momente in Taylors Musik, die sie mit »fast opernhaftem« Gesang vergleicht, wie das »stay« in »All You Had To Do Was Stay« (*1989*).[15] Marjorie lebt nun in einem von Taylors berührendsten Songs über Erinnerungen und Reue weiter: »Ich stöberte im Schrank meiner Großmutter, und sie hatte wunderschöne Kleider aus den 60ern. Ich wünschte, ich hätte sie gefragt, wo sie jedes einzelne davon getragen hat.«[16] Im Hintergrund singt Marjorie eine Arie von Puccini.

In *evermore* gibt es so viele Stimmen und musikalische Einflüsse unter der Oberfläche. Ohne die dramatischen Streicher von »Haunted« (*Speak Now*) außer Acht zu lassen, ist *folklore* das erste Album mit komplettem Orchester, arrangiert von Bryce Dessner, Aarons Bruder und Bandkollege bei The National und die männliche Stimme, die in »coney island (feat. The National)« zu hören ist. Die Arrangements auf *evermore* sind noch üppiger: Es wirkten dort 40 Musiker mit, während es bei *folklore* nur 21 waren. Vielleicht lag das daran, dass die Menschen in dieser Phase der Pandemie mittlerweile herausgefunden hatten, wie man Zoom benutzt. Jason Vernons Gesang sorgt für basslastige Tiefen und große Emotionen in den höheren Lagen. Er ist unter Taylors Stimme bei »ivy« und »marjorie« eingebettet und als Duett bei dem entrückten *evermore*. In dem Lied beschreibt Taylor die Erinnerung als eine Kassette auf Stop – sie kann den

In *evermore* gibt es so viele Stimmen und musikalische Einflüsse unter der Oberfläche.

Moment des Verlustes nicht hinter sich lassen. Ähnlich verhält es sich mit dem Bonustrack »right where you left me«, bei dem Taylor in dem Restaurant, in dem ihr Lover sie verlassen hat, in der Zeit einfriert, während Geburten, Hochzeiten und Todesfälle anderer Menschen an ihr vorbeiziehen. In der Bridge von »evermore« repräsentieren die Schichten des immer drängender werdenden Gesangs von Taylor und Jason Vernon »all die Ängste in deinem Kopf, die alle durcheinanderreden.«[17] Jede Zeile von »right where you left me« steckt so voller Wörter, dass Taylor kaum eine Pause zum Atmen bleibt. Diese Songs greifen die Zyklen der Grübeleien wieder auf, denen Taylor auf *1989* in »Out Of The Woods« zu entkommen suchte. Da sie erwähnt, dass sie 23 Jahre alt ist, könnte sich »right where you left me« sogar auf denselben Zeitraum beziehen. Und am Ende erlaubt sich Taylor schließlich zu gehen – im letzten Lied der Deluxe-Version, »it's time to go«.

Erinnerungen waren seit jeher Taylors Topthema, und *evermore* ist durchzogen von Nostalgie für eine reale oder erfundene Vergangenheit: in der Art, wie Taylor in »'tis the damn season« mit ihrem Ex aus der Heimatstadt um der alten Zeiten willen auf vertrautes Terrain zurückkehrt, in der verblassten Pracht des Vergnügungsparks und des Einkaufszentrums von Coney Island und in den Träumen von ihrem Ex und seinem schönen Haar in »gold rush«. Taylor blickt in »happiness« auf die Vergangenheit zurück und betrachtet sie mit neuen Augen – viel sanfter und großzügiger als je zuvor. Ihr Gesang ist mit sanfter Orgelmusik untermalt, fast wie die Musik für eine Gedenkfeier. Sie kämpft mit der Bitterkeit am Ende einer langen, von tiefen Verletzungen geprägten Beziehung. Sie zögert, entschuldigt sich und versucht, ihre Wut und Eifersucht wiedergutzumachen. Sie blickt in die Zukunft und auf die »neue«

Taylor, nicht, weil die alte tot ist, sondern weil sie glaubt, dieses Ende überleben zu können. Sie waren einst glücklich, und nicht einmal Zeit kann diese Wahrheit ausradieren. Der Song macht die Trauer und die Fassungslosigkeit des Herzschmerzes wieder gut und ist besonders tröstlich für Menschen, die Liebe gefunden haben und deren Ende miterleben mussten, wie Taylor selbst. Die Vergebung, die sie ihren Verflossenen in »invisible string« anbietet, indem sie ihnen Geschenke für ihre Babys schickt, fällt ihr nicht schwer, weil sie einen neuen Freund hat. Hier versucht sie zu verzeihen, während sie noch mitten in ihrem Liebeskummer steckt, verunsichert von dem Gedanken, ersetzt werden zu können. Sie vergibt auch sich selbst: Diese Beziehung ist vielleicht zu Ende, aber immerhin hat sie in dieser Welt Glück geschaffen.

Aaron Dessner erzählt, wie er auf dem Album einige Akzente setzte, um eine »winterliche Nostalgie«[18] zu schaffen, zum Beispiel die Schlittenglocken in »ivy«. Es ist bemerkenswert, dass Taylor mit der Neuaufnahme ihrer ersten *Taylor's Version*, *Fearless*, begann, als sie sich dem Ende der Aufnahmen von *evermore* näherte: »Es gab Tage, an denen ich einen Song wie ›You Belong With Me‹ aufnahm, und danach ›happiness‹«.[19] Laut »it's time to go« kann ein Ende manchmal genau das Richtige sein: Nach dem Ende ihres Plattenvertrags war Taylor wieder aufgetaut und konnte sich auf ihre Musik besinnen. Für Taylor war *evermore* ein Album über das Enden: »Auf *folklore* war eines der Hauptthemen die Lösung von Konflikten: Der Versuch, etwas mit jemandem durchzustehen [...] *evermore* beschäftigt sich mit dem Ende – in allen Arten, Formen und Größen. Alle Arten des Schlussmachens, Beziehungen, Freundschaften, toxische Verhältnisse, und der Schmerz, der damit einhergeht.«[20] In »champagne problems« wird eine Verlobung

Erinnerungen waren seit jeher Taylors Topthema, und *evermore* ist durchzogen von Nostalgie für eine reale oder erfundene Vergangenheit.

aufgelöst, während in »happiness« eine langjährige Beziehung endet. In »no body, no crime (feat. HAIM)« werden gleich mehrere Leben beendet. Einer von Taylors cleveren Ansätzen beim Songwriting ist, dass sie oft nach dem sucht, was nicht da ist (eines der am häufigsten verwendeten Wörter in all ihren Texten ist »never«). *evermore*, ihr Album über das Ende, ist das einzige, in dem das Wort »end« oder »ending« nicht vorkommt. Während ihrer gesamten Laufbahn als Songwriterin war sie auf der Suche nach einem Happy End und fürchtete das traurige Ende – man denke nur an Taylors Angst vor dem Ende einer Liebe und dem endgültigen Bruch ihres Herzens in »Cornelia Street«. Auf *evermore* stellt sich Taylor dem Ende und schließt Frieden mit ihm.

EVERMORE
Shout-out song
»IVY«

In einer Rede vor der Nashville Songwriters Association erklärte Taylor, dass sie »heimlich Genre-Kategorien für selbst geschriebene Texte« festgelegt habe. Drei, um genau zu sein. Sie nennt sie liebevoll Quill Lyrics, Fountain Pen Lyrics und Glitter Gel Pen Lyrics (Schreibfedertexte, Füllertexte und Glitzergelstift-Texte).[21] Schreibfedertexte sind für Lieder, die sie schreibt, nachdem sie »Charlotte Brontë gelesen oder einen Film gesehen [hat], in dem alle in Rüschenhemden und Korsetts rumlaufen. Wenn meine Texte wie ein Brief klingen, den Emily Dickinsons Urgroßmutter beim Nähen einer Spitzengardine geschrieben hat, dann schreibe ich im Schreibfeder-Genre.«[22]

Das Beispiel, das Taylor für ein Schreibfeder-Lied anführt, ist »ivy«, ein Lied über Sehnsucht und Gräber, gespickt mit Verweisen auf Literatur und Natur (neben Efeu und Kleefeldern geht es auch um verschneites Winterwetter, das zum Frühling wird). Sie verwendet darin Wörter wie »incandescent«, woraufhin die Swifties einen, wie Taylor es nannte, »wirklich erstaunlichen Insider-Witz entwickelten: Starter-Kit zum Hören von ›folklore‹ und ›evermore‹. Und dazu ein Bild von einem Wörterbuch.«[23] Füllertexte sind »moderne, persönliche Geschichten, geschrieben wie Poesie, über die Momente, an die man sich *nur allzu gut* erinnert.« Glitzergelstift-Texte sind »das betrunkene Mädchen auf der Party, das dir auf der Toilette sagt, dass du wie ein Engel aussiehst. Das ist, was wir ab und zu brauchen«. All die fröhlichen, peppigen Songs aus Taylors Katalog sind Glitzergelstift-Songs, von »Shake It Off« bis »Bejeweled«. Es wäre zu vermuten, dass Schreibfeder-Songs keine Hits werden, weil sie dafür zu literarisch und blumig sind. Aber wir reden hier von der Person, die ein achtfach mit Platin ausgezeichnetes satirisches Lied darüber geschrieben hat, wie die Medien mit Frauen umgehen. Wir sollten Taylors Fähigkeit nicht unterschätzen, aus einem unangenehmen Gefühl einen Welthit zu machen, etwas, dass ihr auch auf ihrem nächsten Album gelingen wird.

Für die Liebhaber des Waldes und hexenartiger Erscheinungen ist »ivy« der Höhepunkt von *evermore*. Das gezupfte Banjo gibt ihm einen Bluegrass/Americana-Sound, den wir zuletzt in »Mean« (*Speak Now*) gehört haben. Auch in Taylors Song »Carolina« für den in North Carolina spielenden Film *Der Gesang der Flusskrebse* wird mit diesem Sound das Bild von geheimnisvollen, sumpfigen Wäldern heraufbeschworen. Das Genre inspiriert Taylor dazu, ihre Stimme voll auszunutzen. Der Gesang auf »Carolina« ist herausragend: satte tiefe Noten kombiniert mit dem subtilen Einsatz der einzigartigen Bluegrass-Technik, bei der

Wir sollten Taylors Fähigkeit nicht unterschätzen, aus einem unangenehmen Gefühl einen Welthit zu machen, etwas, dass ihr auch auf ihrem nächsten Album gelingen wird.

die Stimme von einer Note zur nächsten nach oben schwingt, wie bei einem sehr kurzen Jodler.[24] In »ivy« zeigt Taylor sogar einen – für sie – seltenen Gesangslauf, eine kurze, aber komplexe Abfolge von Noten, die zu Beginn des Refrains in eine einzige Silbe gepackt wird. Taylor ist schon lange Fan von Americana, einem Genre, das sich irgendwo zwischen Country, Bluegrass und Alt Rock bewegt, zu sehen etwa bei ihrer Zusammenarbeit mit The Civil Wars im Song »Safe Sound (feat. The Civil Wars)« von 2012. Es war der Soundtrack zu einem Film, der in einer dystopischen Version einer amerikanischen Bergbaugemeinde spielt, *The Hunger Games*. Auf dem Cover der Single trägt Taylor ein durchscheinendes Kleid aus cremeweißem Chiffon im Stil der 1930er-Jahre, das die verblichenen Baumwollkleider aus der Depressionszeit (wie sie Katniss und die anderen Mädchen aus Distrikt 12 im Film tragen) zu einem gotischen, geisterhaften Look macht.

Neben einer Anspielung auf gefrorene Hände, wie die »eiskalte Hand« am Anfang von Emily Brontës *Sturmhöhe* und einem Zitat aus dem Gedicht »Compassion« des amerikanischen Dichters Miller Williams, erwähnt Taylor Emily Dickinson. Emily, eine der berühmtesten amerikanischen Dichterinnen der Gegenwart, lebte zurückgezogen, schrieb aber in aller Stille atemberaubende, leidenschaftliche Gedichte, die für ihr hymnisches Metrum, einen in der Volksmusik verwurzelten Rhythmus, und viele Gedankenstriche bekannt sind:

This is the Hour of Lead –
Remembered, if outlived,
As Freezing persons, recollect the Snow –
First – Chill – then Stupor – then the letting go –[25]

Die Geschichte von »ivy«, mit der Sehnsucht nach einem geheimen Liebhaber, brachte Fans auf die Idee, sie mit Emilys Lebensgeschichte zu verbinden. Über Jahrzehnte hinweg schrieb sie Liebesgedichte an ihre Schwägerin Susan Gilbert, darunter »One Sister have I in our house –« (1858) das mit den Worten endet: »I chose this single star / From out the wide night's numbers – / Sue – forevermore!« Taylor hat das Wort »forevermore« schon früher verwendet, in dem ausgesprochen unhexenhaften, überhaupt nicht dickinsonhaften »Welcome To New York« (*1989*) und in »New Year's Day« (*reputation*), in dem Glitzer und Polaroids vorkommen (das Gegenteil von dickinsonhaft). Für diejenigen, denen die Parallelen zwischen den Geschichten von Emily Dickinson und »ivy« gefallen, wurde die Verbindung zementiert, als das Lied als Soundtrack für eine Liebesszene zwischen einer fiktiven Emily und Susan in dem Drama *Dickinson* im Jahr 2021 verwendet wurde.

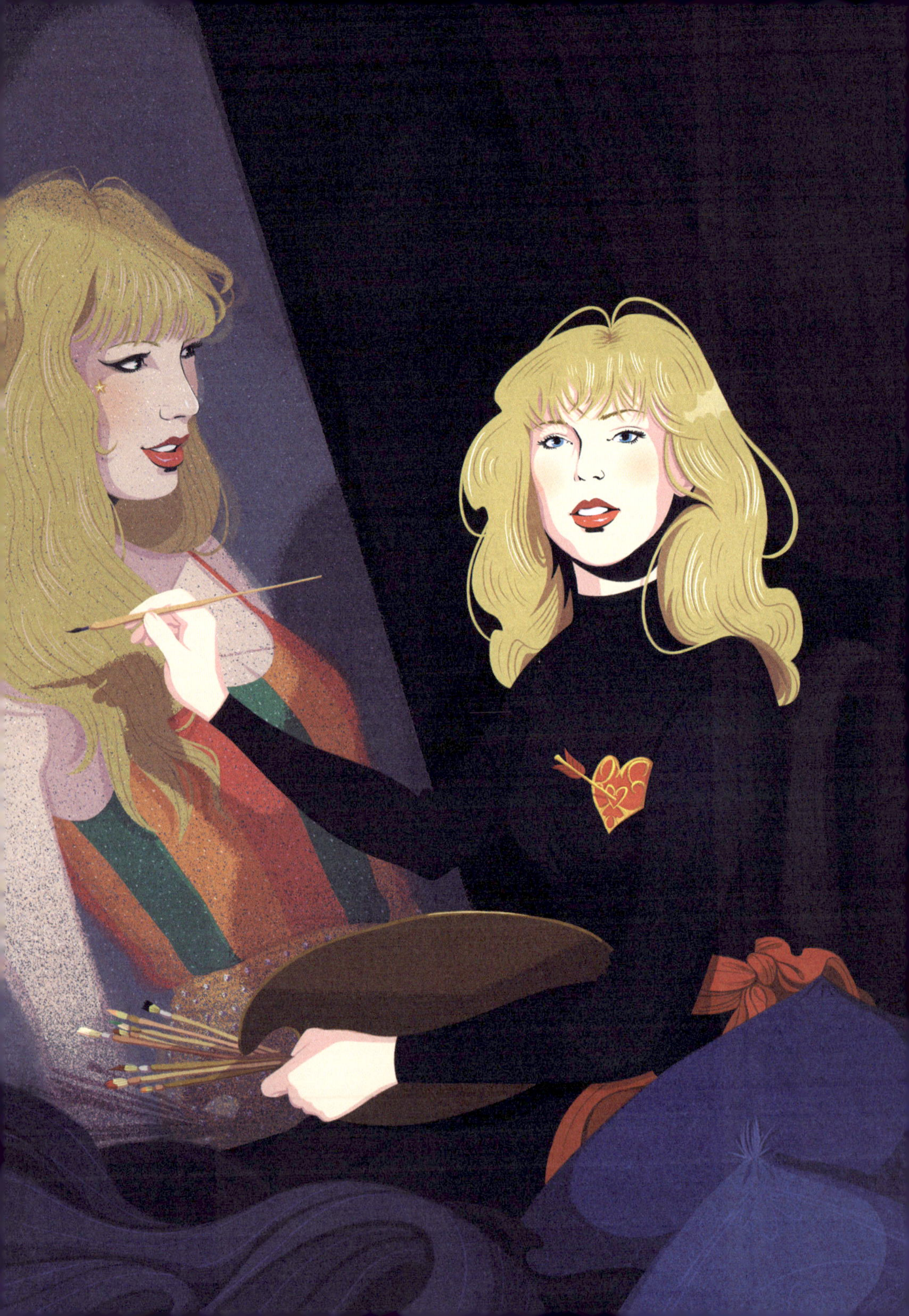

10

The Stars Align

MIDNIGHTS

Die Lektionen, die Taylor beim Schreiben von *folklore* and *evermore* gelernt hat, als Mensch, als Berühmtheit und als Songwriterin, kamen alle auf *Midnights* zusammen. Ihr zutiefst persönliches Songwriting war ihr Markenzeichen und hatte ihr unglaublichen Erfolg gebracht – aber es war in gewisser Weise auch entblößend. Auf dieser Erfolgsebene liebte man nicht nur ihre Musik, sondern hatte auch ein pikantes Interesse an allem, was sie betraf – von den Restaurants, die sie besuchte, bis hin zur Frage, wem sie ihre wertvolle Zeit schenkte. Ihre Berühmtheit, zu Beginn noch eine lustige und verspielte Art, ihre Musik zu promoten und mit Fans in Kontakt zu treten, wurde zu einem unkontrollierbaren Monster. Die haargenaue Beobachtung all ihrer Äußerungen und Handlungen wurde anstrengend: »Ich kam als Songwriterin, die tagebuchartige Songs schrieb, an einen Punkt, an dem ich das Gefühl hatte, nicht mehr weitermachen zu können [...]. An schlechten Tagen kam es mir vor, als würde ich eine Clickbait-Kanone laden.«[1] Taylor wird das Celebrity-Spiel bis zum Ende ihrer Karriere mitmachen müssen und sich im Klaren darüber sein, dass jeder, mit dem sie in der Öffentlichkeit gesehen wird, in die Artikel aufgenommen wird, in denen alle ihre Männer aufgelistet sind. Doch anstelle sich zurückzuziehen, hat sich Taylor entspannt und wieder gelernt, das Rampenlicht zu genießen. Als sie 2023 zur Person des Jahres gekürt wird, sagt sie im Interview mit dem *Time Magazine:* »Es stimmt, wenn ich essen gehe, bricht vor dem Restaurant regelrechtes Chaos aus. Aber ich will trotzdem mit meinen Freunden essen gehen. Das Leben ist kurz. Sei abenteuerlustig. Wenn ich mich jahrelang zu Hause einschließe, gibt mir niemand diese Zeit zurück. Ich bin jetzt vertrauensseliger als vor sechs Jahren.«[2]

Niemand kann Taylor vorwerfen, dass sie bei der Menge an lockerem, vergnüglichem Chaos auf *Midnights* berechnend vorgegangen ist. Taylor nannte das Album, das sie mit ihrem Kumpel Jack Antonoff aufgenommen hat, »eine wilde Fahrt«. Sie hat die Arbeit mit Jack so beschrieben: »Wir arbeiten absolut impulsiv, wir arbeiten intuitiv, wir arbeiten von Begeisterung angetrieben, und von Hafermilch-Latte.«[3] Die Tracklist des neuen Albums wurde in einer Videoreihe angekündigt, die Taylor »Midnights Mayhem With Me« nannte. Darin tat sie so, als ginge sie an ein altmodisches Telefon und zog Bingokugeln aus einem Käfig, auf denen jeweils ein Songtitel stand. In manchen Videos hielt sie den Hörer falsch herum – was hatte das zu bedeuten? Manchmal hielt sie den Hörer in der linken Hand, manchmal in der rechten – warum?[4] Nach dem *Midnights*-Release wurde um 3 Uhr morgens ein Sammelsurium von zusätzlichen Songs veröffentlicht, laut Taylor eine »besondere, sehr chaotische Überraschung«.[5]

Der unerwartete Erfolg von *folklore* und *evermore*, die es schafften, verletzlich zu sein, ohne zu viel preiszugeben, zeigte

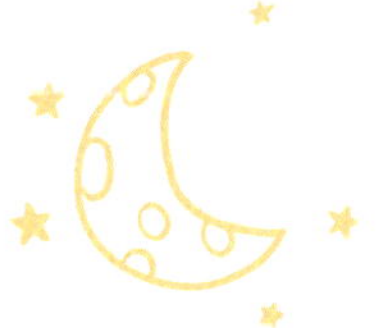

Auf *Midnights* probierte Taylor eine neue Songwriting-Technik aus – weniger Tagebucheintrag und mehr kreatives Schreiben.

Taylor einen Weg auf, Songs zu schreiben, die persönlich sind, ohne den Medien einen Wink mit dem Zaunpfahl auf ihr Leben zu geben (natürlich wissen die Fans, wie man die Puzzleteile verbindet). Auf *Midnights* probierte Taylor eine neue Songwriting-Technik aus – weniger Tagebuch und mehr kreatives Schreiben. »Es ist ein Konzeptalbum und die zentrale Frage ist: ›Was raubt dir den Schlaf?‹ Vielleicht kannst du nicht schlafen, weil du aufgedreht bist, weil du jemanden kennengelernt hast und dich gerade verliebst, oder weil du Rachepläne schmiedest [...] ich habe das als Vorgabe zum kreativen Schreiben genommen, und so ist das Album entstanden.«[6] Taylor hat die Aufgabe des Konzeptalbums wie eine Einser-Schülerin gelöst, indem sie in vier von 13 Tracks des Hauptalbums Mitternacht erwähnt und über das spricht, was uns alle wach hält: Erinnerungen an die Vergangenheit, die

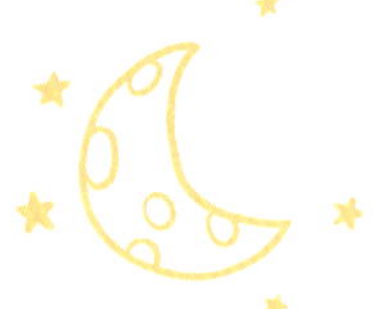

In jedem Track von *Midnights* untersucht Taylor die Gründe für ihre Schlaflosigkeit: Rache, Selbstkritik, Was-wäre-wenn-Fragen zu vergangenen Beziehungen und das Schmieden cleverer und verschlagener Pläne, um ihre Fans auf Trab zu halten.

Sorge, was die Leute über einen denken, Pläne schmieden. Die Lieder klingen außerdem so, als gehörten sie zusammen, was nicht überrascht: Alle sind von Jack Antonoff produziert, mit zusätzlicher Hilfe von Jahaan Sweet, Sounwave (der mit Taylor auch bei »London Boy« für *Lover* zusammengearbeitet hat) und auf einigen wenigen Tracks Aaron Dessner.[7] Jack ist für Taylor eine wichtige Figur, da er ihr nicht nur Freundschaft und ein angenehmes Arbeitsumfeld bot, sondern auch einen Sound schuf, der ihr Songwriting in den Vordergrund stellte, angefangen mit »Out Of The Woods«. Er produzierte einen Großteil von Taylors Album *Lover* aus dem Jahr 2019 mithilfe von Joel Little, dem stillen Mann, der in *Miss Americana* zu sehen ist, wie er im Studio sitzt, sich Taylors Songs anhört und im Takt mitnickt.

In jedem Track von *Midnights* untersucht Taylor die Gründe für ihre Schlaflosigkeit: Rache, Selbstkritik, Was-wäre-wenn-Fragen zu vergangenen Beziehungen und das Schmieden cleverer und verschlagener Pläne, um ihre Fans auf Trab zu halten. Das Erste, was die Fans taten, war, jeden Track durchzugehen und die Verbindung zu vergangenen Zeiten in Taylors Leben und Musik zu suchen, um zu sehen, welche Ära welche schlaflose Nacht inspirierte. Taylor war schon oft zur Geisterstunde wach, so zum Beispiel in »Our Song« auf *Taylor Swift*, wo sie spät in der Nacht mit ihrem Freund telefoniert. Auf ihren ersten neun Alben wurde die Mitternacht jedoch insgesamt nur 13-mal ausdrücklich erwähnt. Und diese 13 Songs ergeben eine extrem spaßige und repräsentative Taylor-Playlist:

- »You Belong With Me« (*Fearless*) – In der Bridge fährt der Junge mitten in der Nacht zu Taylor, woraufhin sie jede falsche Zurückhaltung fallen lässt und offen sagt, dass er mit ihr zusammen sein sollte und nicht mit diesem brünetten Mädchen.

- »Untouchable« (*Fearless*) – Ein einzigartiges Stück in Taylors Diskografie, denn es ist eine Cover-Version. Obwohl der Song ursprünglich von der Band Luna Halo geschrieben und interpretiert wurde, hat Taylor die Melodie und den Text so stark verändert, dass sie als Co-Autorin genannt wird. In »Untouchable« ist mitten in der Nacht der Zeitpunkt, um von Liebe zu träumen.
- »22« (*Red*) – Taylors erstes Partylied, bei dem sie mitten in der Nacht frühstückt. Sie ist *wild.*
- »All Too Well« (*Red*) – Mitten in der Nacht ist hier der Zeitpunkt, um in der Küche zu tanzen.
- »Nothing New (feat. Phoebe Bridgers) (Taylor's Version) (From The Vault)« (*Red (Taylor's Version)*) – Das Duett mit der Singer-Songwriterin Phoebe Bridgers beschreibt die Angst, die sie nachts aufwachen lässt: als das nächste große Ding in der Musik abgelöst zu werden.
- »Better Man« (*Red (Taylor's Version)*) – Erinnerungen an eine verflossene Liebe kommen mitten in der Nacht zurück. Das einfach umwerfende »Better Man« wurde eigentlich für *Red* geschrieben, landete dann aber bei der Country-Band Little Big Town. Taylor sagt: »Ich wollte entweder ›All Too Well‹ oder ›Better Man‹ [auf *Red*], und dann habe ich ›Better Man‹ rausgenommen. Jahre später haben Little Big Town diesen Song aufgenommen, und er ging auf Platz eins und gewann den CMA Song des Jahres.«[8, 9]
- »Style« (*1989*) – Sexy Mitternacht.

- »You Are In Love« (*1989*) – In diesem Song wird nachts weitergefrühstückt, diesmal ist es Kaffee. Der Traummann wacht mitten in der Nacht auf, um Taylor zu sagen, dass sie seine beste Freundin ist. Die zurückhaltenden Details im Text, von Mantelknöpfen über ein Foto von Taylor auf dem Schreibtisch ihres Liebsten bis hin zu der Schneekugel, die ihre perfekte Bubble darstellt, stellen eine Verbindung zu Songs auf *Midnights* wie »Sweet Nothing« und »Lavender Haze« her.
- »...Ready For It?« (*reputation*) – Sexy Mitternacht Runde zwei. Der Opener von *reputation*, mit dem kunstvollsten Räuspern aller Zeiten. Hier werden Spielchen gespielt, wie in »Mastermind«.
- »New Year's Day« (*reputation*) – Im letzten Stück von *reputation* wird die Mitternacht zum Symbol für Bindung, denn Taylor will, dass all seine Nächte ihr gehören.
- »Daylight« (*Lover*) – Taylor beschließt, nicht länger von den Gedanken beherrscht zu werden, die sie mitten in der Nacht heimsuchen. Doch diese Gedanken bleiben – und sie widmet ihnen ein wunderbares Album.
- »the last great american dynasty« (*folklore*) – Eine brillante Sichtweise der nächtlichen Stunden als Zeit, die nichts für Frauen ist. Die versnobten Nachbarn von Rebekah Harkness in Rhode Island lästern über sie, weil sie mitten in der Nacht draußen steht und aufs Meer blickt.
- »happiness« (*evermore*) – Erinnerungen an eine langjährige Beziehung, die nun zu Ende ist, und an ein Kleid, das Taylor einst um Mitternacht trug. In Taylors früherer Diskografie tauchen Kleider häufig auf, es ist allerdings das

erste, das ausdrücklich um Mitternacht getragen wird. Vom Partykleid, das Taylors demütigenden 21. Geburtstag in »The Moment I Knew« (*Red (Taylor's Version)*) repräsentiert, bis zum Kleid, das nur gekauft wurde, um es in »Dress« (*reputation*) wieder auszuziehen, sind Kleider ein wichtiges Symbol in Taylors Werk.

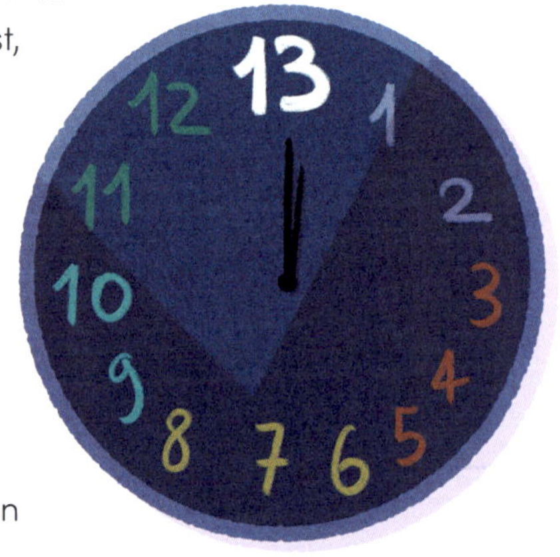

Wenn wir aufzählen wollten, wie oft Taylor mitten in der Nacht wach war, würde das den ganzen Tag dauern. Sie schläft nicht – wahrscheinlich produziert sie deshalb so viel Musik. Die »3 a.m. Edition« von *Midnights*, die sieben weitere Tracks enthält, wurde nur drei Stunden nach dem Hauptalbum veröffentlicht und wirft die Frage auf, warum bestimmte Songs auf dem Hauptalbum gelandet sind und andere auf der Deluxe Edition – außer dass Taylor ein Album mit genau 13 Songs veröffentlichen wollte. Wir wissen, dass viele Lieder im »Vault« landen, die Auswahl einer Tracklist ist also kompliziert. Bei der Zusammenstellung der Tracklist für *Red* sagte Taylor: »Ich wollte, dass jede Emotion auf der Platte einen Platz bekommt ... egal, was du gerade durchmachst, wenn du einen passenden Song brauchst, kannst du ihn irgendwo auf dem Album finden«.[10] Die Strategie mag von Platte zu Platte unterschiedlich sein, aber die Variation von fröhlichen und ruhigen Songs auf jedem Album zeigt klar, dass Taylor Wert auf eine Songauswahl für verschiedene Stimmungen und sogar für verschiedene Arten von Fans legt. Die Begrenzung des Albums auf 13 Tracks im Zeitalter des Streamings könnte seine Gründe in einer sentimentalen Bindung an das klassische Albumformat haben, oder mit der Vinyl-Edition zusammenhängen, auf der nur eine begrenzte Anzahl an Minuten Musik Platz hat – Vinylplatten erleben seit einiger Zeit einen neuen Hype, und Fans sammeln sie zusätzlich zu CDs. Dank neuer Technik können wir so tun, als wären wir Taylor bei der Songauswahl. Während der *folklore*-Ära war es üblich, dass die Fans ihre eigenen Playlists zusammenstellten, in denen sie Songs aus den Schwesteralben zu einer Platte kombinierten, die perfekt zu ihrem eigenen Geschmack passten. Die Länge von *Midnights* erlaubte das gleiche Spiel, das heißt, die Fans konnten zum Beispiel »Snow On The Beach (feat. Lana Del Rey)« mit, sagen wir »Would've, Could've, Should've« ersetzen.

So schillernd und sonnig Taylors Gemüt ist, in ihren Songs scheint sie auf der dunklen Seite zu leben. Spätnachts ist in der Popmusik üblicherweise Partyzeit. Taylor hingegen verbringt die nächtlichen Stunden damit, auf und ab zu gehen oder aus dem Fenster zu starren. Geliebte Dinge leuchten im Dunkeln, wie das Gesicht ihres Lovers in »Last Kiss« oder die Liebe selbst in »This Love« und »ivy«. Romantik hat im Schutz der Dunkelheit besonders gute Chancen: Neben dem Herumschleichen nach Einbruch der Dunkelheit in der Anfangsphase einer Beziehung, wie in »Cruel Summer«, bietet die Dunkelheit Privatsphäre und Intimität. In »You Are In Love« erhascht ihr neuer Freund in einem dunklen Zimmer einen Blick auf sie. Es ist befriedigend zu sehen, wie Details über Taylors ideale Liebe auch in Songs auftauchen, die aus dem Leben gegriffen sind. Wenn also jemand in dem beschwingten »Gorgeous« in einem dunklen Raum ihre Hand berührt, freuen wir uns unbändig für sie. Aber Taylors Dunkelheit ist auch aufregender und transgressiver, wie Rebekah Harkness, die in »the last great american dynasty« um die Klippen streift, oder die Protagonistin von »cowboy like me«, die im Dunkeln auf ihre nächste Eroberung wartet. Was die Musik betrifft, so ist *Midnights* düster bis auf die Knochen. Taylor hatte bis dato immer darauf geachtet, dass ihre Akkordfolgen nicht zu seltsam sind und keine Dissonanzen entstehen (wenn Töne nicht harmonieren). Als Imogen Heap beim gemeinsamen Schreiben von »Clean« »eine etwas ›seltsame‹ Akkordfolge« vorschlug, »sagte [Taylor] ganz klar: ›Ich glaube, hier verlieren wir sie‹«.[11] Aber beim Komponieren von »Vigilante Shit« verwendete Taylor das musikalische Intervall, das als Tritonus oder »Teufelsintervall« bekannt ist und der Musik einen beunruhigenden Klang verleiht.[12] Sie hatte nicht mehr zu diesem musikalischen Trick gegriffen, seit sie in »Look What You Made Me Do« (*reputation*) auf die ganze Welt wütend war. In »Vigilante Shit« muss es also um jemanden gehen, den sie wirklich, wirklich nicht mag.

Da ist auch noch eine andere Art der Dunkelheit, die Taylors Helligkeit ausgleicht: psychische Probleme. Was in den grauen Tagen von *evermore* angedeutet wird, sagt sie in »Anti-Hero« ganz offen: Sie leidet an Depressionen, wie so viele von uns. Der Erfolg in den Charts ist nicht das Wichtigste in der Musik, aber »Anti-Hero« ist ein Volltreffer: Es ist radiotauglich, es macht Spaß, mitzusingen, es ist aber auch verdammt schräg. Versuche mal, deinen Eltern ein Lied zu erklären, in dem die Worte »sexy« und »Baby« aneinandergereiht werden. Taylor hat ein echtes Händchen dafür, Songs zu schreiben, die wie der »Pop-Piep« klingen, den ihre Hater so gern kritisieren, dabei in Wirklichkeit aber unglaublich intelligent sind: Man denke nur an »Blank Space« oder »Shake It Off«, die unter all den eingängigen Hooks auch Mediensatiren sind.

Obwohl Taylor so amerikanisch ist wie Apple Pie, ist sie auf der ganzen Welt beliebt, weil ihre Musik Menschen aus allen möglichen Musikkulturen anspricht. Manchmal kommt sowohl das Marketing als auch die Musik anders an, je nachdem, ob man von den USA, Europa oder Asien aus zuhört. Ein kurzes Quiz für die Briten: Welche von Taylors Songs landeten in Großbritannien auf der Nummer eins? Ähm, nein. Nein, der auch nicht. Die Antwort lautet: »Look What You Made Me Do«, »Anti-Hero« und »Is It Over Now?«.[13, 14] Es bedurfte der Comeback-Erzählung rund um *reputation*, bevor Taylor einen Nummer-eins-Hit in Großbritannien landen konnte. Taylor hat sich auch eine Fangemeinde in nicht englischsprachigen Ländern aufgebaut, in denen sie mit einer starken lokalen Popkultur konkurriert, wie zum Beispiel in Japan und China (chinesische Fans nennen Taylor »Meimei«, was Pechvogel bedeutet, weil sie es nicht geschafft hat, an Adele und anderen Künstlern in den englischsprachigen Charts vorbeizukommen; chinesische Swifties sind Meimeis).[15] Taylor ist die einzige Amerikanerin in der IFPI-Chart der zehn meistverkauften Künstlerinnen und Künstler weltweit (obwohl es zwei Kanadier gibt, Drake und The Weeknd).[16] Für ihre enorme Anziehungskraft auf junge Frauen wurde sie sowohl gefeiert als auch verspottet, aber diese Art von Welterfolg kommt nur dadurch zustande, dass sie Musik macht, die Menschen mit den unterschiedlichsten Identitäten und Hintergründen gefallen kann. Hierin liegt ihr wahres Genie: Der Song, den du über deine Kopfhörer hörst und der dir so nahegeht, kann auch einen Hörer am anderen Ende der Welt berühren, der noch nie in seinem Leben in New York war und keine Ahnung hat, was eine Fliegengittertür ist.

Taylor war ganz klar schon vorher unheimlich berühmt, aber *Midnights* war noch mal ein Gamechanger. Im Januar 2022 erzielte Taylor im Durchschnitt rund 30 Millionen Streams pro Tag auf Spotify. Sie hatte endlich die Streaming-Schwergewichte Drake und Bad Bunny überholt, obwohl sie das ganze Jahr über Katz und Maus damit spielte, wer an einem bestimmten Tag oder in einem bestimmten Monat beliebter war. Im Jahr 2023 war sie die meistgehörte Künstlerin auf Spotify. Im Januar 2024 erzielte Taylor im Durchschnitt rund 80 Millionen Streams pro Tag auf Spotify. Innerhalb von zwei Jahren konnte sie ihre Hörerzahlen um 50 Millionen pro Tag steigern, und zwar auf einer einzigen Plattform. Und sie war erst zur Hälfte mit ihrer aufsehenerregenden *Eras*-Tour durch. Zu ihrem Erfolg auf Streaming Plattformen verkauft Taylor auch Hunderttausende Platten. Swifties sammeln liebend gern Vinyl.

Wenn man im Jahr 2024 nach Taylor-Themen googelt, etwa »dieses eine Taylor Swift-Fotoshooting«,[17] schlägt die Suchmaschine die Frage »Warum ist Taylor Swift plötzlich so beliebt?« vor. Ja, warum? Der traditionellere Flügel der Medien erkannte schließlich, dass Taylor mehr als nur ein Popstar war: Artikel über ihre Errungenschaften erschienen überall, von *The Atlantic* bis zur *Financial Times*. Sie nutzte ihr Talent als »Mirrorball« und ihre Prominenz, um die Musik in allen möglichen Bereichen zu fördern. Auch Taylors Mode wurde mit *Midnights* deutlich glamouröser. Zu einer Party der Plattenfirma trug sie ein tiefblaues, strassbesetztes Bustierkleid mit einer riesigen weißen Kunstpelzjacke und glitzernden Plateausandalen. Dies war eine entschiedene Absage an die Flanellhemden von *evermore*. Aber *Midnights* ist keine Aneinanderreihung von hellen, kristallklaren Diamanten, es ist kein zweites *1989*. Es ist eher wie die Mondsteine, die sie in »Bejeweled« erwähnt: strahlend, aber undurchsichtig. Obwohl »Anti-Hero« und »Karma« eingängig sind, schwebt hier kein lauter Gesang über einem laserhaften Beat, wie es bei einem maximalistischen Popalbum von vor zehn Jahren üblich gewesen wäre. Dieses Album ist eine vielschichtige Soundlandschaft, wo die auffälligen Momente eher von Taylors Texten herrühren als von einem absichtlich nervigen Pen-Click oder einem dramatischen Drop. Kritiker bemängelten, dass das Album klanglich keine neuen Wege beschreite – eine merkwürdige Haltung, wenn man bedenkt, dass sich Taylors Musik schon immer vom aktuellen Pop-Sound abgesetzt hat, um ihr Songwriting in den Vordergrund zu stellen. Der Sound, den Taylor 2022 wählte, war eher lo-fi – *Midnights* ist wahrscheinlich das erste Taylor-Album, das man sich beim Lernen anhören kann.

Dieser Schleier legt sich auch auf Taylors Darstellung von der Liebe und dem Leben. Es gab eine Zeit, in der sie jemanden, den sie liebte, bis ins kleinste Detail beschrieb, von der Farbe seiner Augen bis zu seinen »Öko-Schuhen«. Obwohl Musen natürlich verschiedene Arten von Kunst inspirieren (Taylor sagte dazu: »Ich habe noch nie zwei Menschen auf die gleiche Weise vermisst – es ist immer anders«[18]), hat man in *Midnights* das Gefühl, dass die Liebe ein Teil von Taylors Universum wird, anstatt die Sonne zu sein, um die sie kreist. Es war eine natürliche Entwicklung für eine Frau in ihren Dreißigern, die in einer festen Beziehung lebte. Taylor schrieb viele Songs über den »Angel Boyfriend«, den sie in ihren dunkelsten Zeiten kennenlernte,[19] vom zutiefst romantischen »Cornelia Street« bis hin zu den (für Taylor jedenfalls) fast nicht jugendfreien Songs »Dress« und »False God«. Seine Augenfarbe wird in »Gorgeous« (*reputation*) dokumentiert, und wir erfahren von seiner Liebe zum Rugby in »London Boy« (*Lover*), einem Song, der eine britische Fandiskussion darüber auslöste, wo Taylor eine gewisse Nacht in Brixton, Südlondon, verbracht haben könnte. Doch über fünf Alben hinweg wird Taylors Partner immer abstrakter: Er ist »schillernd« und »magnetisch« in »Lover«, ein schimmernder »Komet« in »Long Story Short« und schließlich ein süßes Nichts in »Sweet Nothing«. Diese geheimnisvolle Lichtshow setzt sich in den kosmischen Bildern von *Midnights* fort: Nachdem Taylor so lange in der Realität verankert war, scheint das Schreiben von *evermore* ihre mystische Seite entfesselt zu haben. Wer weiß, welche Farbe die Augen ihres Lovers in »Snow On The Beach« haben, sie sehen jedenfalls aus wie fliegende Untertassen. Die Koordinaten von Taylors Sternzeichen (Schütze, dafür bekannt, nur schwer loslassen zu können) tauchen in den Videos zu »Lavender Haze« und »Karma« auf. In »Mastermind« spricht sie von günstig stehenden Sternen und Planeten und Schicksal. Apropos Taylor als Mastermind: Die erste Zeile von »Forever & Always« und »I Knew You Were Trouble« taucht hier zum dritten Mal auf und erinnert uns daran, dass alles, was Taylor schreibt, ihre eigene Geschichte ist, die mit »Es war einmal« beginnt.

Während der Arbeit an *evermore* bemerkte Aaron Dessner, dass Taylor »eine Menge Songs schreibt und dann ganz am Ende noch einen oder zwei, und das sind dann oft die wichtigen.«[20] Auch wenn *Midnights* ein Konzeptalbum mit 13 Songs werden sollte, warf Taylor mit der 3-a.m.-Version noch mal Farbe an die Wand. Es ist beinahe ein eigenständiges Album. Wir bekommen hier ihren bisher kürzesten Song, »Glitch«, in dem unsere wunderbare, anstrengende Taylor in einer Beziehungssituation endlich lässig klingt. »The Great War« fügt dem Blumenarsenal aus Taylors bisherigen Songs Veilchen, Klatschmohn und Prunkwinde hinzu. Ein Lied sticht besonders heraus: Das schmerzvolle »Would've, Could've, Should've«. Wie in »You're On Your Own, Kid«, das eine vergangene Beziehung mit dem wütenden Blick einer erwachsenen Frau Revue passieren lässt, geht es darum, wie sich ein Teenager zu einer Beziehung mit einem älteren Mann hingezogen fühlen kann, obwohl sie ihr schadet. Die Erinnerungen, die Taylor in *Midnights*, bei der Neuaufnahme ihrer Alben und bei den Vorbereitungen für die *Eras*-Tour wieder aufleben lässt, haben eine »Gruft« voller Geister freigelegt, die sie auf »Would've, Could've, Should've« heimsuchen. Mit frenetischem Beat und gequältem Gesang porträtiert es Bedauern und Schmerz – wieder ein Lied, das sich mit dem negativen Raum um ein Gefühl herum beschäftigt: Taylor fragt sich, wer sie heute wäre, wenn er sie damals nicht angesehen hätte, wenn sie weiter ihren Weg gegangen wäre. Ihr Leben wäre gleichzeitig weniger schlimm und weniger schön gewesen: Wie sie bereits in »happiness« schreibt, kann sie Menschen, die sie verletzt haben, nicht mehr einfach als die Bösen abschreiben. Der Song berührt die gleiche traurige Realität wie »All Too Well«, nämlich dass Beziehungen einen Teil von einem wegnehmen, genauso wie sie das Leben bereichern können: Taylor vermisst ihr altes Ich. Eine zutiefst swiftsche Identität wurde ihr von dieser Person genommen: In der Bridge will sie ihre Mädchenzeit zurück, denn sie ist die rechtmäßige Besitzerin. Es ist erschütternd zu hören, dass sie die Mädchenzeit, über die sie in ihren ersten drei Alben so zärtlich und hoffnungsvoll schrieb, verloren hat oder dass sie ihr genommen wurde – der Ort, an dem sie sicher war und träumen durfte. Tröstlich nur, wie es Taylor 2022 in ihrer Rede an der New York University formulierte: »Verlust bedeutet nicht gleich Verlust. Wenn wir etwas verlieren, gewinnen wir auch oft etwas dabei.«[21] Taylors traurigste Lieder sind oft die, die andere am aussagekräftigsten und tröstendsten finden, und sie gehören zu ihren besten Stücken.

»Would've, Could've, Should've« erschließt eine neue Ebene in Taylors Songwriting. Gleichzeitig zeigt das ausgelassene »Hits Different«, in dem es darum geht, seine Sorgen in Alkohol zu ertränken, dass sie immer noch jede Menge luftige Popsongs draufhat. Taylor ist in ihrer Karriere so weit, dass sie weder einer Chartplatzierung hinterherrennen, noch dem Schmerz erliegen wird, der eben unvermeidlich ist, wenn man das Leben voll auslebt. Es wird immer »sunshine« und »midnight rain« geben. Taylors vielseitiges Talent macht es unmöglich zu erraten, wo die Reise als Nächstes hinführt, egal wie genau wir ihre Texte betrachten oder jedes ihrer Easter Eggs verfolgen. Zum Glück können wir uns in dieser Hinsicht entspannen. Nur Taylor weiß, wie günstig Sterne und Planeten und Schicksale im Taylorversum stehen. Wir müssen ihr nur dahin folgen.

Taylors vielseitiges Talent macht es unmöglich zu erraten, wo die Reise als Nächstes hinführt, egal wie genau wir ihre Texte betrachten oder jedes ihrer Easter Eggs verfolgen.

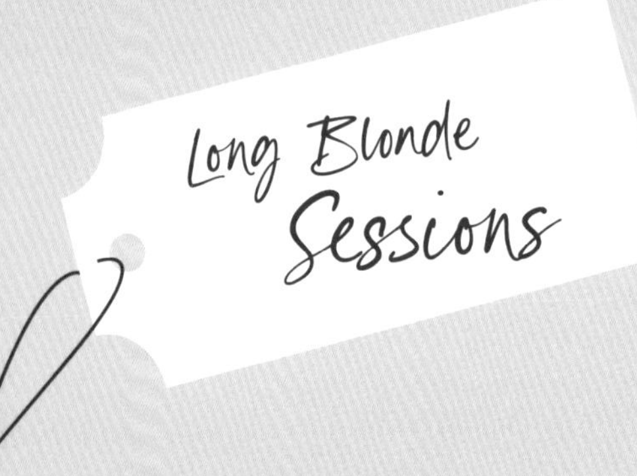

Taylor wird so sehr mit ihrem blonden Haar assoziiert, dass ihre Fans sie oft einfach »Blondie« nennen.

2006

Taylor nutzt ihre Country-Musik-Locken als Bühnenaccessoire, indem sie dramatische Hair-Flips vollführt. Ihre Haare sehen mittlerweile nicht mehr aus wie eine Wolke aus Ringellocken. Beim Erstellen ihrer Liste mit 30 Dingen, die sie gelernt hat, bis sie 30 war, sagt Taylor: »Seit meiner Geburt hatte ich lockige Haare, und jetzt sind sie GLATT. In der Junior High hatte ich mir jeden Tag glatte Haare gewünscht. Und gerade als ich anfing, meine Locken zu mögen, haben sie mich verlassen.«[22]

2009

Taylors Blondsein wurde nur kurz unterbrochen, als sie bei ihrem Auftritt in einer Folge von *CSI: Crime Scene Investigation* und in ihrer Rolle als Konkurrentin im Video zu »You Belong With Me« eine rabenschwarze Perücke trug. In dieser Zeit trägt sie auch gern Haarschmuck, zum Beispiel Haarbänder oder Schmetterlingsklammern.

2010

Große Neuigkeiten: Für den Besuch der American Music Awards lässt sich Taylor ihr Haar glätten und einen Pony schneien.

2012

Taylor perfektioniert ihr Blond: Nicht zu blass, nicht zu golden – einfach ein perfektes dunkles Aschblond. In der *Red*-Ära trägt sie einen Pony, oft umrahmt von lockeren Wellen.

ENDE 2012

Taylor trägt für kurze Zeit einen eher emo-inspirierten Look für das Video zu: »I Knew You Were Trouble«: Zerzauste Haare mit pinkfarbenen Spitzen.

2014

Hollywoods Glamour wird zu einer wichtigen Inspiration für Taylors Red-Carpet-Frisuren, zum Beispiel die üppigen Wellen, die sie bei der Met Gala 2014 trägt.

2015

Taylor trägt als ihr rachsüchtiges Alter Ego im Video zu »Bad Blood« eine rote Perücke.

ENDE 2015

Taylors Frisuren werden immer kürzer. Bei den Billboard Music Awards erscheint sie mit einer gewellten Frisur, die ihr nicht ganz bis zu den Schultern reicht.

2016

Für den Besuch der Grammys im Februar lässt sich Taylor einen messerscharfen Bob schneiden. Im April geht sie auf das Coachella-Festival mit gebleichten Haaren. Sie untertitelt ein Instagram-Foto mit »Bleachella«, was zum offiziellen Namen für diesen Look wird. Ihr neuer Look ist auf dem Titelblatt der *Vogue* zu sehen und wird auf der Met Gala mit einem silbrigen Cut-Out-Kleid aus Leder und dunklem Lippenstift präsentiert. Dieser Bleach-Look wird in »Dress« (*reputation*) als Taylors aktuelle Frisur erwähnt, als sie ihren neuen Crush trifft, der einen Kurzhaarschnitt trägt.

2017

Taylor erscheint auf dem Cover von *reputation* im Wet-Hair-Look. Ihr Blond ist hier wärmer und dunkler.

2019

Für die Veröffentlichung von *Lover* lässt Taylor ihre Spitzen rosa färben und ihren Blondton aufhellen. Zu Veranstaltungen trägt sie verschiedene romantische Frisuren, darunter eine geflochtene Hochsteckfrisur.

2020

Die Fans bekommen Taylors natürliche Haarstruktur zu sehen, eine leicht gekräuselte Welle, als sie aufgrund der Covid-19-Pandemie gezwungen ist, ihr Haar selbst zu stylen. Ihre *folklore*-Dutts, die sie im Video zu »Cardigan« trägt, werden sofort zu Klassikern.

ENDE 2020

Das Cover von *evermore* zeigt Taylor von hinten mit einem langen Zopf.

2021

In Video zu »All Too Well (10 Minute Version) (Taylor's Version) (»From The Vault«)«, in dem sie Regie führt, trägt Taylor eine rote Perücke, die zu den naturroten Haaren der Schauspielerin Sadie Sink passt, die sie im Video spielt.

ENDE 2021

Taylor hat lange Haare und kämmt ihren Pony zur Seite. Im Alltag setzt sie auf natürliche Wellen, bei Veranstaltungen trägt sie ihr Haar im Hollywood-Stil zur Seite gestylt.

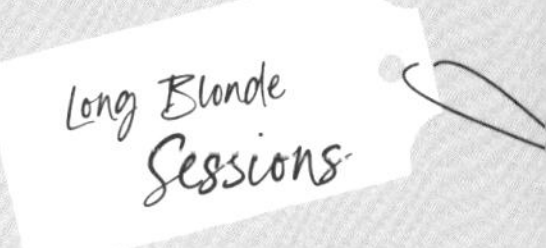

Shout-out song

»YOU'RE ON YOUR OWN, KID«

Taylor beschrieb *Midnights* als Collage, und insbesondere ein Song ist eine drei Minuten und 14 Sekunden lange Collage aus Ausschnitten von Taylors Leben.[23] »You're On Your Own, Kid« bietet eine alternative Sichtweise auf alles, was Taylor in ihrer Musik und in der Öffentlichkeit durchlaufen hat. Ihre unschuldigen, ersten Schwärmereien auf *Taylor Swift*, sind jetzt Jungs, die lieber rauchen als sich auf der Party sehen zu lassen, sodass sie ziellos herumhängt und andere Leute beobachtet, die ihrer Meinung einen besseren Körper haben als sie. An dieser Stelle ist sie immer noch das brave Mädchen aus »Sad Beautiful Tragic«, das zu warten verspricht. Es ist der Beginn einer schmerzhaften Reihe von Momenten des Erwachsenwerdens und von Erkenntnissen, die mit einem Cliffhanger enden.

Taylor wird in dem Song erwachsen, jetzt steht sie nicht mehr wartend auf Highschool-Partys herum, sondern veranstaltet sie. Ihr Probleme werden jedoch nicht unkomplizierter: einen perfekten Körper zu haben, wird für ihre Karriere maßgeblich, was in der krudesten Zeile endet, die sie bis dato geschrieben hat und in der es darum geht, zu hungern. Unter dem Blick der Öffentlichkeit verspürte Taylor den Druck, ihr Gewicht gering zu halten. »Mit 18 war ich zum ersten Mal auf dem Titelblatt einer Zeitschrift. Und die Überschrift lautete: ›Schwanger mit 18?‹« In *Miss Americana* spricht Taylor darüber, was das in ihr auslöste und wie sie »einfach aufhörte zu essen«. Im Songtext zu »You're On Your Own,

Kid« ist sie der Meinung, der Kuss ihrer wahren Liebe könnte sie retten. Was Zuckerbrot und Peitsche der Weiblichkeit sind, fasste sie in zwei Zeilen zusammen: Wenn du dünn genug bist, wirst du Liebe finden, und wenn du Liebe findest, bist du gerettet. Vielleicht glaubte Taylor das damals noch, als sie Romeo in »Love Story« bat, sie zu retten, aber neuerdings ist sie ihre eigene Heldin oder vielleicht eher Anti-Heldin. Neben der Person, die sie einmal war, gibt es auch einen Wink an die Songwriterin, die sie einmal war, eingebettet in die Melodie: ein perfekter T-Drop.

»You're On Your Own, Kid« schreibt die Liebesgeschichten, die Taylor immer erzählt hat, neu und zeigt, was in diesen Erzählungen bisher nur im Hintergrund stattfand: Ihre Karriere und ihre Suche nach sich selbst. Taylor bekennt sich öffentlich zu ihrer Business-Seite und baut ihre Karriereentscheidungen in die Songs ein, weil sie stolz auf sie ist, auch wenn sie nicht leicht waren. Ein Junge in »You're On Your Own, Kid« hätte sie dazu überreden können, in ihrer Heimatstadt zu bleiben. Hätte es sich für die wahre Liebe vielleicht gelohnt zu bleiben? (Nein.) Taylor hat die Liebe als gut, schlecht, schwierig, echt, rücksichtslos, mutig und wild beschrieben. Sie ist zweifelsohne die Königin der Liebeslieder. Doch auch wenn sie endlos aus ihnen schöpfen kann, heißt das nicht, dass sie von ihnen besessen ist und alles andere außer Acht lässt. Sogar während der Veröffentlichung von *1989* stand Taylor dem Single-Leben positiv gegenüber und akzeptierte die Einsamkeit, die ihre Karriere und ihre Figur von den ersten Tagen als ausgegrenzte Teenagerin bis hin zur Isolation als »Mirrorball« der ganzen Welt geprägt hat. 2014 gab sie im Interview mit dem *Rolling Stone* einen fantastischen Vergleich: »Habt ihr vom Einsamsten aller Wale gehört? Sein Gesang unterscheidet sich von dem aller anderen Wale. Also schwimmt er allein. Und alle bedauern diesen Wal – was aber, wenn sich dieser Wal in Wirklichkeit total wohlfühlt? Dass ich nicht hoffnungslos in jemanden verliebt bin, ist nichts Schlimmes. Es ist keine Tragödie.«[25] Als sie 30 wurde, sagte sie im Interview mit *Elle*, sie wolle nicht länger zulassen, dass äußere Meinungen ihr Leben und ihre Art, Beziehungen zu führen, beeinflussen. »Für eine anerkennungsbedürftige Person wie mich war es eine wichtige Lektion, zu lernen, mein EIGENES Wertesystem zu haben.«[26] »Lavender Haze« macht deutlich, dass Taylor die Liebe auch ohne den Druck, sich wie eine Hausfrau aus den 50ern zu verhalten, genießen kann, recht herzlichen Dank. Es könnte bedeuten, eine Beziehung aufrechtzuerhalten und trotzdem auf eine legendäre Tournee zu gehen, während der sie monatelang von zu Hause weg ist. Das bedeutet, dass sie ihre Partner selbst auswählt und ihre Beziehungen so gestaltet, dass sie für sie funktionieren, nicht für Schlagzeilenschreiber oder gar für Fans. Es gibt auch andere Arten der Liebe, die Taylor schätzt. In *Midnights* wimmelt es nur so von Anspielungen auf Freundschaft, aber »You're On Your Own, Kid« hat einen besonderen Text, der eine noch größere Bedeutung erlangt hat.

In ihrer klugen und großherzigen Rede zur Abschlussfeier der New York University, die sie fünf Monate vor der Veröffentlichung von *Midnights* hielt, sagte Taylor:

> *Ich habe die Erfahrung gemacht, dass ich die besten Dinge in meinem Leben meinen größten Fehlern verdanke. Sich zu schämen, wenn man etwas vermasselt hat, gehört dazu. Doch wieder aufzustehen, sich den Staub abzuklopfen und zu schauen, wer danach noch*

etwas mit dir zu tun haben will und mit wem du darüber lachen kannst? Das ist eine Gabe. Die Momente, in denen ich ein »Nein« kassiert habe oder nicht einbezogen wurde, nicht gewonnen habe, es nicht in die Auswahl geschafft habe ... Wenn ich zurückblicke, habe ich das Gefühl, dass diese Momente genauso wichtig, wenn nicht sogar noch wichtiger waren als die Momente, in denen ich ein »Ja« bekommen habe.[27]

Das ist die Taylor aus der Bridge von »You're On Your Own, Kid«, in der es um Verlust geht, und darum, Brücken abzureißen. Sie hat aus diesen Erfahrungen gelernt und will im Hier und Jetzt leben, nicht mehr in der Vergangenheit. Um den Moment zu spüren und zu schmecken, schlägt sie vor, Freundschaftsarmbänder zu knüpfen, ein Bild voller mädchenhafter Freude und Liebe zur Freundschaft, aber auch voll von der für Taylor typischen Ernsthaftigkeit. Wenn du deinen Freund oder deine Freundin gernhast, macht euch passende Armbänder, um eure Liebe für immer zu festigen! Du kannst ihnen auch Zuckerplätzchen oder ein Geschenk für ihr Neugeborenes schicken, wie es Taylor zu tun pflegt.

Obwohl Fans Taylor schon seit Jahren bei Meet-and-Greets und Secret Sessions Freundschaftsarmbänder schenkten, machte der Songtext daraus ein kulturelles Phänomen. Die Fans fingen an, Armbänder zu basteln, die sie bei den Konzerten trugen, um sie mit anderen zu tauschen und so eine bleibende Erinnerung an Taylors Auftritt und an das Gemeinschaftsgefühl, ein Swiftie zu sein, zu schaffen. Sie perfektionierten die Technik, indem sie ihre liebsten Songtexte und Taylor-Momente in ihnen verewigten, wodurch sie zum lebenden Museum für Taylors Werk und Swiftie-Enthusiasmus wurden. Lange Titel müssen in Akronyme umgewandelt werden, was Rätsel aufgibt, um etwa herauszufinden, was das nette Mädchen aus Reihe F mit dir tauschen will – ATW10MVTVFTV?[28]

Taylor schwärmt für Freundschaft, auch für die Beziehung zu ihren Fans, denn es war nicht immer leicht für sie, Freunde zu finden. In »Mastermind« führt sie ihre Neigung zum Planen auf eine Kindheit zurück, in der die anderen Kinder nicht mit ihr spielen wollten. In der Schule war es auch nicht einfacher: »Selbst als Erwachsene habe ich noch Flashbacks davon, wie ich in der Schulkantine allein sitze.«[29] Aber nachdem sie sich während der *1989*-Ära voll und ganz auf ihre Freundschaft mit einem prominenten »Girl Squad« konzentriert, wird ihr klar, dass sie möglicherweise überkompensiert: »Andere fühlen sich vielleicht immer noch so wie ich, als ich einsam war. Es ist wichtig, dass wir unsere langjährigen Probleme angehen, bevor wir zu ihrer Inkarnation werden.«[30] Heutzutage wirkt sie wie jemand, den man zu seiner Party einladen würde, ohne sich um Aussehen oder Berühmtheit

Taylor schwärmt für Freundschaft, auch für die Beziehung zu ihren Fans, denn es war nicht immer leicht für sie, Freunde zu finden.

zu scheren. Man konnte auf Fehler der Vergangenheit zurückblicken, sogar auf Bleachella,[31] und darüber lachen, und sie hätte ihr Lieblingsgetränk in der Hand, ein großes Glas Weißwein mit Eiswürfeln.[32]

Jack Antonoff erzählt, dass Taylor »You're On Your Own, Kid« vor seinen Augen im Studio geschrieben hat. Sie nahmen es auf und das war's. Sie pressten den Song nicht in eine klassische Struktur mit Schlussrefrain oder Happy End im Stil von »Love Story«. In »You're On Your Own, Kid« gewinnt sie Perspektive, aber sie schreibt die Vergangenheit nicht um und verharmlost sie. Diese Erfahrungen waren traurig und haben sie verletzt. Aber ist das nicht das Leben? Diese Zweideutigkeit und das Einfühlungsvermögen in die Vergangenheit und Gegenwart sämtlicher Taylors machen den Song zu dem Stück, das *Midnights* am besten auf den Punkt bringt.

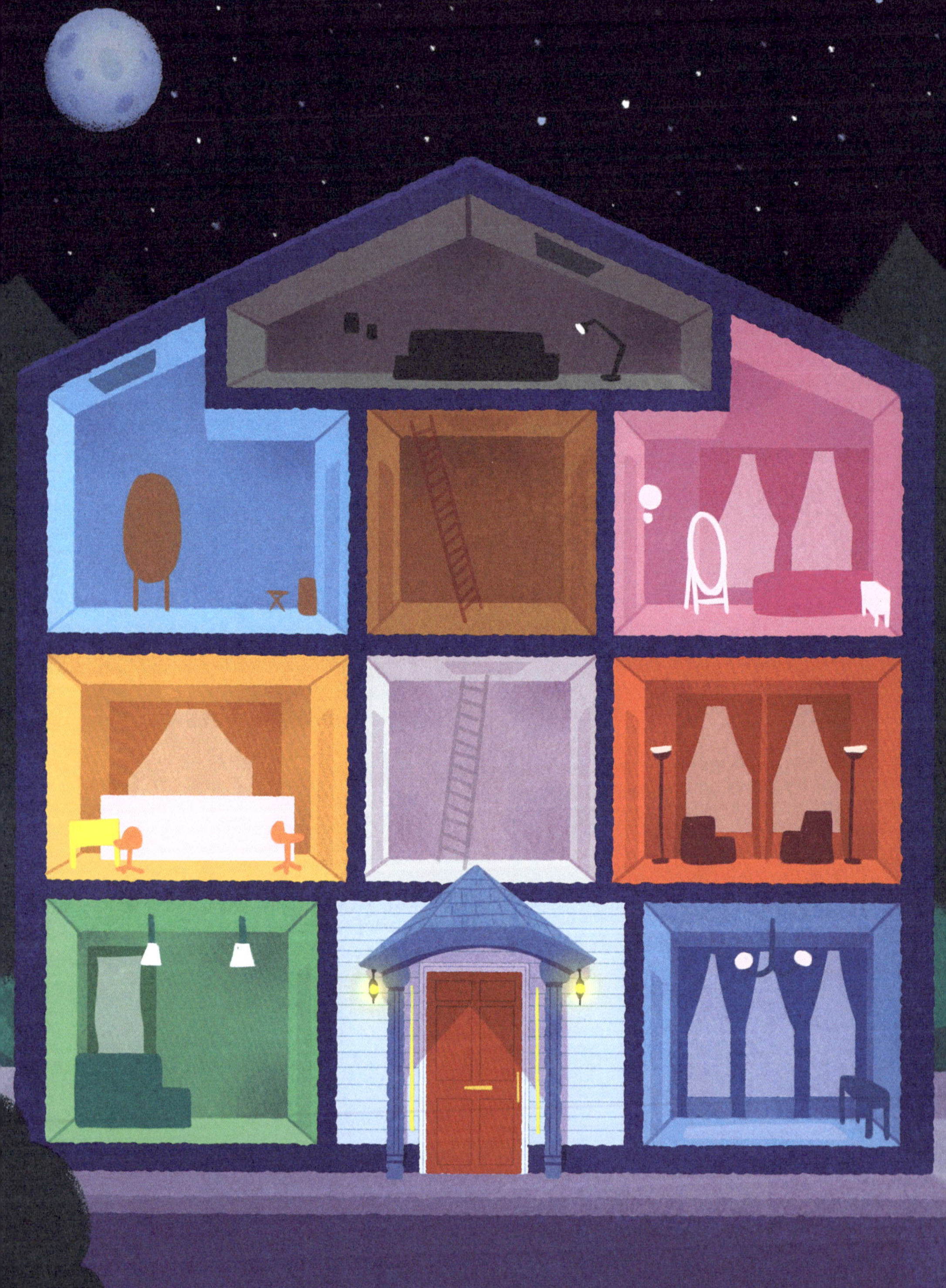

11

Spinning in Her Best Dress

TAYLOR AUF TOUR

»Hi, ich bin Taylor!«

Mit 20 sagte Taylor: »Noch nie hat mich etwas derart motiviert wie eine kreischende Menge. Es ist mein absolutes Lieblingsgeräusch.«[1] Nach drei Alben ohne Tournee kehrte Taylor schließlich am 17. März 2023 triumphal auf die Bühne zurück, und zwar vor 69.213 kreischenden Fans.[2] Riesige, flatternde rosa Chiffonfächer teilten sich und gaben den Blick frei auf Taylor, die auf der Bühne erschien und »Miss Americana & The Heartbreak Prince« sang. Die Menge tobte. Fünf Jahre dauerte die Vorbereitung der *Eras*-Tour. Für diejenigen, die erst während der Pandemie mit ihrer Musik in Berührung gekommen waren, war es ihre erste Taylor-Tour, das erste Mal, dass sie hörten, wie Taylor sich vorstellte, als ob ihr Ruf ihr nicht vorauseilte. Für alle, die weinten, als das Loverfest abgesagt wurde, war es endlich die Chance, geliebte Songs wie »Me!« live zu hören. Für diejenigen, die bei jeder Tournee dabei gewesen waren, war dies eine Gelegenheit, in Erinnerungen zu schwelgen und zu sehen, wie Taylor ihre alten Lieblingssongs neu interpretieren würde. Würde Taylor alte Gewohnheiten beibehalten wie etwa, sich Songtexte auf den Arm zu schreiben, ihre Hände zu einem Herz zu formen, ihren Hut einer glücklichen Person aus dem Publikum zu schenken? (Spoiler: mindestens eine davon.)

Die Tour übertrifft alle Erwartungen. An jedem Abend sorgen Überraschungssongs für ganz besondere Momente, wenn Taylor Stücke spielt, die sie nicht in die Setlist quetschen konnte. Obwohl Taylor bis zu drei Stunden (und manchmal auch länger) spielt, hat sie schließlich über 200 Songs zur Auswahl. Die Konzertbesucher hoffen sehnsüchtig, ihr Lieblingslied zu hören, wenn Taylor sich den Gurt der Akustikgitarre über den Kopf streift oder sich an das mit handgemalten Blumen verzierte Klavier setzt.

Nach allem, was es durchgemacht hat, bekommt *Lover* schließlich seinen großen Auftritt. Der fantastische pink-blaue Versace-Glitzerbody, den Taylor im *Lover*-Teil trägt, der die Show eröffnet, wurde sogar als Werbebild für den *Eras*-Konzertfilm verwendet. Schon der Film allein war ein Riesenhit. Obwohl er erst Mitte Oktober herauskam, erreichte er für 2023 Platz 22 der weltweiten Einspielergebnisse. *Lover* hat das Zeug dazu, die Show zu eröffnen: »Miss Americana & The Heartbreak Prince« leitet über zu »Cruel Summer«, das die Party ins Rollen bringt und allen die Gelegenheit gibt, die Stimmbänder aufzuwärmen. Taylor entschied sich gegen »Me!«, obwohl die Live-Darbietung von Songs, die auf dem Album weniger beliebt waren, ihnen oft neues Leben einhauchte. Die *reputation*-Tour etwa schaffte es, dass das Album,

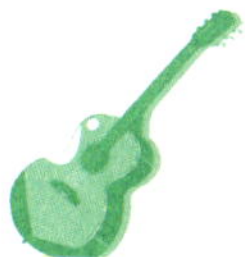

Für diejenigen, die bei jeder Tournee dabei gewesen waren, war dies eine Gelegenheit, in Erinnerungen zu schwelgen und zu sehen, wie Taylor ihre alten Lieblingssongs neu interpretieren würde.

über das die Meinungen zunächst auseinandergingen, besser aufgenommen wurde. Die Menge darf schließlich gemeinsam »The Man«, »You Need To Calm Down« und »Lover« singen, so wie es immer Taylors Wunsch gewesen war. »The Archer« rundet den Abschnitt perfekt ab.

Der nächste Teil der *Eras*-Setlist ist *Fearless*. Im Gegensatz zu *Lover* hatte dieses Album eine eigene Tour (2009/2010). Es waren Taylors erste Auftritte als Headliner. Eine kleine Lektion in Taylor-Tourgeschichte hilft zu verstehen, was das Besondere an ihren Liveshows ist. Bevor Taylor als Headliner unterwegs war, trat sie als Opener für Country-Sänger wie George Strait und die Country-Legenden Faith Hill und Tim McGraw auf. Ihre erste große Chance kam, als dem Sänger Eric Church als Vorgruppe für eine Rascal-Flatts-Tour gekündigt wurde. Taylor schrieb im Oktober 2006 in ihr Tagebuch, kurz bevor *Taylor Swift* herauskam: »OH MEIN GOTT, ich bin bei der Rascal-Flatts-Tour dabei! Ich habe den Anruf gestern erhalten und schrie so laut wie, glaube ich, noch nie in meinem Leben.«[3] Als Taylor einsprang, scherzte Eric, sie solle ihm ihr erstes goldenes Album schicken, was sie dann später auch tat, mit der Nachricht: »Danke, dass du damals auf der Flatts-Tour zu lange und zu laut gespielt hast. Ich weiß das ehrlich zu schätzen.«[4] Auf diesen Country-Tourneen lernte Taylor einige nützliche Lektionen über das Live-Spielen, insbesondere von George Strait, der dafür bekannt war, sehr leise zu sprechen. Taylor dazu: »Die Herausforderung bei einer Stadionshow besteht darin, auch den Leuten in der hintersten Reihe das Gefühl einer intimen, persönlichen Show zu geben [...] Ich schreie das Publikum nicht gern an, ich rede lieber mit ihm.«[5] Bis heute schreit Taylor nicht wie ein Rockstar, sie spricht mit der Menge, als würde sie mit ihr beim Abendessen sitzen. »Bei meinen Konzerten brülle ich nicht ›WAS GEHT AB, LONDONNNN!‹ Ich rede mehr oder weniger wie jetzt gerade.«[6]

George war auch dafür bekannt, dass er auf einer Bühne in der Mitte des Saales spielte, und nicht an einem Ende wie in einem Theater. Viele Sängerinnen und Sänger haben sich für diesen Aufbau entschieden, damit mehr Fans näher an die Bühne herankommen können. Auf der *Fearless*-Tour verschwand Taylor sogar von der Bühne und rannte durch die Gänge in den hinteren Teil der Arena. Während des Sprints lief auf der Videoleinwand ein lustiger Clip, in dem verschiedene Männer gezeigt wurden, deren Namen in Liedern von Taylor auftauchen. Darunter waren Schauspieler aus ihren Musikvideos und Tim McGraw, der seufzte: »Es wird oft vergessen, dass ich das allererste Opfer eines Taylor-Swift-Songs war.«[7] Dann rannte Taylor plötzlich die Treppe am Ausgang hinauf und überraschte die Fans, die dachten, sie würden Taylor während der gesamten Show nur als Punkt in der Ferne sehen: »Es gibt eine B-Bühne im hinteren Teil der Arena, sodass für einen Teil der Show diejenigen Plätze die besten sind, die man für die schlechtesten gehalten hatte. Ha! Plottwist.«[8]

Bei all den Diskussionen über ihr Talent als Songwriterin vergessen wir manchmal, dass Taylor auch eine der größten Performerinnen der Welt ist. Ihre Stimme hat sich seit 2006 gefestigt, und sie hat jetzt die Erfahrung, das Budget und das Team, um eine nahtlose Stadionshow auf die Beine zu stellen. Aber ihr einzigartiges Charisma hatte sie schon immer. Sie wünschte sich so sehr, ein Star sein, dass ihr ein Vertrag als Songwriterin nicht genügte. Statt in den Startlöchern von Nashville zu verharren, kündigte sie ihren Plattenvertrag. Das ist das Besondere an ihr:

Sie hat das Herz einer Nashville-Songwriterin, gepaart mit dem Verstand einer Geschäftsfrau. Die Sängerin Carly Simon, die »You're So Vain« (einen von Taylors Lieblingssongs) geschrieben hat, sagte: »Ich würde sie nicht mit Joni Mitchell, Carole King oder mir vergleichen. Auf der Bühne ist sie ein Showman, wie Elton John.«[9] Zum ersten, aber nicht zum letzten Mal liebäugelte Taylor mit der Popwelt und engagierte Tänzer für die *Fearless*-Tour, um das Storytelling-Element zu verstärken – eine ungewöhnliche Entscheidung in der Welt der Country-Musik. Während »Love Story« verschwand Taylor hinter ihren Tänzern und tauchte dann plötzlich in einem Hochzeitskleid wieder auf. Dann riss sie sich das Krönchen vom Kopf und schenkte es einem glücklichen Fan. Als die Konzertbesucher ihren Namen schrien, strahlte Taylor: »Leute, ihr habt keine Ahnung, was ihr gerade für mich getan habt.«[10]

Die Fans hatten einen Grund, bei Taylors Konzerten zu kreischen – es hieß, dass die »extremsten Taylor-Fans« in der Menge von Andrea, Taylors Mutter, handverlesen und zu einer »T-Party«, einem privaten Meet-and-Greet Backstage, gebracht wurden, das später Club Red, Loft 1989 und schließlich Rep Room genannt wurde. Taylors Meet-and-Greets waren legendär; einmal hielt sie eine Session ab, die um acht Uhr morgens begann und bis neun Uhr abends dauerte (13 Stunden). So wie sie sich mit ihren Fans Mühe gab, war auch das Verhältnis zu ihrer Band immer freundschaftlich. Einige ihrer Bandmitglieder waren zum Zeitpunkt der *Fearless*-Tour bereits seit drei Jahren dabei, einige spielen noch heute mit ihr oder kehrten für die neu aufgenommenen Versionen von *Fearless* und *Speak Now* zurück. 2009 zählte ihr Personal bereits 150 Personen; Taylor war CEO eines Unternehmens.

Beim allerletzten Termin der *Fearless*-Tour tauschte Taylor die Arenen gegen Stadien. Sie spielte im Gillette Stadium in Foxborough, Massachusetts. Der Veranstaltungsort ist ein fester Bestandteil von Taylors Tourneen, seit sie als erster weiblicher Headliner dort ein Konzert gegeben hat.

Als Taylor für ihre *Speak-Now*-Tour ins Gillette Stadium zurückkehrte, schrieb sie ein Stück Swiftie-Geschichte. Am 25. Juni 2011 fand die »Regenshow« während eines Gewitters statt, aber Taylor tanzte in ihren besten Kleidern einfach weiter. »Fearless«, »Last Kiss« und »Dear John«, drei Songs, in denen Regen explizit vorkommt, wurden alle bei strömendem Regen gespielt. Bei ihrem nächsten Besuch mit *Red* sagte Taylor zur Menge: »Ich dachte, ›Oh Gott, sie werden bestimmt alle gehen‹, [...] und was habt ihr gemacht? Ihr seid geblieben und habt getanzt und wart sogar noch lauter.«[11] Taylor nannte es »einen meiner denkwürdigsten Abende«, weil so was nur auf Tour passiert: »Es sind diese Momente menschlicher Interaktion auf Tour, die man nicht erleben kann, wenn man zu Hause sitzt und zusieht, wie ein Song die Charts hochklettert.«[12]

Was *Fearless* so unterhaltsam machte, griff *Speak Now* (2011/2012) wieder auf und setzte noch einen obendrauf. Der Unterhaltungsfaktor war noch raffinierter: Bei einem von Taylors Kostümwechseln führte ein Tänzer einen Stepptanz auf und näherte sich dann einem überdimensionalen Lichtschalter. Als er ihn umlegte, schoss Taylor wie ein Springteufel aus der Bühne heraus. Sie sagte dazu: »Ich mag es, wenn unser Bühnenauftritt was Theatralisches hat. Als ich jünger war, war ich von Broadway-Shows besessen. Wenn ich dem Publikum in meinen Shows etwas von dieser Theatralik bieten kann, ermöglicht es ihnen meiner Meinung nach, ihrem Leben ein wenig zu entfliehen.«[13] Die Show fühlte sich eher wie ein Theaterstück an, mit mehreren Bühnen und einer B-Bühne, die mit Glitzerbaum und goldfarbener Pergola dekoriert war. In gewisser Weise ist *Speak Now* einer der Höhepunkte von Taylors Alben, zumindest bis *folklore*, und so wurde die Tour nicht mit einem fröhlichen Partyhit eröffnet, sondern mit einem Monolog über Reue – ganz Taylor: »Das wahre Leben ist eine komische Angelegenheit. Die meisten von uns fürchten sich wahrscheinlich davor, am Ende unseres Lebens zurückzublicken und die Momente zu bereuen, in denen wir den Mund gehalten haben. Nicht ›Ich liebe dich‹ gesagt haben. Nicht ›Entschuldigung‹ gesagt haben.«[14] Für »Our Song« und »Mean« von *Speak Now* erschien Taylor in einem romantischen weißen Vintage-Kleid, das Anfang der 2010er-Jahre die Modeblogger in Atem hielt. Vintage-Kleider schafften es sogar in den Text von »Better Than Revenge« – nicht, dass das der Kontrahentin im Lied irgendetwas nützte: Bei der Liveshow wurde der Song mit einem falschen Anrufbeantworter angekündigt, auf dem jemand sagt: »Hey, ich bin's. Hinterlass mir eine heiße Nachricht«, im Valley-Girl-Dialekt. Taylor trug bei der *Speak-Now*-Tour schwarze kniehohe Stiefel und bewegte sich damit von ihrem bereits etablierten Country-Image hin zum Americana-Terrain. Obwohl sie mit dem Banjo bei »Mean« mit ihren Country-Wurzeln kokettierte, war in diesem Moment klar, dass ihre Country-Zeit der Vergangenheit angehörte und nur in vereinzelten Songwriting-Elementen und der gelegentlichen Mundharmonika weiterleben würde.

Was sonst noch auf Taylors Tourneen geopfert wurde, waren viele Lieblingslieder der Fans, da Taylor bis zur *Eras*-Tour immer nur eine Handvoll älterer Stücke auf der Setlist behielt und so viele Songs wie möglich aus dem jeweils aktuellen Album spielte. Außer »All Too Well« fielen dabei die langsameren Songs für gewöhnlich unter den Tisch. »Dear John«, der als einer ihrer ikonischsten Songs gilt, wurde am 2. März 2012 gegen Ende der *Speak-Now*-Tour gespielt und sollte erst wieder im Jahr 2023, kurz vor der Veröffentlichung von *Speak Now (Taylor's Version)*, als Secret Song zu hören sein. Bei der *Eras*-Tour waren nur zwei *Speak-Now*-Songs auf der Setlist: »Enchanted«, wegen der Romantik und dem Mädchenhaften, und später »Long Live«, das zur Fan-Hymne geworden war.

Überraschungslieder sind schon lange eines von Taylors bewährtesten Mitteln, eine gemütliche Atmosphäre zu schaffen. Auf der *Speak-Now*-Tour spielte sie Überraschungs-Coverversionen, die von »A Sorta Fairytale« der Singer-Songwriterin Tori Amos bis zu »Lucky« von Britney Spears reichten. Überraschungslieder aus ihrem eigenen Katalog spielte sie zum ersten Mal bei der *Red*-Tour (2013/2014). Zu diesem Zeitpunkt machte sie sich Sorgen, nicht unterhaltsam genug zu sein, und überlegte, wie sie das Publikum noch besser entertainen könnte. »Meine Generation wuchs mit der Möglichkeit auf, bei Langeweile umzuschalten. Wir wollen überrumpelt werden, begeistert werden, fasziniert sein.«[15] Sie begann, städtebezogene Überraschungsgäste einzuladen, darunter Country-Star Luke Bryan in Nashville oder Ed Sheeran in London, der auch der erste Überraschungsgast der *1989*-Tour (2015) war.

Der Einfluss von Ed Sheeran zeigt sich in der Art und Weise, wie Taylor ihren eigenen Song »Blank Space« auf der *1989*-Tour covert. Sie hatte bereits zuvor neue Versionen von Liedern vor Publikum gespielt, um ein besonderes Live-Erlebnis zu schaffen, wie zum Beispiel eine Sixties-Girl-Band-Version von »You Belong With Me« auf der *Red*-Tour. Für ihre überarbeitete Version von »Blank Space« nahm Taylor einen Loop auf, in dem sie den Namen der Stadt rief, in der sie sich befand. So kreierte sie für jede Station der Tour eine eigene Version des Songs. Weitere personalisierte Elemente waren etwa die T-Shirts mit dem Namen der jeweiligen Stadt, die Taylor während der *Red*-Tour trug. Auch die Kostüme wurden auf der *Red*-Tour angeglichen: Die hübschen Kleidchen von *Fearless* und *Speak Now* wurden durch klare Silhouetten und einen erwachseneren Look ersetzt. Taylor eröffnete die Show sogar mit einem auf einen Vorhang projizierten Umriss ihrer selbst im Stil von Beyoncé – das Zeichen für eine Ikone im Werden. Taylors prächtige Abendkleider waren nun weniger Abschlussball und mehr Hollywood, etwa das Kleid von Alexander McQueen mit üppig verzierter Hüftpartie zur Darbietung von »I Knew You Were Trouble«, eine interessante Wendung hin zur Haute Couture, verglichen mit dem weißen Hochzeitskleid vergangener Touren. Um dies zu unterstreichen, führte sie eine umgekehrte »Love Story« auf, bei der sie kurz hinter ihren Tänzern verschwand und in einem glitzernden schwarzen Bustier und Micro-Shorts wieder auftauchte, obwohl sie eine *Fearless*-Geste beibehielt, indem sie den schwarzen Filzhut vom Kopf nahm und ihn während »State Of Grace« einem Fan schenkte.

Spulen wir vor zur *Eras*-Tour: Am Ende von »22« darf ein Fan direkt auf die Bühne kommen, Taylor Hallo sagen und ihren Hut in

Empfang nehmen. Der *Red*-Teil der *Eras*-Tour nutzt die Hits des Albums – »22«, »We Are Never Ever Getting Back Together« und »I Knew You Were Trouble«. Dieser Energieschub ist sinnvoll, da er die Mitte der Show bildet und kurz danach der emotionale *folklore*-Teil drankommt. Der exakte Punkt dazwischen ist der Übergang von »I Knew You Were Trouble« zur zehnminütigen Version von »All Too Well«. Als Taylor diesen Song zum ersten Mal spielte, wirkte sie traurig und bekümmert. Mit der Zeit trug das Publikum mit seinen Reaktionen dazu bei, dass sich in Taylor ein Heilungsprozess vollzog und ihren Blick auf die Dinge änderte.

> *Dieser Song entstand aus der Katharsis und dem Luftablassen und dem Versuch, über etwas hinwegzukommen, es zu verstehen, es zu verarbeiten […] Ihr habt diesen Song in eine Collage aus Erinnerungen daran verwandelt, wie ihr den Text dazu mitschreit, oder wie ihr Fotos davon in euren Tagebüchern postet, oder mir euer Handgelenk zeigt, auf das ihr euch den Text habt tätowieren lassen. Und so habt ihr ›All Too Well‹ für mich verändert.*[16]

Die letzte Tour vor *Eras*, die *reputation*-Tour (2018), fungierte als eine Form der Verarbeitung in größerem Stil. Da sie keine Interviews zum Album gab, konnte Taylor hier direkt zu ihren Fans sprechen. Zu hören, wie gut die Musik live klang, und zu sehen, wie unbändig Taylors Bühnenpräsenz war, trug dazu bei, dass Menschen, die das Album zunächst eher wenig begeistert aufgenommen hatten, es nun zu schätzen lernten. Taylor dazu: »*reputation* war interessant, weil es das erste Album war, das erst in Zusammenhang mit der Liveperformance richtig verstanden wurde. Als es erschien, dachten alle, es sei einfach nur wütend. Nachdem man es sich aber ganz angehört hat, wird klar, dass es eigentlich um Liebe und Freundschaft geht und darum, herauszufinden, was die eigenen Prioritäten sind.«[17] Jede Show der *reputation*-Tour trug zur Genesung ihres Images bei. Letztendlich wurde es ein rekordbrechender Erfolg und Taylors erste Tournee, die statt in kleineren Arenen komplett in großen Stadien stattfand, mit einer Gesamtbesucherzahl von 2,9 Millionen Menschen.

Die Bühnenshow für die *reputation*-Tour war beeindruckend und baute auf dem Spektakel auf, das Taylor während ihrer bisherigen Pop-Karriere geschaffen hatte. *Red* hatte eine saubere-re, klarere Vision, bei *1989* wurde es richtig spektakulär: In einigen Bereichen wurden Leuchtarmbänder an das Publikum verteilt, die den Veranstaltungsort in einen magischen, funkelnden Kosmos verwandelten. Die Armbänder änderten ihre Farbe und blinkten im Takt der Musik – ein weiteres Element der 360-Grad-Sinnesüberflutung, die einen für ein paar Stunden tief in das Taylorversum entführen sollte. Bei *1989* war Taylor auf dem Höhepunkt ihrer Popularität vor *reputation*, und es ging um pure Unterhaltung. Die Bühnenshow für *reputation* war ambitionierter, schuf aber eine ganz andere Atmosphäre. Die Hintergrundgeschichte von *reputation* war direkt auf der Bühne in Form von 15 Meter großen Schlangen zu sehen. Es war nicht das erste Mal, dass Taylor auf der Bühne Anspielungen auf ihr Image machte. Während der *Fearless*-Tour zeigte sie ihr »Opfer«-Video und einen Sketch, in dem sie über ihre berühmten Männer befragt wird, was darin gipfelt, dass sie den Stuhl eines Talkshow-Moderators von der Bühne wirft. Auf der *Red*-Tour traten bei »The Lucky One« Tänzer auf, die als Paparazzi der 1940er-Jahre verkleidet waren. 2014 stellte Taylor ihre PR-Frau Tree Paine ein, um ihr bei der Image-Pflege zu helfen – eine zunehmend komplizierte und anspruchsvolle Aufgabe. Die *reputation*-Tour vermittelte eine um einiges komplexere Message als »über mich kursieren viele Storys im Internet«: Taylor war metaphorisch gestorben und wieder auferstanden. Taylor gab bei den *rep*-Shows alles, besonders tänzerisch. Es wird stolziert, aber wie in dem Video zu »Look What You Made Me Do« lässt sie auch zum ersten Mal die Hüften kreisen. Taylor hat sich schon immer hauptsächlich mit ihren Händen ausgedrückt, aber auf der *Eras*-Tour bringt sie mehr tänzerische Elemente mit ein: »Ich absolvierte ein dreimonatiges Tanztraining, weil ich wollte, dass es mir ins Blut übergeht. Ich wollte so gut vorbereitet sein, dass ich mit den Fans herumalbern konnte, ohne den Faden zu verlieren. Eine Choreografie einzustudieren ist nicht meine

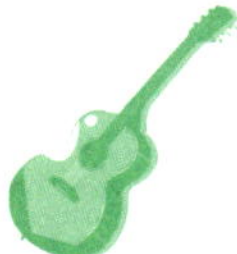

Zu hören, wie gut die Musik live klang, und zu sehen, wie unbändig Taylors Bühnenpräsenz war, trug dazu bei, dass Menschen, die das Album zunächst eher wenig begeistert aufnahmen, es nun zu schätzen lernten.

Stärke.«[18] Die Tanzeinlagen in *Eras* sind genau richtig: weniger Pop-Girl-Choreografie und mehr Storytelling, genau wie Taylor es schon auf ihrer *Fearless*-Tour beabsichtigte. Sie lässt auch kleine Details aus ihrer eigenen Tanzvergangenheit einfließen, wie zum Beispiel das unbekümmerte Herumwirbeln, das sie als Country-Künstlerin in ihre Shows einbaute. Das Büro-Bühnenbild für »The Man« ist reines Musiktheater, während bei »willow« Taylors Tänzerinnen mit Leuchtkugeln um sie herumtanzen wie in einem Hexenritual.

folklore und *evermore* waren Alben, die zu einer Zeit entstanden, in der an touren nicht zu denken war, daher war es interessant zu sehen, wie sie in einem großen Stadion umgesetzt wurden. Taylor hatte eine klare Vorstellung. Sie hatte bereits beschrieben, dass das Songwriting für diese Alben ein sehr visueller Prozess war, genau wie bei »mirrorball«: »Ich sah sofort diese einsame Discokugel vor mir, blinkende Lichter, Leuchtreklamen, Leute, die an der Bar Bier trinken, ein paar Nachzügler auf der Tanzfläche – eine traurige Szene im Mondschein.«[19] Der *evermore*-Teil von *Eras* kommt direkt nach *Fearless*. So wird Taylors unglaubliche Entwicklung über diese zwölf Jahre hinweg besonders deutlich, denn sie stellt so ihr zweites Album neben ihre bisher musikalisch komplexeste Platte. »Love Story« ist ein ewiger Klassiker, weil es eine so fesselnde Geschichte erzählt, aber »'tis the damn season«, »marjorie« und »champagne problems« decken eine größere Bandbreite an Emotionen ab und zeigen mehr von Taylors Können. Wenn man diese beiden Abschnitte nebeneinanderstellt, fragt man sich, wohin sie sich in den nächsten zwölf Jahren wohl entwickeln wird. Die Schauerelemente von *evermore* spiegeln sich auch in seiner Bilderwelt wider, mit

Videoprojektionen von dunklen tiefen Wäldern. Ein gruseliges Bühnenbild, das direkt aus *Grimms Märchen* zu kommen scheint. Als zusätzliche Anspielung auf diese Inspiration trägt Taylor bei den meisten Shows ein dunkelgelbes Kleid mit geschnürtem Mieder, das an altertümliche europäische Bauernmädchen erinnert.

Eines der denkwürdigsten Sets der Show gehört *folklore*, angesiedelt zwischen den poppigen Teilen von *Red* und *1989*. Das Bühnenbild mit der moosbewachsenen Hütte, das von dem Video zu »cardigan« inspiriert ist, war erstmals bei Taylors Auftritt bei den Grammy Awards 2021 zu sehen. Es ist das Bühnenbild für sieben ganze Songs aus *folklore*, plus eine Spoken-Word-Version von »seven«. Für diesen Teil trägt Taylor ein romantisches, bodenlanges Chiffonkleid mit umhangartigen Ärmeln, die das dramatische Schwingen ihrer Arme in Szene setzen, was besonders gut bei den poetischen, zeitgenössische Tänzen zu »august« zur Geltung kommt – dem Song, der im Sommer 2023 Tausende von dramatischen TikTok-Videos inspirierte, oder um bei der Bridge zu »illicit affairs« wie ein Racheengel zu singen, mit im Wind wehenden Chiffonflügeln. Zum Glück klingen diese Songs in einem großen Stadion genauso gut wie über unsere Kopfhörer.

Nach dem Abschnitt mit den Überraschungsliedern geht Taylor lässig in die Mitte der Bühne. Aus dem Bühnenboden scheint ein rauschender Ozean geworden zu sein. Plötzlich taucht sie ins Wasser ein. Fans, die hoch oben auf den vermeintlich schlechtesten Plätzen sitzen, haben einen unglaublichen Blick auf Taylor, wie sie über die ganze Bühne und bis zur riesigen Videoleinwand im Hintergrund »schwimmt«. Sie taucht wieder auf, klettert eine Leiter hoch bis in die Wolken, bereit, sich im Nebel von »Lavender Haze« zu verirren. Es ist ein Moment atemberaubender

Bühnenkunst und Überraschungseffekte. An diesem Punkt steht Taylor bereits seit drei Stunden auf der Bühne. Dies ist die Art von Leistung, die Opernsänger oder Spitzensportler erbringen, und Taylor ist immer noch in Topform. Sie hat sechs Monate lang hart trainiert, um die nötige Ausdauer für die Show zu haben und den Klang ihrer Stimme beim Tanzen zu verbessern: »Jeden Tag bin ich aufs Laufband gegangen und habe die gesamte Setlist laut durchgesungen. Bei den schnellen Songs bin ich gerannt, bei den langsamen gejoggt oder schnell gegangen.«[20] Wenn sie nach mehr als drei Stunden auf dem Gipfel dieses Everest von einer Show, »Karma«, ankommt, ist das ein Moment des Triumphs.

Die *Eras*-Tour ist legendär, weil sie die Welt auf eine Weise beeinflusst hat, die selbst Taylors Vorstellungskraft übersteigt, insbesondere durch die schiere Energie der Fans. Taylor hat einen energischen Gang, aber selbst sie könnte nicht im Alleingang ein Erdbeben der Stärke 2,3 auslösen, wie es die Fans in Seattle durch ihr Tanzen getan haben. Das Phänomen der Freundschaftsarmbänder hat dazu geführt, dass die Fans sich beim Basteln auf das Konzert freuen können und am Tag der Show ein maßgeschneidertes Andenken von anderen Fans mit nach Hause nehmen. Das Anfertigen von Kostümen gehört zu jedem großen Event, von der Halloween-Party bis zum Kinobesuch von *Barbie*, aber nur wenige Veranstaltungen bieten die Möglichkeit, sich als Märchenprinzessin, Zombie, Waldhexe, Marschkapellenleiterin oder Discokugel zu verkleiden. Zu einer *Eras*-Show kann man in Sommerkleid und Cowboystiefeln, im schwarzen Kapuzenpulli oder einfach in roten, hochgeschlossenen Shorts und einem gestreiften T-Shirt gehen. Es dauerte nicht lange, bis die Fans in perfekten Nachbildungen von Taylors neuen

Bühnenkostümen aufkreuzten, vom *Lover*-Body bis zum perlenbesetzten *1989*-Crop-Top und Minirock. In einem perfekt geschlossenen Kreis, als würde das Karma zurückkommen, ging ein Fan als Freundschaftsarmband.

Taylor live zu sehen, ist ein besonderes Erlebnis: Die Atmosphäre ist nicht nur umwerfend, überwältigend und fröhlich, sie kann auch nicht wiederholt werden. Gemeinsam singen sich Taylor und ihr Publikum die Seele aus dem Leib und schaffen so einen einzigartigen, gemeinsamen Moment, in dessen Mittelpunkt zwar die große Person im Glitzerbody steht, der sich aber aus allen Menschen im Publikum zusammensetzt. In jeder Show stolziert Taylor zum Ende der langen, schmalen Bühne, direkt in die Mitte, sodass jeder sie sehen kann, sogar die in Reihe Z. Sie verbeugt sich, schnippt mit der Hand in einer theatralischen Geste oder dreht sich in ihren High Heels und lässt ihre Strasssteine im Scheinwerfer funkeln. Es liegt ihr im Blut.

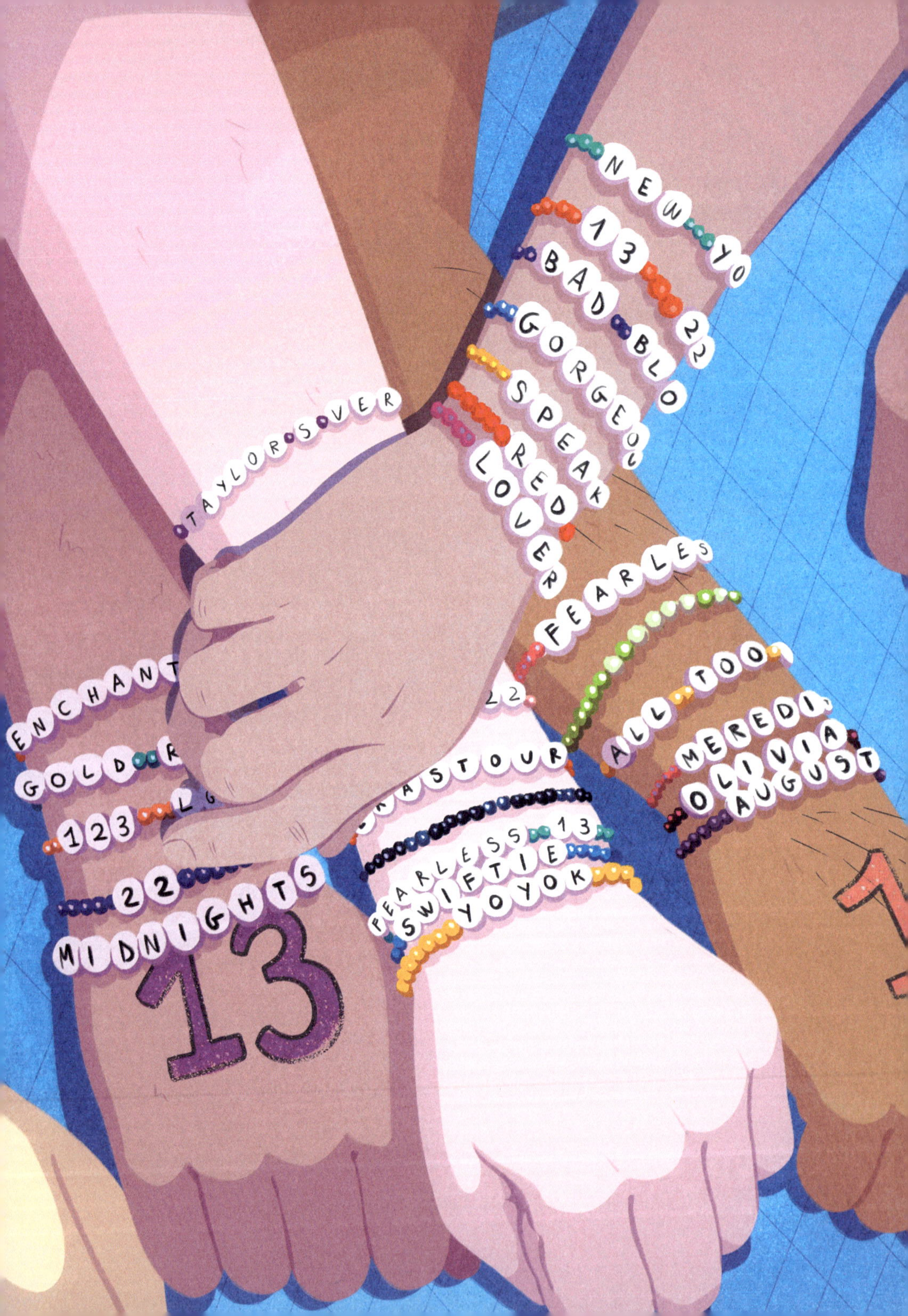
NEW YO
13
BAD
BLO
22
GORGEO
SPEAK
RED
LOVER
TAYLOR S VER
FEARLES
ALL TOO
MEREDI
OLIVIA
AUGUST
ENCHANT
GOLD R
123
22
MIDNIGHTS
13
ASTOUR
FEARLESS 13
SWIFTIE
YOYOK

Die Geschichte von Taylor Swift aus Sicht der Fans

DIE SWIFTIES

Eines schönen Tages hast du Taylor entdeckt. Vielleicht war es ein Musikvideo, ein Lied, das auf einer Party gespielt wurde, oder etwas in den Nachrichten, das dein Interesse geweckt hat. Nach und nach hat Taylor uns in ihrem Universum willkommen geheißen, und wir haben es uns dort gemütlich gemacht. Sie hat sich als furchtlose Führungspersönlichkeit in der Musikindustrie, als Musikerin von unglaublicher Tiefe und Vielseitigkeit und als eine unendlich faszinierende Berühmtheit erwiesen. Sie arbeitet unermüdlich daran, die Welt mit neuer Musik, unglaublichen Shows, umwerfenden Outfits und faszinierenden Promi-Freundschaften zu unterhalten – alles amüsant anzusehen und ein gutes Thema für Gespräche mit Freunden. Taylor muss Gesprächsstoff für eine Milliarde Stunden geschaffen haben, eine für jeden Dollar, den sie mit ihrer Musik verdient hat.

Taylor-Fans sind bereit, für ihre Liebe zu ihrer Lieblingskünstlerin so viel von ihrem hart verdienten Geld auszugeben, dass von »Swiftonomics« die Rede ist. Es macht Spaß, sich ein kleines Stück aus dem Taylorversum ins Regal zu stellen, sei es eine Vinylplatte in Herzform oder eine der Albencover-Decken, die einige Fans seit den ersten Tagen sammeln. Taylor hat ein Revival der Schallplattenverkäufe ausgelöst und dazu beigetragen, dass diese im Vereinigten Königreich die höchsten Verkaufszahlen seit 1990 erreichten, als das meistverkaufte Album von Phil Collins war.[1] In den USA macht Vinyl inzwischen 72 Prozent aller Verkäufe physischer Formate aus.[2] Physische Formate sind wichtig, weil die Künstlerinnen und Künstler damit mehr Geld verdienen, aber auch, weil man sich die digitale Streaming-Version von *evermore* nicht an die Wand hängen kann. Man stelle sich nur vor, eines Tages bricht das Internet zusammen und man kann keine Taylor mehr hören (vielleicht sollten wir lieber vorsorglich alle Songs auswendig lernen, für den Fall, dass auch der Strom ausfällt). Vinyl ist am besten, weil es größer ist als eine CD: Eine CD würde im geschmackvollen Arbeits- oder Lernzimmer lächerlich wirken. Deshalb ist das seltene Vinyl so beliebt. Eine Vinyl-Schallplatte von *Red*, die an die Wähler der Academy of Country Music Awards verschickt wurde, mit den Worten »One of Nashville's finest exports … and she painted the ~~town~~ world RED« steht bei Discogs.com zum Verkauf und kostet zum Zeitpunkt der Erstellung dieses Textes 5.999,99 Dollar. Günstigere Alternativen sind das durchscheinende orangefarbene *reputation*-Vinyl (die Farbe soll auf ein verschollenes Album aus der Zeit zwischen *rep* und *1989* hinweisen) für 1.000 Dollar oder natürlich *Midnights*, das in Farben wie Lavendel und Mondsteinblau erhältlich ist.

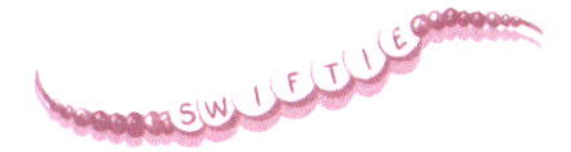

Es macht Spaß, sich ein kleines Stück aus dem Taylorversum ins Regal zu stellen, sei es eine Vinylplatte in Herzform oder eine der Plattencover-Decken, die einige Fans seit den ersten Tagen sammeln.

T-Shirts mit Taylors Gesicht gab es für jede Ära für den Fan, der sich nicht scheut, sich als Swiftie zu outen. Eine subtilere Anspielung war Taylors Zusammenarbeit mit der britischen Designerin Stella McCartney (erwähnt in »London Boy«) im Jahr 2019, die ein T-Shirt mit dem Foto ihrer Katze Benjamin Button entwarf. Man muss schon ein ernsthafter Fan sein, um eine von Taylors Katzen zu erkennen. Obwohl sich die Schlagzeilen oft darauf konzentrieren, wie viel Geld Swifties bereit sind, für ihre Liebe zu Taylor auszugeben, muss es aber nicht viel kosten, Fan zu sein. Ein wesentliches Merkmal der Swifties ist ihre **Kreativität**. Die Fans basteln oft ihr eigenes Merchandise mit witzigen Motiven, mit denen selbst Taylors T-Shirt-Designer nicht mithalten können. Einige der besten sind genreübergreifend, wie ihr Album *Red*. Man kann etwa ein T-Shirt erwerben, auf dem Taylors Name in einer dornigen Schriftart geschrieben ist, damit es so aussieht, als ob es das Fan-Shirt einer Death-Metal-Band namens Taylor Swift wäre. Ein Instagram-User namens @hiscissorsaurus hat ein T-Shirt entworfen, auf dem Taylor und eine ihrer Katzen mit Sonnenbrille abgebildet sind, in einer Parodie auf das Album *Goo* der Indie-Band Sonic Youth. Man könnte sich sogar eine Nachahmung von Taylors Junior-Jewels-T-Shirt aus dem Video »You Belong With Me« anfertigen lassen, mit den Namen deiner eigenen Freunde oder allen Albentiteln.

Mitmachen ist ein wesentlicher Bestandteil des Daseins als Taylor-Fan, und sicher einer der schönsten. Der Besuch einer Show der *Eras*-Tour war für diejenigen, die Tickets ergattern konnten, ein Highlight, aber für diejenigen, die nicht dabei sein konnten, gab es andere Möglichkeiten, auf den Hype-Zug aufzuspringen. In den USA versammelten sich die Fans auf den Parkplätzen der

Stadien, um gemeinsam der dröhnenden Musik zu lauschen und umsonst zu tanzen. Der Kinobesuch zum *Eras*-Konzertfilm wurde ebenso zum Erlebnis; Taylor gab an, dass »*Eras*-Outfits, Freundschaftsarmbänder, Singen und Tanzen erwünscht« seien.[3] Den Film zu Hause auszuleihen, war eine unauffällige Methode, um Geschwister und Eltern zu Taylor zu bekehren und die Chancen zu erhöhen, dass sie einem zu Weihnachten Merchandise schenken. Überall auf der Welt gibt es Clubnächte, in denen ausschließlich Taylor-Songs gespielt werden, vom Taylor Fest in den USA bis zu Swifty Nights in Europa und Swiftogeddon im Vereinigten Königreich. Wenn man das Glück hat, in der Swiftie-Hochburg Manila auf den Philippinen zu leben,[4] kann man die Drag Queen Taylor Sheesh bei ihrer eigenen *Eras*-Show im Einkaufszentrum erleben.

Wer nur über ein Handy verfügt, kann das Konzert über Livestreams von Fans mit Ausdauer in den Armen auf Taylor-Niveau verfolgen oder sich einfach die geheimen Auftritte ansehen. Viele Swifties haben für ihre eigenen Videos zu Taylor-Songs ein Like oder einen Kommentar von Taylor höchstpersönlich auf TikTok bekommen. In der *1989*-Ära konnte man, wenn man online über Taylor sprach, sogar eine Einladung zu ihrer neuen Erfindung, den Secret Sessions, bekommen: »Ich ging online und schaute mir ihre Instagram-Seiten, Tumblr oder Twitter an« – eine Praxis, die als *Taylurking* bekannt ist.[5] In einem Akt ungeheuren Vertrauens wurden die Fans in Taylors Haus eingeladen, wo sie selbst gebackene Kürbis-Schoko- oder Kokosnuss-Schoko-Kekse aßen. Taylor kannte wie eine Botschafterin die Namen von allen. Sie passt immer gut auf: Fan Mikael Arellano war erstaunt, dass sein viraler Tanz zu »Bejeweled« in Taylors Performance des Songs auf der Tournee 2023 integriert wurde.[6]

Taylor hat diese Gesten während ihrer gesamten Karriere beibehalten, denn auch sie war einmal ein Fan. Als sie als Kind ihrem Idol LeAnn Rimes begegnete, »ging sie herum und schüttelte den Leuten im Publikum die Hand, sie schaute nach unten und ich fragte: ›LeAnn, hast du meine Briefe bekommen?‹, und sie sagte: ›Natürlich habe ich das, Taylor!‹ Und das war der Moment, in dem bei mir der Groschen fiel: Wenn ich nur einem kleinen Kind oder einem einzigen Menschen das Gefühl geben könnte, das sie mir gab, dann hätte sich alles gelohnt.«[7]

Die Swifties als Kollektiv diskutieren gern alle Aspekte ihres Werks im Detail. Wenn Taylor etwas tut – egal was – suchen die Fans nach Hinweisen, sogenannten **Easter Eggs**. Sie können Hinweise auf ihre nächsten Schritte oder auf die Bedeutung eines Liedes geben. Seit ihrer allerersten Platte legt Taylor Easter Eggs. »Warum nicht zufällige Buchstaben groß schreiben und sehen, ob die Fans herausfinden, dass man aus all den zufälligen Buchstaben kleine Codes, geheime Botschaften, zusammensetzen kann?«[8] Wenn man sich zwischen 2006 und 2014 eine neue Taylor-CD zulegte, riss man das Zellophan ab und setzte sich sofort mit Stift und Papier hin, um die geheimen Botschaften zu entschlüsseln. Die allererste versteckte Botschaft in »Tim McGraw« lautete »Can't tell me nothin'« (Du hast mir nichts zu sagen) (Lil Nas X ist eher ein bekannter Nicki-Minaj-Fan als ein Swiftie, aber sein Country-Song »Old Town Road« enthält eine Zeile, die dieser sehr ähnlich ist). Die letzte versteckte Botschaft für »Clean« war auch im Video zu »Out Of The Woods« zu sehen: »She lost him, but she found herself, and somehow, that was everything.« (Sie verlor ihn, aber sie fand sich selbst, und das bedeutete alles.) Die Suche nach den Hinweisen half den Fans zu erkennen, wie poetisch die Texte waren, und sie begannen, aus den Liedern ein eigenes Universum zu erschaffen: »Es bringt die Leute dazu, die Texte zu lesen, es macht ein Album eher zu einem Event. Easter Eggs sind eine Möglichkeit, die Erfahrung, sich etwas anzuschauen oder Musik zu hören, zu erweitern.«[9] *reputation* enthielt keine geheimen Liner Notes, aber visuelle Easter Eggs wurden für Taylor zu einem wichtigen Hobby:

> *Ich gab damals keine Interviews, wollte meinen Fans aber trotzdem Nachrichten übermitteln. Mit den Easter Eggs konnte ich mich dann richtig austoben. In meiner gesamten Karriere gab es wohl kein Video mit mehr Easter Eggs als ›Look What You Made Me Do‹. Es wird Jahrzehnte dauern, bis man sie alle gefunden hat.*[10]

Es gibt keine Beweise dafür, dass sie nach diesem Zitat in hysterisches Kichern ausgebrochen ist, aber sie hat es auf jeden Fall genossen. Zu den ungelösten Swiftie-Rätseln aus diesem Video gehört die Taylor, die den Flügel eines Flugzeugs absägt und *reputation* auf die Seite sprayt; sie ist in keinem anderen Video, auf keiner Tour und in keiner Ära wiederzufinden. Rätsel wie dieses liegen in Taylors geheimem Tresor neben all ihren Tagebüchern (und wahrscheinlich dem Schal). Wenn es um Taylors Outfits geht, insbesondere bei großen Veranstaltungen, können bestimmte Farben Hinweise geben: »Easter Eggs kann man in Kleidung oder Schmuck verstecken, […] ein guter Ort für Easter Eggs sind auch Fingernägel […] Ich habe ein Spotify-Vertical-Video für ›Delicate‹

[reputation] gedreht und meine Nägel in genau den Farbtönen lackiert, die ich für das nächste Albumcover [Lover] haben wollte.«[11] Auch ihre liebsten textlichen oder visuellen Symbole zählen für Taylor zu den Easter Eggs:

> *Diese Symbole sagen vielleicht nichts voraus, aber sie zeigen meine Liebe zu ihnen. Die Zahl 13 und Katzen sind solche Symbole. Wenn unter den Easter Eggs Katzen sind, dann nur, weil ich Katzen so gern habe. Es ist tatsächlich so simpel. Manchmal hat es nicht mehr zu bedeuten als euch daran zu erinnern, dass ich Katzen wirklich gern mag. Auch die Zahl 13 liegt mir sehr am Herzen. Ich wähle wirklich wichtige Termine aus, nur weil die Summe der Zahlen des Datums die Zahl 13 ergibt. Sie bestimmt mein Leben.*[12]

Ein Fan zu sein, bedeutet nicht immer Sonnenschein und Regenbogen, auch wenn unsere *Eras*-Kostüme das vermitteln. Taylor zu bewundern geht manchmal furchtbar schief. Im September 2015 veröffentlichte der rockorientierte Singer-Songwriter Ryan Adams eine Coverplatte von *1989*. Ja, das gesamte Album, Lied für Lied. Er nahm einfach die Beats vom Album und änderte die Pronomen, damit keine Unklarheiten darüber aufkommen, wer Ryan und wer Taylor ist. *Pitchfork*, ein Indie-Magazin, das Taylors *1989* nicht rezensiert hatte, gab Ryans Version 4 von 10 Punkten mit dem Kommentar: »Es gibt keinen wesentlichen Grund für seine Existenz«.[13]

Selbst das Spiel mit den Easter Eggs kann danebengehen. Taylor hat die Erwartungen so hoch geschraubt, dass wir manchmal

Dinge sehen, die gar nicht da sind: Als Taylor im Februar 2019 ein Bild von sich hinter einem Zaun mit fünf Löchern postete, wurden die Fans hellhörig.[14] War es ein Countdown? Doch diesmal wollte Taylor einfach nur ein hübsches Foto posten: »Ich wollte eigentlich nur mein Instagram optisch aufpeppen, als Vorbereitung für mein nächstes Album.« Später im Jahr postete sie das Bild erneut, fünf Tage vor der Veröffentlichung von *Lover*: »Okay, JETZT sind es fünf Löcher im Zaun.«[15] Taylor ist eine wichtige öffentliche Figur, daher ist nur natürlich, dass ihre Fans ihre Schritte aufmerksam verfolgen und zu allem eine Meinung haben. Laut eigener Aussage hasst sie es, wenn Leute keine Kritik vertragen, und versucht daher, selbst offen dafür zu sein, was sogar zu einigen engen Freundschaften geführt hat:

> *Hayley Kiyoko gab in einem Interview das Beispiel, dass ich damit durchkomme, über heterosexuelle Beziehungen zu singen, ohne deshalb blöd angemacht zu werden, sie hingegen wird aber blöd angemacht, wenn sie über Mädchen singt – und das ist völlig berechtigt […] Aber auf die Aussage ›Du als Mensch bist ein Fake‹ kann ich nicht wirklich antworten.*[16]

Mit dem Vorwurf, Fake zu sein, muss Taylor leben, seit sie zum ersten Mal mit großen Augen vor einer kreischenden Menge stand. Aber manchmal wird ihr unterstellt, ihr ganzes Leben sei eine Lüge. In vielen Fankreisen, nicht nur in Taylors, gibt es eine wichtige Untergruppe, deren Theorie nach die jeweilige Berühmtheit insgeheim homosexuell ist (nicht zu verwechseln mit queeren Fans, die Taylors Songs für sich selbst interpretieren.) Theorien wie die

»Gaylor«-Theorie, die besagt, dass Taylor ihre wahre Sexualität geheim hält, sind ein wichtiger Teil einer Fangemeinde, die gern über die verbotene Liebe im Stil von Romeo und Julia sinniert. Taylor empfindet Versuche, ihre weiblichen Freundschaften zu »sensationalisieren oder zu sexualisieren«, als unangenehm.[17] Im Jahr 2024 überschlugen sich die Gerüchte im Internet, als die *New York Times* einen 5000 Wörter langen Meinungsartikel veröffentlichte, in dem die Gaylor-Theorie vertreten wurde.[18] Der Artikel testet die Grenzen der Swifties: Würdest du versuchen, jemanden, den du anhimmelst, in der *New York Times* zu outen? Einige Fans machen es sich auch zur Aufgabe, die sozialen Medien von Menschen, die sie verdächtigen, Taylor wehzutun, mit Kommentaren und Emojis zu überhäufen und damit ironischerweise genau das zu tun, was die Leute 2016 Taylor antaten.

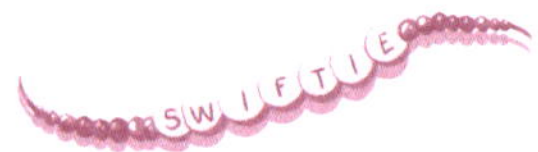

Taylor schafft es irgendwie, dass es sich persönlich anfühlt, ein Fan zu sein.

Wenn wir respektvolle Grenzen gegenüber Taylor wahren können, sind die Möglichkeiten ihrer Musik und ihrer Berühmtheit endlos. Die Schriftstellerin Emily Yahr bezeichnete Taylor als »ein Tor zu unendlich vielen Themen: Kunst, Songwriting, Produktion, Kapitalismus, Rasse, Geschlecht, Feminismus, Fandom, soziale Medien«.[19] Taylors Musik ist wie eine gute Freundin: Sie macht die guten Zeiten noch besser und spendet Trost, wenn es mal schwierig wird. Wichtig ist auch, dass sie gebrochene Herzen in den Mittelpunkt stellt, denn dieser Schmerz kann das Leben einer Person maßgeblich formen. Es ist wichtig, ihn als berechtigt anzuerkennen und sich Zeit zu nehmen, seine Gefühle zu spüren. Taylor schafft es irgendwie, dass es sich **persönlich** anfühlt, ein Fan zu sein. Molly Swindall, Fan und begeisterte Sammlerin von Taylor-Merchandise, fasste das Gefühl in einem Interview mit der *Washington Post* zusammen: »Sie war immer so gut zu ihren Fans und so fürsorglich, und ich glaube, deshalb ist sie so groß, wie sie ist. Ich weiß, dass sie mich nicht wirklich kennt, aber sie gibt einem das Gefühl [...] Ich bin durch alle Zeiten mit ihr durch dick und dünn gegangen. Und das macht mich stolz: dass ich immer Fan war, ob es nun cool war oder nicht.«[20]

Und schließlich bietet das Swiftie-Dasein die Möglichkeit, die besten Menschen kennenzulernen: **Swiftie-Freunde** zu finden ist eine der größten Freuden. Wenn du jemanden kennenlernst und zaghaft erwähnst, dass du Taylor magst, und es stellt sich heraus, dass die andere Person sie auch mag? Unschlagbar. Jetzt könnt ihr euch in Songzeilen unterhalten.

Wie auch immer du deine Liebe zu Taylor zum Ausdruck bringst, sie bleibt nicht unbemerkt. In ihrem Brief an das *Wall Street Journal* über den Wert der Musik im Jahr 2014 beschrieb Taylor ihre Beziehung zu ihren Fans als »eine Liebesbeziehung«. Wie sie in der geheimen Botschaft, die im Text von »Mary's Song (Oh My My My)« auf *Taylor Swift* verschlüsselt ist, schrieb: »Manchmal ist Liebe für immer«:

> *Manche Lieder und Alben stehen für bestimmte Abschnitte unseres Lebens, für Beziehungen, die uns lieb und teuer sind, aber ihre Zeit und ihren Platz in der Vergangenheit haben. Manche Künstlerinnen finden jedoch ›den Einen‹. Wir werden jedes Album, das sie herausbringen, in Ehren halten, bis sie aufhören, und wir werden ihre Musik für unsere Kinder und Enkelkinder spielen. Das ist die Traumverbindung, die wir als Künstlerinnen zu unseren Fans aufbauen wollen.*[21]

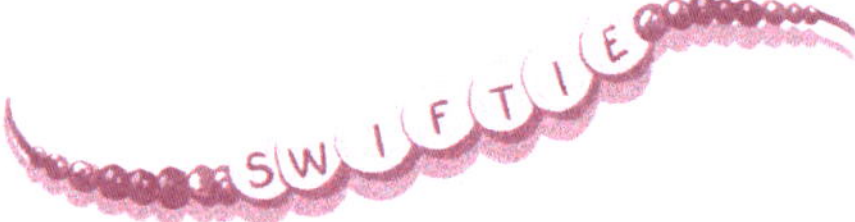

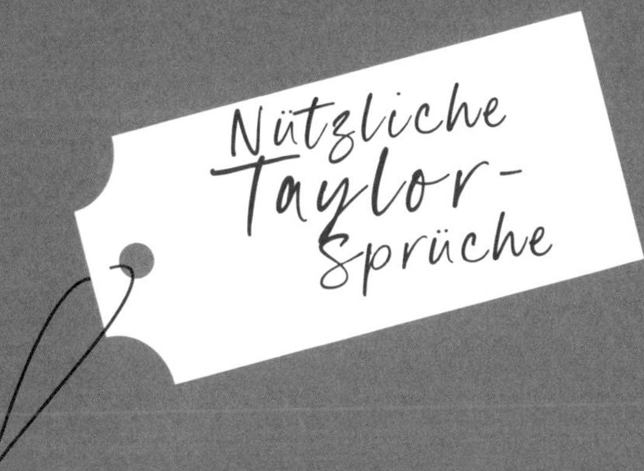

- **»Ein Jahr lang hat mich niemand physisch zu Gesicht bekommen.«**
  Jedes Mal benutzen, wenn du dein Handy eine Stunde lang weglegst.

- **»Schöne Kleider.«**
  Die große Aretha Franklin persönlich strafte Taylor 2014 mit diesem fadenscheinigen Kompliment ab.

- **»In meiner rep-Ära.«**
  Vielseitig anwendbar, wenn man chaotisch sein will.

- **»Ich möchte bitte aus diesem Narrativ ausgeschlossen werden.«**
  Wenn du nicht an einer Veranstaltung teilnehmen willst.

- **»Nicht viel los zurzeit.«**
  Das ist eine *Lüge.* Du sagst das, wenn tatsächlich gerade eine Menge bei dir los ist.

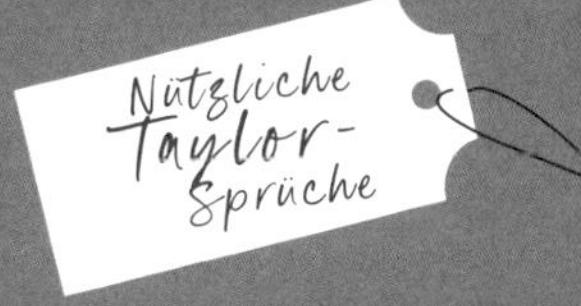

(Taylor's Version)

13

Mastermind

DAS GENIE TAYLOR SWIFT

Mehrere Grammys für das Album des Jahres. Die umsatzstärkste Tour aller Zeiten. Eine nach ihr benanntet Tausendfüßlerart namens Nannaria swiftae. Eine Milliarde Dollar auf dem Sparkonto. Mit Beyoncé befreundet. Sind das Dinge, die einem zufällig passieren?

Als sie den letzten Track von *Midnights* schrieb, dachte Taylor: »Wäre es nicht lustig, einen Text darüber zu schreiben, kalkuliert zu sein? Das wurde mir oft vorgeworfen, aber mittlerweile sehe ich es als Kompliment.«[1] Zu Beginn ihrer Karriere sagte Taylor, sie habe sich dem Druck gebeugt, süß und sogar naiv zu wirken, anstatt ihr Recht einzufordern, als für ihre harte Arbeit verantwortlich gesehen zu werden: »Ich bemühte mich – und das bereue ich – die Leute davon zu überzeugen, dass ich nicht diejenige bin, die die Fäden in der Hand hält [...] Ich hatte lange Zeit das Gefühl, dass für die Menschen eine Frau im Musikbusiness nicht mehr ist als ein fröhlicher, talentierter Unfall.«[2] Jetzt nennt Taylor sich stolz »Mastermind«. Sie ist die Architektin, die den Bauplan ihrer Karriere zeichnet.

DEN GRUNDSTEIN LEGEN

Um als Popstar relevant zu bleiben, braucht es Geschick. *Midnights*, Taylors zehntes Studioalbum, hat sich bis 2024 3,5 Millionen Mal verkauft, genau zu dem Zeitpunkt, an dem sie nach gängiger Meinung längst auf dem absteigenden Ast sein sollte. In nur einem Jahr übertraf es die weltweiten Verkaufszahlen von *Lover* und erreichte fast die von *reputation*.[3] Zahlen sind nicht alles und es ist nicht immer sinnvoll, Alben zu vergleichen, die in verschiedenen Jahren veröffentlicht wurden. Der Markt hat sich seit *1989* (10 Millionen Verkäufe weltweit, Tendenz steigend) völlig verändert, verzerrt durch Streaming (das zwar zu den Verkäufen beiträgt, aber weniger ins Gewicht fällt und weniger einbringt als eine Vinylplatte oder ein digitaler Download) und Plays auf Social Media-Plattformen wie TikTok. Es geht auch um die Leidenschaft, die Künstlerinnen und Künstler entfachen, um die Atmosphäre, die sie in einem Stadion zu schaffen vermögen, und um ihr Vermächtnis. Taylor befindet sich zweifelsohne auf einem Karrierehoch und sieht ihre Dreißiger als ihr bisher bestes Jahrzehnt.[4] Es war ein langer und einsamer Weg bis hierhin. Taylor sang schon in jungen Jahren live, nahm an Karaoke-Wettbewerben teil und sang auf jeder Kirmes, an der man sie auf die Bühne ließ.[5] Sie sang 2002 bei einem Basketballspiel die Nationalhymne, ein bezauberndes zwölfjähriges Mädchen mit offensichtlich vollkommenem Selbstvertrauen und einer natürlichen Freude am Auftreten; sie sagte einer lokalen Zeitung: »Ich liebe diese Art von Dingen einfach. Es ist ein Adrenalinrausch.«[6]

Jetzt nennt Taylor sich stolz »Mastermind«. Sie ist die Architektin, die den Bauplan ihrer Karriere zeichnet.

Nashville bietet Musikerinnen und Musikern, die gute Songs schreiben, eine mögliche Zukunft und eine ganze Maschinerie, die bereit ist, sie aufzuspüren – wenn sie den Einstieg schaffen. Taylor fand das übers Fernsehen heraus: »Ich sah mir diesen Beitrag über Faith Hill an. Darin ging es darum, wie sie nach Nashville ging. In dem Moment wurde mir klar, dass man nach Nashville gehen muss, wenn man Country-Musik machen will.«[7] Taylor stellte sich das so vor, als wäre sie eine angehende Schauspielerin, die Hollywood im Visier hat – sie musste einfach unbedingt dorthin, und sie hatte einen Plan, wie sie das erreichen wollte. Nashvilles berühmte Music Row klingt nach einer großartigen Straße, um einen Plattenvertrag zu bekommen – eine ganze Straße, die der Musik gewidmet ist! Taylor und ihre Mutter Andrea reisten dorthin, als Taylor elf Jahre alt war, um ihre Demobänder abzugeben, die anfangs Coverversionen von Songs anderer Leute enthielten. Taylor scherzte, dass sie an der Rezeption ihr Demo mit den Worten abgab: »Hi, ich bin Taylor. Ich bin elf. Ich will einen Plattenvertrag, ruft mich an.«[8] Als das nicht funktionierte, sah sie ein, dass sie den Plattenfirmen zeigen musste, was sie besonders machte.[9] Taylor nahm ein neues Demo auf, diesmal mit eigenen Songs. Einer der ersten Songs, die Taylor je geschrieben hat, war »Lucky You«, der ihren Popinstinkt mit klassischen »do do do do«-Lyrics deutlich macht. Auch »American Boy« war auf dem Tape, ein extrem countryhaftes Lied, in dem es darum geht, zu seinem Vater aufzublicken, dann erwachsen zu werden und selbst Vater zu werden. Der Song enthielt jedoch auch einige düstere Stellen: Der American Boy betrügt seine »American Beauty«, und wenn seine Kinder sagen, sie wollen so werden wie er, ist das dann wirklich etwas Gutes?[10] Ein überraschend skeptischer Blick auf den amerikanischen Traum. Abgerundet wurde das Demo mit einem an LeAnn

Rimes erinnernden Country-Rock-Song namens »Smokey Black Nights«. Die junge Taylor kam aufgeregt nach Nashville, um ihre Songs den zweifellos ebenso ehrgeizigen Vertretern der Plattenfirmen vorzustellen. Was sie vorfand, waren Bürogebäude mit geschlossenen Glastüren. Niemand wollte ein unbekanntes Teenager-Mädchen unter Vertrag nehmen. Taylor wurde gesagt, dass »nur 35-jährige Hausfrauen Country-Musik hören und dass für eine 13-Jährige in ihrem Programm kein Platz ist«.[13]

Taylor arbeitete weiter an der Fähigkeit, die sie eines Tages als »das Element meines Lebens, das mir am heiligsten ist«, bezeichnen wird: das Songwriting. Sie wandte die einzige Methode an, die sie kannte: Sie schrieb aus dem Herzen heraus (und machte einen Ohrwurm daraus). Als sie Nashville das nächste Mal belagerte, erkannte man ihr Potenzial. Geschichten darüber, wie jemand zu Ruhm gekommen ist, übergehen oft die genauen Details, wie sie ihre Chance bekommen haben. In Taylors Fall war es kein glücklicher Zufall, sondern das Resultat endloser Telefonate und Bemühungen, um Plattenfirmen davon zu überzeugen, sich ihr Demo anzuhören und die Songs herauszuhören, die sie sich vorstellte. Andrea fuhr sie zu endlosen Showcases der Branche, langweilige Veranstaltungen, bei denen sich eine Reihe von Sängerinnen und Sängern die Seele aus dem Leib singen, in der Hoffnung, dass die zuschauenden Scouts ihnen einen Plattenvertrag anbieten. Das klappte schließlich, und Taylor bekam einen Entwicklungsvertrag mit RCA, was laut Taylor bedeutet: »Wir glauben an dich – irgendwie«. Als sich dieser auflöste, sicherte sich Taylor einen Songwriter-Vertrag mit Sony/ATV Nashville – mit 14 Jahren war sie die Jüngste, der dies je gelang. Sie ließ sich von der Arbeit mit Erwachsenen nicht einschüchtern. Stattdessen arbeitete sie noch härter und weigerte sich, ihr Alter als Hindernis zu betrachten: »Ich ging in jedes Meeting mit fünf bis zehn soliden Ideen. Ich wollte, dass sie mich als Person ansehen, mit der sie zusammen schreiben, nicht als kleines Kind.«[14] Und langsam ging der Traum in Erfüllung. Taylors Eltern waren so zuversichtlich, dass sie mit der ganzen Familie nach Nashville zogen. Der nächste Schritt war, diesen Plattenvertrag zu bekommen.

Taylors Saga ihrer Neuaufnahmen hat uns eine Menge über die Finanzwelt der Musikindustrie gelehrt. Wenn eine Plattenfirma einen Künstler oder eine Künstlerin unter Vertrag nimmt, wettet sie auf ihn oder sie. Sie schießen das Geld vor, um die Platte zu produzieren, einschließlich teurer Stunden im Studio. Das Hauptmotiv der Plattenfirma ist es, Geld zu verdienen. Deshalb wollen sie in der Regel auch die Masteraufnahmen besitzen: Sie haben dafür bezahlt. Viele sind jedoch der Meinung, dass die Labels das Copyright von den Künstlerinnen oder Künstlern lizenzieren sollten, anstatt es direkt zu besitzen. Im Jahr 2005 unterschrieb Taylor schließlich bei Big Machine, einem neuen Plattenlabel, das Scott Borchetta gehört. Taylor erkannte das Wachstumspotenzial: »Wenn ich Teil davon sein kann, etwas von Grund auf aufzubauen, als erste Künstlerin bei einem brandneuen Plattenlabel, ist das für mich in Ordnung, solange ich etwas wirklich Abenteuerliches, Waghalsiges und Neues machen kann.«[15]

Taylors Jahre in Nashville haben ihre ohnehin schon starke Arbeitsmoral weiter gefestigt: »Country-Musik lehrt dich das Arbeiten. Man hört Geschichten über Künstler, die vier Stunden zu spät zu einem Fototermin kommen, aber in Nashville passiert so was nicht. Wenn du in Nashville vier Stunden zu spät kommst, sind alle gegangen.«[16] Es bedurfte Taylors Beharrlichkeit und ihres seltenen

Talents, der liebevollen Unterstützung, Zeit, des Glaubens und der finanziellen Hilfe ihrer Eltern, sowie eines Managers mit einer Vision, um Taylor Swift auf den Weg zu bringen. Und das alles aufgrund der Annahme, dass Mädchen keine Country-Musik hören und sich niemand außer Mädchen im Teenageralter für Taylor interessieren würde. Frauen in der Musikbranche haben zusätzlich zu dem extremen Wettbewerb und den zwielichtigen Verträgen, denen auch männliche Musiker ausgesetzt sind, mit Schwierigkeiten zu kämpfen. 2017 gewann Taylor einen Rechtsstreit gegen einen DJ, der ihr an den Hintern gefasst hatte – als Reaktion auf seine eigene Klage gegen sie, weil er angeblich wegen des Vorfalls seinen Job verloren hatte. Taylor beschrieb, wie selbstverständlich David Mueller sie vor Zeugen und Fotografen begrapschte: »Er blieb an meiner Arschbacke kleben, obwohl ich mich von ihm wegdrehte.«[17] Taylor war eine der berühmtesten Personen der Welt und ein großer Star mit Bodyguard, der nur wenige Meter von ihr entfernt stand, und trotzdem wurde sie belästigt. Die Geschworenen stellten sich auf Taylors Seite und sprachen ihr den symbolischen Dollar zu, den sie gefordert hatte. Taylor hat gesagt, dass Erfahrungen wie diese sie für den Feminismus geöffnet haben: »Was dir im Leben passiert, formt deine politische Meinung.«[18]

Wenn Taylor bei »The Man« ihren Bizeps auf der Bühne anspannt, hat sie es sich verdient.

TAYLOR SWIFT IST DIE MUSIKINDUSTRIE

Taylor schien dem Streaming und dem damit verbundenen Finanzierungsmodell nie recht zu trauen – sie hielt *Red* nach der Veröffentlichung acht Monate lang von Streaming-Plattformen zurück. Als *1989* herauskam, nahm sie all ihre Musik von Spotify (mit Ausnahme ihres 2012 erschienenen, *evermore*-haften Songs »Safe & Sound (feat. The Civil Wars)«, was ein Gewinn für die Fans von The Civil Wars darstellte, da ihre Musik nun kostenlos zur Verfügung stand. In einem Brief an das *Wall Street Journal* im Jahr 2014 erläuterte sie ihre Beweggründe: »Musik ist Kunst, und Kunst ist wichtig und selten. Wichtige und seltene Dinge sind wertvoll. Für wertvolle Dinge sollte bezahlt werden. Meiner Meinung nach sollte Musik nicht kostenlos sein.« Der Brief war voll von vorausschauenden Gedanken, einschließlich der Rolle, die Online-Follower in kreativen Karrieren zu spielen beginnen würden: »Für mich geht das auf das Jahr 2005 zurück, als ich zu meinen ersten Treffen mit einem Plattenlabel ging und ihnen erklärte, dass ich auf dieser neuen Website namens MySpace direkt mit meinen Fans kommunizierte. In der Zukunft werden Künstler Plattenverträge bekommen, weil sie Fans haben – und nicht andersherum.«[19]

Ein Jahr später schrieb Taylor einen (äußerst höflichen) Brief an die Streaming-Plattform Apple Music, in dem sie darum bat, die Künstlerinnen und Künstler fairer zu bezahlen. Die Plattform plante, neuen Abonnenten eine dreimonatige kostenlose Testphase anzubieten, in der die Künstlerinnen und Künstler nicht für ihre Streams bezahlt werden sollten. Taylor schien zu befürchten, dass man sie für ihre Meinung über das Geschäft belächeln würde: »Dies ist nicht die Beschwerde eines verwöhnten, bockigen Kindes. Das ist das Echo aller Künstler, Songwriter und Produzenten in meinem Umfeld, die Angst haben, sich öffentlich zu äußern.«[20] Taylor sagte 2016 im Interview mit *Vogue*, dass der Brief an das allmächtige Unternehmen Apple das Mutigste sei, was sie je getan habe.

2023 hielt es Taylor dann nicht mehr für eine Grenzüberschreitung, sich mit mächtigen Unternehmen anzulegen. »Der große Krieg« um die Tickets für die *Eras*-Tour im Jahr 2023 löste bei Millionen von Menschen Stress aus: Der bloße Anblick eines Fortschrittsbalkens kann bei den Swifties bis heute den Blutdruck in die Höhe treiben. Es wurden Strategien ausgetauscht, von der Frage, ob man die Seite aktualisieren sollte, bis hin zu der Frage, in welcher Reihenfolge man auf die Schaltflächen klicken sollte, um die Chancen auf Tickets zu erhöhen. Allein die Registrierung für den Fan-Vorverkauf war ein komplizierter Prozess, der einen Code erforderte, der im Vorjahr an die Käuferschaft von *Midnights* verschickt worden war. Dies war Teil eines Verfahrens namens »Verified Fan«, mit dem sichergestellt werden sollte, dass die Karten an echte Fans und nicht an Schwarzhändler verkauft werden, die die Karten zu einem überhöhten Preis weiterverkaufen. Insgesamt haben sich 3,5 Millionen Menschen registriert, von denen etwa 2,4 Millionen Karten erwerben konnten.[21] Leider war das System mit dem Vorverkauf so überfordert, dass die Ticketmaster-Website abstürzte und vielen den Zugriff verwehrte. Der öffentliche Verkauf wurde verschoben. Taylor war wütend, und dieses Mal ging sie nicht sanft vor, um keine Egos zu verletzen:

> *Im Laufe der Jahre habe ich so viele Elemente meiner Karriere in das Unternehmen eingebracht. Ich habe dies SPEZIFISCH dafür getan, um die Qualität der Erfahrungen meiner Fans zu verbessern, indem ich mit meinem Team, dem meine Fans genauso am Herzen liegen wie mir, die Dinge selbst in die Hand nahm. Es fällt mir wirklich schwer, einer externen Stelle diese Beziehungen und Loyalitäten anzuvertrauen, und es ist*

unerträglich für mich, zuzusehen, wie Fehler gemacht werden, ohne dass ich etwas dagegen tun kann.[22]

Der Kampf endete nicht mit dem Erwerb von Eintrittskarten; die Fans wollten auch in den vorderen Bereich des Stadions, um dessen Zutritt sie so hart gekämpft hatten. Die argentinischen Fans hatten ein ausgeklügeltes System entwickelt, um Zugang zu den offenen Stehplätzen in Bühnennähe zu erhalten. Die Fans stellten sich abwechselnd in die Warteschlange, wobei die angesammelten Stunden auf einer »von zwei Organisatoren erstellten und von zugewiesenen Administratoren aktualisierten Tabelle« erfasst wurden, was zu einem besseren Platz in der Schlange führte.[23] Nur Swifties verfügen über ein derartiges Engagement und eine derartige Fähigkeit zur Tabellenerstellung, inspiriert von unserem Chef-Mastermind.

KAPITALISMUS-BARBIE

Wenn wir schon in einer Welt leben müssen, in der sich das Geld in den Händen einiger weniger häuft, dann ist die Art und Weise, wie Taylor ihr Geld verdient hat, immerhin am wenigsten anstößig.

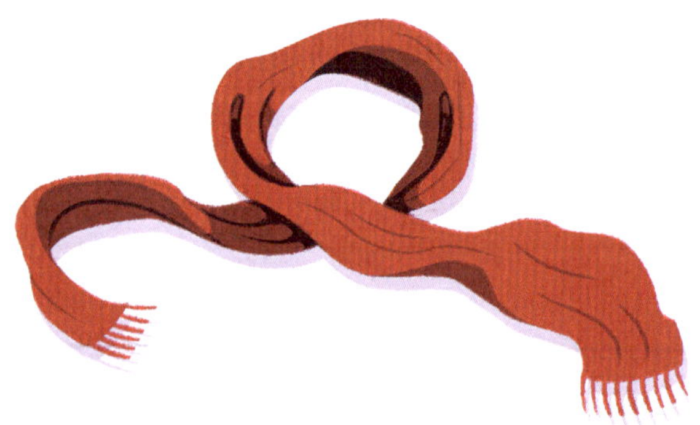

Das Spannende an der Geschichte von Taylors Reichtum ist, wie sie ihre Karriere selbst in die Hand genommen hat, manchmal gegen den Rat ihrer Umwelt: »Viele meiner besten kreativen Errungenschaften waren Dinge, für die ich wirklich kämpfen musste – und ich meine: aggressiv kämpfen.«[24] Das *Billboard*-Magazin schätzt, dass sie jährlich rund 536 Millionen Dollar mit Musikverkäufen, Streams und Wiedergaben im Radio verdient. Im Jahr 2023 wurde sie zur Milliardärin und verdiente allein mit ihrer Musik geschätzte 1,82 Milliarden Dollar.[25] Die Auswirkungen dieses Geldes beschränken sich nicht nur auf Taylor, denn es bedeutet auch Ausgaben für Hotelzimmer, Taxis, Züge und natürlich für Perlen zum Basteln von Freundschaftsarmbändern: Die *Washington Post* berichtete, dass im Jahr 2023 Taylors sechs *Eras*-Shows in Los Angeles der lokalen Wirtschaft 320 Millionen Dollar eingebracht haben.[26]

Zu Beginn von Taylors Karriere machte sie Markendeals wie jeder andere Prominente, der sich etwas dazuverdienen musste: Der *New Yorker* berichtete 2011: »Zusätzlich zu ihrem Parfüm [Wonderstruck] verkauft sie Grußkarten, eine Reihe Walmart-Sommerkleider für 14 Dollar, Jakks-Modepuppen (sie tragen Swifts Outfits und Mini-Versionen ihrer mit Swarovski-Kristallen besetzten Gitarre) und auf ihrer Website Kalender, iPad-Skins, Peter-Max-Poster, Bademäntel, Stirnbänder, Zeitschriften und Geschenktaschen.«[27] Taylor verdient immer ordentlich am Merchandise (schätzungsweise 2 Millionen Dollar pro *Eras*-Show), aber sie hat reduziert, was sie unterstützt. Sie kann ihre eigene Marke kontrollieren, aber oft nicht, was andere Marken oder Menschen tun. Im Juli 2023 berichtete die *New York Times*, dass Taylor nur knapp vermieden hatte, eine der Prominenten zu werden, die für Kryptowährungen werben, nachdem es ihr nicht gelungen war, einen Deal für ein

Tour-Sponsoring mit einem Krypto-Unternehmer namens Sam Bankman-Fried abzuschließen, der inzwischen wegen Betrugs verurteilt wurde. Die *Financial Times* fand heraus, dass das Geschäft auch Tickets in Form von nicht fungiblen Token umfasst hätte, erklärte aber nicht, was dies bedeutet.[28] Die Swifties haben viel für Taylor gelernt, von der Bedeutung des Wortes machiavellistisch bis hin zu den Regeln des American Football, aber das war dann vielleicht doch zu viel.

Bis 2024 hat Taylor im Gegensatz zu den meisten ihrer Kolleginnen noch nie in einer Kampagne für eine Luxusmarke mitgewirkt. Bisher hat das nicht zu ihrer öffentlichen Figur gepasst, die trotz allem immer noch wie das Mädchen – oder besser gesagt, die coole, kreative Frau – von nebenan wirkt. Obwohl sie bei Events Designermode trägt, sieht man sie auch oft in preiswerteren Marken, die sich die Fans eher leisten können. In der Sprache der Celebrity-Fashion-Accounts bedeutet dies, dass die Fans ein »genau gleiches« Exemplar besitzen können – nicht ein ähnliches, sondern genau das gleiche. Das ist nicht ganz dasselbe wie das, was Influencer tun, da es nicht im Auftrag einer Marke geschieht. Stattdessen beruht die Beziehung auf Gegenseitigkeit: Die Marken profitieren natürlich davon, dass ihre Kleidung an Taylor zu sehen ist, aber Taylor darf uns auch daran erinnern, dass sie ein Mensch ist und manchmal Leggings trägt (es gibt eine Obergrenze für den Preis von Leggins). Es nützt Taylor, den Bezug zur finanziellen Realität ihrer Fans nicht zu verlieren. Erschwinglichkeit ist relativ: Für manche ist ein wertvolles Teil aus Taylors Merchandise schon das Teuerste, was sie im Schrank haben.

Taylors Mode hat ihre ganz eigene Ära, unabhängig von den Looks, die jedes Album begleiten. Als Teenager trug sie Kleidung, die Jugend und Unschuld signalisierte, denn sie musste die Rolle eines Vorbilds einnehmen. »Ich war ein in der Öffentlichkeit stehender Teenager zu einer Zeit, als unsere Gesellschaft absolut besessen war von der Idee perfekter junger weiblicher Vorbilder [...] Würde ich einen Fehler machen, stünde die ganze Welt Kopf und es wäre ganz allein meine Schuld, und ich würde für immer und ewig im Popstar-Gefängnis landen.«[29] Von *Red* bis *Lover* war das Ziel ihrer Looks für den roten Teppich und die Bühne ganz einfach: ihren Fans zu zeigen, was für ein Popstar sie ist und welche Art von Musik sie von ihrem neuen Album erwarten können.

Sich eine Geschichte auszudenken und sie durch Kleidung und Frisuren auszudrücken, ist eine der wichtigsten Fähigkeiten, die ein Popstar haben kann. Taylors Streetstyle wirkt oft als Gegenprogramm zur Haupterzählung: »Ich hatte eine Phase, in der ich mich anzog wie

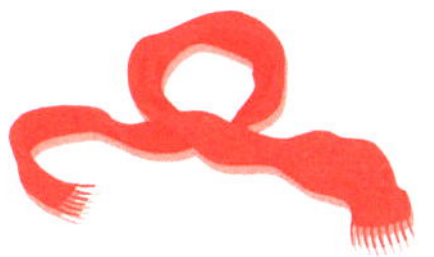

Von *Red* bis *Lover* war das Ziel ihrer Looks für den roten Teppich und die Bühne ganz einfach: ihren Fans zu zeigen, was für ein Popstar sie ist und welche Art von Musik sie von ihrem neuen Album erwarten können.

eine Hausfrau aus den 50ern.«[30] Konservativere Streetwear beruhigte die Ängste von Eltern und Branchenvertretern, die befürchteten, dass diese Taylor, die auf der Bühne Shorts trägt, für Kinder »kein gutes Vorbild« mehr sein könnte. Bei den MTV Video Music Awards 2014 trug Taylor ihren ersten »beinfreien« Look. Fünf Jahre zuvor war sie bei der gleichen Veranstaltung in einer von Aschenputtel inspirierten Pferdekutsche und einem bodenlangen Kleid erschienen. In einem Artikel, der am Tag, nachdem sie 2014 den beinfreien Look trug, veröffentlicht wurde, hieß es, dass der blaue Jumpsuit »ihre umwerfenden Schenkel die ganze sexy Arbeit machen lässt«.[31] Eine solche Berichterstattung ist gut gemeint und versteht sich als Kompliment, aber sie zeigt auch, wie schnell sich ändern kann, wie über eine Frau gesprochen wird, je nachdem, wie viel Haut sie zeigt.

Ihrer *Lover*-Optik, die Outfits in knalligen Farben und Pastelltönen umfasste, vermittelte eine klare Botschaft, nämlich dass sie nach den schwarzen Kapuzenpullis und dem burgunderroten Lippenstift von *reputation* wieder zur Leichtigkeit zurückkehrte. Die Einhorn-Palette wirkte wie ein Versuch, Kinder und Familien wieder anzulocken – das Kleidungsäquivalent zu den berüchtigten Zeilen über das Buchstabieren, die aus »Me!« entfernt wurden.[32] Taylors knallbunte Schnürshorts und das kanariengelbe T-Shirt, die sie 2019 auf der Bühne trug, zeigten am deutlichsten, dass Taylor ihre Fashion-Hausaufgaben gemacht hatte. Das Outfit wirkt wie eine Überkorrektur von *reputation*. Die Regenbogenfarben waren eine Anspielung auf ihre Unterstützung für die LGBTQ+-Gemeinschaft in »You Need To Calm Down«, aber letztlich sah es aus wie das Kostüm eines (sehr teuren) Kinderparty-Unterhalters. Seit 2020 sind die Botschaften, die Taylor über ihre Outfits vermittelt, subtiler geworden. Ihr Look aus der Pandemiezeit (Flanellhemden,

Schlabberhosen und selbst frisiertes gewelltes Haar) spiegelte die Tatsache wider, dass seit Januar keiner mehr zum Friseur gegangen war und alle Hosen mit Stretchbund trugen.

In der Folgezeit wurde Taylors Garderobe raffinierter, sowohl in Bezug auf die Designs, als auch auf den Celebrity-Unterton, der in den Outfits mitschwang. Bei der Premiere zu *All Too Well: The Short Film*, bei dem Taylor Regie führt, trug sie einen dunkelvioletten Zweireiher aus Samt der italienischen Marke Etro (von der auch ihr gelbes, geschnürtes *evermore*-Kleid für die *Eras*-Tour stammt). Die dunkle Farbe wirkte erwachsen und stellte eine deutliche Abkehr von den Pastellfarben der *Lover*-Looks dar. Der Samt war üppig und mit Textur, und der saubere, makellose Schnitt des Anzugs drückte Taylors Selbstvertrauen und kreative Sicherheit aus. Seitdem hat Taylor in Anknüpfung an *Midnights* eine Reihe himmlisch anmutender Glitzer-Outfits getragen. Wenn sie sich heute in einem hübschen Kleid zeigt, ist das eine absichtliche Anspielung auf ihre Teenagerjahre: Das »Enchanted«-Kleid auf der *Eras*-Tour ist eine Hommage an ihre Mädchenzeit, wobei sie die lila Farbe und das Glitzern der Strasssteine beibehält und auf ein spektakuläres, schrilles Volumen aufdreht. Abseits der Bühne ist es zwar noch gut möglich, Easter Eggs in Taylors Outfits zu finden, vor allem, wenn sie tagelang in einer bestimmten Farbe herumläuft, aber ihre modischen Momente scheinen tatsächlich vor allem etwas mit Mode zu tun zu haben.

OUR SONG

Taylor ist eine der größten Storytellerinnen aller Zeiten. Sie verkörpert eine neue Art der Heldin – eine, die weint, die aber auch die Muskeln spielen lässt. Taylor hat über bittere Konflikte und ihre Momente der tiefsten Verzweiflung geschrieben. Sie war die Feenprinzessin, die Hexe, das brave Mädchen und das böse Mädchen. Sie hat sich selbst als People-Pleaser, als Monster, als Albtraum und als Tagtraum bezeichnet. Taylor Swift schreibt ihre eigene Geschichte immer weiter: »In meinem Leben geht es mir nicht darum, provokant, sexy oder cool zu sein. Ich bin von Natur nichts von alledem. Ich bin fantasievoll. Ich bin clever. Und ich bin fleißig. Nichts, was in der Popkultur unbedingt einen hohen Stellenwert hätte.«[33]

Taylor wurde früher gern als zweidimensional betrachtet. Sie hat nun die verschiedenen Aspekte ihrer Persönlichkeit miteinander verschmolzen und ist zu einer Person mit unnachahmlichen Tiefen geworden, von denen die besten sicher noch zu entdecken sind. Sie sagt: »Das Schreiben von Songs war nie ein strategisches Element meiner Karriere. Aber ich habe keine Angst mehr zu sagen, dass andere Dinge in meiner Karriere, wie die Vermarktung eines Albums, rein strategisch sind. Und ich habe es satt, dass Frauen nicht sagen können, dass sie einen strategischen Geschäftssinn haben – weil männliche Künstler das dürfen. Ich habe es satt, so tun zu müssen, als ob ich nicht das Mastermind hinter meinem Geschäft wäre. Aber für das Schreiben nutze ich einen anderen Teil meines Gehirns.«[34] Taylors Songwriting wird sie immer definieren – damit hat sie ihren stratosphärischen Erfolg erreicht, und sie hat sich nie gescheut, das zu sagen: »In unserer Kultur gibt es ein falsches Stigma der ›ungenierter Ambivalenz‹, wenn es um Ehrgeiz geht. Diese Sichtweise hält die Idee aufrecht, dass es uncool ist, ›es zu wollen‹. Dass Menschen, die sich nicht anstrengen, viel schicker sind, als die, die sich anstrengen.«[35]

Dieser Nonchalance stellt sich Taylor bewusst entgegen, indem sie immer wieder in ihren Texten auf ihre Lieblingsthemen und -symbole zurückgreift. Es macht Spaß, bestimmte Farben, Gegenstände und Tageszeiten immer wieder zu entdecken. Was als sprechendes Detail beginnt, entwickelt sich durch wiederholte Erwähnung zu etwas Gehaltvollem und Vielschichtigem: zur Ikone. Es kämpft gegen die Wegwerfmentalität der Popkultur an. Es bestätigt, dass sie die Kontrolle über das Taylorversum hat: Alles dort hat seine Bedeutung, weil sie es so sagt. Taylor ist eine Rarität, denn sie kann einerseits verletzlich genug bleiben, um weiterhin Kunst zu machen, die uns berührt, während sie ihr Geschäft wie ein Profi handhabt und sich nicht dafür entschuldigt: »Sorry, war ich zu laut? In dem Haus, das ich gekauft habe, mit den Songs, die ich geschrieben habe, über mein eigenes Leben?«[36]

Taylor hat im Laufe ihrer Karriere ein fantasievolles Universum erschaffen, in dem ihre Fans gern Zeit verbringen – vom mondbeschienenen See in »Tim McGraw« bis zu den Buntglasfenstern in »Would've, Could've, Should've«. Sie ist ein Planungsgenie, ja, aber sie verbindet diese Fähigkeit mit ihrer Sensibilität, die sie auch dann bewahrt, wenn sie sich abhärten muss: »Ich möchte einen scharfen Füller, eine dicke Haut und ein offenes Herz bewahren.«[37] Sie hat Zauber in den Regen, Gold ins Tageslicht und Glitzer auf das Kleid geschrieben, das sie einst um Mitternacht trug. Aber was ist es wirklich, das sie so besonders macht?

Man kann sein ganzes Leben lang versuchen, das in Worte zu fassen.

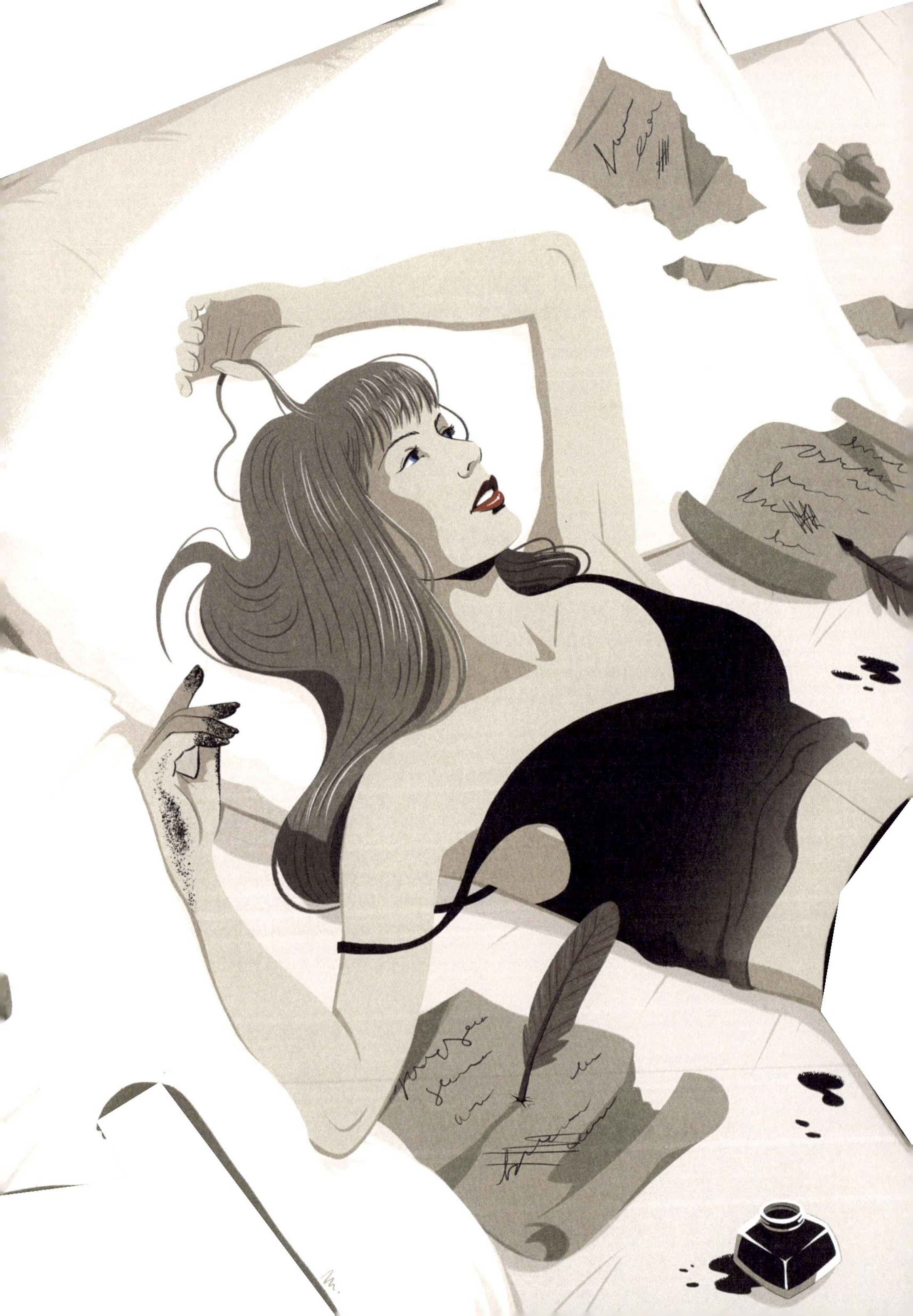

Anmerkungen

Kapitel 1 – Wie alles begann | *Taylor Swift*

1 https://ew.com/article/2008/02/05/taylor-swifts-road-fame/
2 Hintergrund: https://www.independent.co.uk/news/long_reads/radio-tour-is-not-for-the-weak-inside-the-first-step-to-country-music-stardom-a7798561.html
3 https://swiftlegacypodcast.podbean.com/e/the-og-swiftie-holly-armstrong/
4 https://www.eonline.com/news/814021/13-things-we-learned-from-taylor-swift-s-former-internet-life-on-myspace-youtube-and-more
5 https://www.newstatesman.com/culture/music/2021/04/taylor-swift-fearless-version-2008-original-release-fans
6 https://www.rollingstone.com/music/music-news/22-things-you-learn-hanging-out-with-taylor-swift-101118/2/
7 https://www.elle.com/culture/music/interviews/a10083/women-in-music-taylor-swift-326464/
8 https://ew.com/article/2008/02/05/taylor-swifts-road-fame/
9 https://www.youtube.com/watch?v=UEeWmltgdxA
10 https://www.youtube.com/watch?v=D8i9p8YOxFw
11 Videos aus der Anfangszeit, inklusive »Our Song« wurden von Sandi Spika Borchetta gestylt, der Frau von Taylors Label-Boss Scott Borchetta.
12 https://www.youtube.com/watch?v=D8i9p8YOxFw
13 *Long Pond Sessions*
14 Ursprünglich veröffentlicht auf taylorswift.com, gefunden auf der Fan-Website-Fanpop.com: https://www.fanpop.com/clubs/taylor-swift/articles/ 34352/title/behind-song-list-taylors-story-behind-some-songs

Kapitel 2 – Ins Rampenlicht | *Fearless*

1 Seth Meyers, ehemaliger Chefautor von *Saturday Night Live*, sagte: »Als sie fertig war, hätte ich sagen sollen: ›Taylor, unter uns, schau dich an und lies, was wir für dich geschrieben hatten, damit du weißt, wie viel beschissener es war. Dein Song ist nicht nur großartig, sondern du kannst dir nicht einmal ansatzweise vorstellen, wie beschissen das ist, was wir für dich vorbereitet hatten, verglichen mit dem, was du selbst gemacht hast.‹« https://www.hollywoodreporter.com/tv/tv-news/seth-meyers-praises-taylor swift-writing-own-snl-monologue-1235633986/
2 https://www.theguardian.com/music/2012/oct/18/taylor-swift-want-believe-pretty-lies
4 https://www.npr.org/2012/11/03/164186569/taylor-swift-my-confidence-is-easy-to-shake

5 https://www.rollingstone.com/music/music-features/taylor-swift-rolling-stone-interview-880794/
6 https://www.vibe.com/features/editorial/taylor-swift-lil-wayne-fireman-first-rap-memorized-243115/
7 Zum Beispiel das Sampling von »Out Of The Woods« in »Question…?«. Überprüft auf https://www.whosampled.com/Taylor-Swift/samples/. Die meisten davon sind nachträgliche Einschübe, und bei »London Boy« wurde ein Schlagzeugsound gesampelt, was kaum zählt.
8 https://www.theguardian.com/music/2012/oct/18/taylor-swift-want-believe-pretty-lies
9 https://americansongwriter.com/behind-the-meaning-of-taylor-swifts-romeo-and-juliet-inspired-love-story/
10 https://www.youtube.com/shorts/_hwt9Oyx7Q8
11 https://www.billboard.com/music/music-news/taylor-swift-zane-lowe-beats-1-interview-8541404/
12 Das *Morning Call*-Interview ist abzurufen auf Americansongwriter.com: https://americansongwriter.com/behind-the-meaning-of-taylor-swifts-romeo-and-juliet-inspired-love-story/

Kapitel 3 – Das letzte Märchen | *Speak Now*

1 *Speak Now (Taylor's Version)* Prolog: https://genius.com/Taylor-swift-speak-now-taylors-version-prologue-annotated
2 https://www.albionpleiad.com/2010/11/true-life-im-anti-taylor-swift/
3 https://www.reddit.com/media?url=https%3A%2F%2Fi.redd.it%2Fspeak-now-taylors-version-full-prologue-v0-5v75bnxjydab1.jpg%3Fs%3D51f5162fe4fb75312a33422c1b18293510f16daf
4 https://www.glamour.com/story/taylor-swift-bomb-shell-in-blue-jeans
5 https://www.cp24.com/album-sales-plunge-in-2008-digital-downloads-up-1.356342
6 https://www.npr.org/2008/11/28/97583296/hey-has-anybody-noticed-that-taylor-swift-cant-sing
7 https://www.billboard.com/music/awards/taylor-swift-woman-of-the-decade-speech-billboard-women-in-music-8546156/
8 Meine Lieblingsdoku über Background-Sänger: *20 Feet From Stardom* https://www.imdb.com/title/tt2396566/
9 https://www.youtube.com/watch?v=SqO8a0S8c-8
10 https://www.cosmopolitan.com/entertainment/celebs/a44333575/taylor-swift-asked-fans-not-to-cyberbully-john-mayer-dear-john-live/
11 https://twitter.com/taylorswift13/status/1677168840625496065?ref_src=twsrc%5Etfw%7Ctwcamp%5Etweetembed%7Ctwterm%5E1677168840625496065%7Ctwgr%5E45ca9abbbb776347a6f34d5b41e4f7900de35dd4%7Ctwcon%5Es1_&ref_url=https%3A%2F%2Fwww.standard.co.uk%2Fnews%2Fworld%2Ftaylor-swift-who-dear-john-last-kiss-better-than-revenge-b1092935.html

12 https://www.youtube.com/watch?v=dvmLIM8YXYA
13 https://www.independent.ie/entertainment/music/dont-go-breaking-my-heart-taylor-swift-opens-up/30683975.html
14 https://www.theguardian.com/music/2014/aug/23/taylor-swift-shake-it-off
15 https://amp.tmz.com/2019/08/21/taylor-swift-plans-rerecord-masters-scooter-braun-purchase-big-machine/?_twitter_impression=true
16 https://www.reuters.com/article/idUSTRE69E5RK/
18 Nicole + Felicia haben auch Taylors Kleider in dem Video zu »I Bet You Think About Me« gemacht. Die Grundidee des Videos erinnert an »Speak Now«: Taylor taucht auf der Hochzeit ihres Ex-Freundes auf, aber in dieser Version der Ereignisse weist sie ihn zurück. Während des gesamten Videos trägt Taylor Rot, mit Ausnahme eines weißen Kleides, das sie zum Stehblues-Tanzen mit ihrem Ex trägt. Anstatt mit ihm abzuhauen, geht sie allein weg und ihr Kleid färbt sich rot. Wir sehen Taylor live mit ihrer Band auf der Bühne und sie spielt eine rote Gitarre.
19 https://twitter.com/SwiftNYC/status/1677882417728610307
20 https://www.refinery29.com/en-gb/2021/04/10414694/taylor-swift-change-lyrics-meaning-fearless
21 https://www.youtube.com/watch?v=QboJ2ihbojo
22 Der Mann ohne Cowboyhut ist Keith Urban. 2009 CMAs: https://www.youtube.com/watch?v=qqYuCosWczE
23 2009 CMAs: https://www.youtube.com/watch?v=qqYuCosWczE
24 https://eu.usatoday.com/story/life/music/2012/10/17/taylor-swift-red-interview/1637307/
25 *Rolling Stone Top 500 Greatest Albums of All Time* Podcast zu *Red*

Kapitel 4 – I Remember | *Red*

1 https://www.youtube.com/watch?v=SqVxCVblSfA
2 Gespräch mit Brittany Spanos bei *Rolling Stone*: https://www.youtube.com/watch?v=4Sn5DbZ4s2Q
3 https://www.youtube.com/watch?v=4Sn5DbZ4s2Q
4 https://www.bbc.co.uk/news/entertainment-arts-67111517
5 https://www.youtube.com/watch?v=IF72ZCWuQpk
6 https://www.rollingstone.com/music/music-news/taylor-swift-diane-warren-say-dont-go-thank-you-flowers-1234865606/
7 https://www.theguardian.com/music/2012/oct/18/taylor-swift-want-believe-pretty-lies
8 https://www.youtube.com/watch?v=4Sn5DbZ4s2Q
9 https://www.youtube.com/watch?v=4Sn5DbZ4s2Q
10 https://www.youtube.com/watch?v=UEeWmltqdxA

11 https://genius.com/Taylor-swift-last-kiss-lyrics
12 https://time.com/3144645/taylor-swift-shake-it-off-22-pumpkin-spice-latte/
13 https://www.buzzfeed.com/chelseamarshall/how-basic-are-you
14 https://web.archive.org/web/20210918001221/https://www.rollingstone.com/music/music-news/22-things-you-learn-hanging-out-with-taylor-swift-101118/
16 https://www.elle.com/culture/celebrities/a43818269/ed-sheeran-taylor-swift-friendship/
17 https://www.washingtonpost.com/style/2023/09/20/taylor-swift-vault-puzzle-1989-tracks/
18 https://www.rollingstone.com/music/music-news/taylor-swift-hosts-red-listening-party-in-new-york-59377/
19 https://www.youtube.com/watch?v=3i4sYbyzsfw
20 https://www.thetimes.co.uk/article/taylor-swift-it-sounds-dorky-but-this-is-how-i-write-my-song-lyrics-kmpjksm95
21 https://www.etonline.com/taylor-swift-says-red-scarf-in-all-too-well-is-a-metaphor-190595
22 https://www.goodmorningamerica.com/culture/story/taylor-swift-turned-story-fans-song-81443975

Kapitel 5 – Neue Stadt, neuer Sound | *1989*

1 https://www.billboard.com/music/music-news/taylor-swift-new-york-city-welcome-ambassador-6296765/
2 https://www.nme.com/news/music/taylor-swift-199-1241766
3 https://wildest-swift.tumblr.com/post/124453526149/compilation-of-taylors-clean-speeches-from-the
4 https://www.elle.com/culture/music/news/a33100/taylor-swift-blank-space-grammy-museum/
5 https://www.youtube.com/watch?v=7VenlV7Qxak
6 https://www.billboard.com/music/awards/billboard-woman-of-the-year-taylor-swift-on-writing-her-6363514/
7 »Blank Space (voice memo)«
8 https://www.youtube.com/watch?v=7VenlV7Qxak
10 https://www.wsj.com/articles/for-taylor-swift-the-future-of-music-is-a-love-story-1404763219
11 https://www.wonderlandmagazine.com/2014/11/17/cover-story-taylor-swift/
12 https://www.rollingstone.com/music/music-news/the-reinvention-of-taylor-swift-116925/4/
13 https://www.youtube.com/watch?v=7VenlV7Qxak
14 https://www.maxim.com/entertainment/taylor-swift-tops-2015-maxim-hot-100/
15 https://www.youtube.com/watch?v=7VenlV7Qxak
16 https://www.npr.org/2014/10/31/359827368/anything-that-connects-a-conversation-with-taylor-swift

Kapitel 6 – Snakes and Ladders | *reputation*

1 https://www.vogue.com/article/taylor-swift-may-cover-maid-of-honor-dating-personal-style
4 *Miss Americana*
5 https://www.youtube.com/watch?v=wl44s5xZl0E&t=17s
6 https://www.capitalfm.com/artists/taylor-swift/news/strong-female-friends/
7 Ebd.
8 *Miss Americana*
9 https://time.com/6342806/person-of-the-year-2023-taylor-swift/
10 Ebd.
11 https://www.wsj.com/articles/for-taylor-swift-the-future-of-music-is-a-love-story-1404763219
12 *Miss Americana*
13 https://www.rollingstone.com/music/music-features/taylor-swift-rolling-stone-interview-880794/
14 https://www.youtube.com/watch?v=VA7Y_Psp5l4
15 https://www.rollingstone.co.uk/music/features/call-it-what-you-want-a-full-timeline-of-taylor-swift-and-joe-alwyns-relationship-28366/
16 https://www.businessinsider.com/taylor-swift-lover-diary-entries-about-kanye-west-joe-alwyn-2019-8?r=US&IR=T
17 Ebd.
18 https://www.teenvogue.com/story/taylor-swift-fans-dress-parents
20 https://www.vogue.com/article/taylor-swift-cover-september-2019
21 https://www.youtube.com/watch?v=gHG-tdupKHQ
22 »Das war eines meiner großen Ziele«: https://www.rollingstone.com/music/music-news/22-things-you-learn-hanging-out-with-taylor-swift-101118/

Kapitel 7 – Was wirklich zählt | *Lover*

1 *Reputation Stadion Tour*
2 https://www.elle.com/culture/celebrities/a26628467/taylor-swift-30th-birthday-lessons/
3 https://www.youtube.com/watch?v=dDO6HnY7h24
4 https://www.elle.com/culture/celebrities/a26628467/taylor-swift-30th-birthday-lessons/
5 https://www.instagram.com/p/B2hAlecjv5J/
6 https://dailytargum.com/article/2019/10/taylor-swift-lover-review
8 Ebd.
9 https://www.vulture.com/article/taylor-swift-rerecorded-albums-which-album-is-next.html
10 https://www.vogue.com/article/taylor-swift-cover-september-2019
11 https://www.youtube.com/watch?app=desktop&v=2AUUnLixsFQ
11 https://www.rollingstone.com/music/music-news/taylor-swift-kelly-clarkson-sends-flowers-recording-1234874502/

13 https://time.com/6342806/person-of-the-year-2023-taylor-swift/
14 https://www.vox.com/culture/2016/11/8/13565144/who-is-taylor-swift-voting-for-clinton-trump-election
15 https://www.theguardian.com/music/2019/aug/24/taylor-swift-pop-music-hunger-games-gladiators
16 https://www.rollingstone.com/music/music-features/the-liberation-of-kesha-123984/
18 https://time.com/4667037/katy-perry-single-chained-to-the-rhythm/; https://www.forbes.com/sites/hughmcintyre/2017/03/16/is-katy-perrys-new-song-chained-to-the-rhythm-a-flop/
19 https://www.elle.com/culture/celebrities/a26628467/taylor-swift-30th-birthday-lessons/
20 *Miss Americana*
21 https://slate.com/culture/2023/10/cruel-summer-number-1-taylor-swift-billboard.html
22 https://taylorswiftstyle.com/post/99180839912
23 https://people.com/pets/taylor-swift-tells-fans-cat-meredith-isnt-missing-just-private/
22 https://twitter.com/taylorswift13/status/1239670332958674944?lang=en
25 https://www.rollingstone.com/music/music-news/the-reinvention-of-taylor-swift-116925/2/
26 *Lover* Instagram live
27 *Long Pond Sessions*
28 https://time.com/5577508/taylor-swift-influences-cats-tumblr/
29 https://www.latimes.com/entertainment-arts/movies/story/2019-10-30/taylor-swift-cats-andrew-lloyd-webber
30 https://variety.com/2020/music/features/taylor-swift-politics-sundance-documentary-miss-americana-1203471910/
31 https://www.youtube.com/watch?time_continue=28&v=o7EG4UHaok8&embeds_referring_euri=https%3A%2F%2Ftaylorswiftswitzerland.ch%2F&embeds_referring_origin=https%3A%2F%2Ftaylorswiftswitzerland.ch&source_ve_path=Mjg2NjY&feature=emb_logo
32 https://www.youtube.com/watch?v=TC1UnBDfrQA
33 https://www.rollingstone.com/music/music-features/taylor-swift-rolling-stone-interview-880794/
34 https://variety.com/2020/music/features/taylor-swift-politics-sundance-documentary-miss-americana-1203471910/

Kapitel 8 – Into the Woods | *folklore*

1 Zane Lowe Apple TV interview: https://www.youtube.com/watch?v=CQacWbsLbS4&t=27s
2 https://www.nme.com/news/music/read-taylor-swift-new-personal-essay-explaining-eighth-album-folklore-2714540
3 *Long Pond Sessions*
4 Ebd.
5 https://www.rollingstone.com/music/music-features/taylor-swift-rolling-stone-interview-880794/
6 Es klingt unmöglich, aber Justin Biebers *Journals* (2014), ein leidenschaftliches Projekt mit R'n'B-Sound, hat seine Pop-Karriere weder gefördert noch entgleisen lassen. Ohne einen großen Hit oder eine Werbekampagne ist es, als würde es außerhalb seiner treuen Fangemeinde nicht existieren.
7 Zane Lowe Apple TV interview: https://www.youtube.com/watch?v=CQacWbsLbS4&t=27s
8 *Long Pond Sessions*
9 https://ew.com/music/taylor-swift-entertainers-of-the-year-2020/
10 *Long Pond Sessions*
11 https://www.vogue.com/article/taylor-swift-cover-september-2019
13 Ebd.
14 Zane Lowe Apple TV interview: https://www.youtube.com/watch?v=CQacWbsLbS4&t=27s
15 *Long Pond Sessions*
16 Der Name James in dem Lied wurde sowohl als männlich als auch als weiblich interpretiert: Taylors enge Freundin Blake Lively hat eine Tochter namens James. Auch Taylors Name wurde gewählt, weil er geschlechtsneutral ist. Taylor erklärte jedoch in den Long Pond Sessions, dass James ein Teenager ist und der Song aus einer männlichen Perspektive geschrieben wurde.
18 https://www.vogue.com/article/taylor-swift-cover-september-2019
19 Quelle: Originalsuche, 2024
20 *Folklore: The Long Pond Studio Sessions*
21 Zane Lowe Apple TV interview: https://www.youtube.com/watch?v=CQacWbsLbS4&t=27s
22 *Long Pond Sessions*
23 Ebd.
24 https://americansongwriter.com/behind-the-introspective-meaning-of-mirrorball-by-taylor-swift/
25 *Long Pond Sessions*
26 *Ebd.*
27 Auf der Bühne bei der *Eras*-Tour
28 https://variety.com/vip/the-power-of-tiktok-on-taylor-swift-eras-tour-1235752739/

Kapitel 9 – The Graveyard Shift | *evermore*

1 *Miss Americana*
2 Zane Lowe Apple TV interview: https://www.youtube.com/watch?v=CQacWbsLbS4&t=27s
4 https://web.archive.org/web/20200322105433/https://www.youtube.com/watch?v=vtQC8ILxHCs
5 Auf Platz zwei war *Pet Sounds* von den Beach Boys, den ersten Platz belegte *What's Going On* von Marvin Gaye: https://www.rollingstone.com/music/music-lists/best-albums-of-all-time-1062063/marvin-gaye-whats-going-on-4-1063232/
6 https://jonimitchell.com/library/view.cfm?id=2962
7 https://jonimitchell.com/library/view.cfm?id=2313
8 https://www.theguardian.com/music/2012/oct/18/taylor-swift-want-believe-pretty-lies
9 Zane Lowe Apple TV Interview: https://www.youtube.com/watch?v=CQacWbsLbS4&t=27s: »tolerate it« enthält auch eine Menge Subtext, wenn Taylor darüber singt, dass sie das Porträt ihres Lovers mit ihren besten Farben malt. Wie Betty, die in »cardigan« (*folklore*) über James spricht, verleihen Taylors meist schmeichelhaft gezeichnete Porträts vergangener Lieben eine Romantik, die sie nicht unbedingt verdient haben.
10 *Folklore: The Long Pond Studio Sessions*
11 Unter Takt-Freaks heiß diskutiert, aber von Aaron Dessner im *Rolling Stone* bestätigt: https://www.rollingstone.com/music/music-features/aaron-dessner-interview-taylor-swift-evermore-1105853/
12 Die acht Sekunden weißen Rauschens landeten 2014 auf Platz eins der kanadischen iTunes-Charts.
13 https://www.rollingstone.com/music/music-news/22-things-you-learn-hanging-out-with-taylor-swift-101118/
14 Ebd.
15 https://time.com/3578249/taylor-swift-interview/
16 Zane Lowe Apple TV interview: https://www.youtube.com/watch?v=CQacWbsLbS4&t=27s
17 Ebd.
18 https://www.rollingstone.com/music/music-features/aaron-dessner-interview-taylor-swift-evermore-1105853/
19 Zane Lowe Apple TV interview: https://www.youtube.com/watch?v=CQacWbsLbS4&t=27s
20 Ebd.
21 https://www.billboard.com/music/country/taylor-swift-nashville-songwriter-awards-full-speech-1235142144/
22 Ebd.
23 Zane Lowe Apple TV interview: https://www.youtube.com/zwatch?v=CQacWbsLbS4&t=27s
24 Ein deutliches Beispiel dafür ist »I'm So Lonesome I Could Cry« (1949) von Hank Williams.
25 Auszug aus »After great pain, a formal feeling comes –« (ca. 1862)

Kapitel 10 – The Stars Align | *Midnights*

1 Zane Lowe Apple TV interview: https://www.youtube.com/watch?v=CQacWbsLbS4&t=27s

3 https://www.youtube.com/watch?v=UEeWmltgdxA

4 Nichts.

5 https://www.thelineofbestfit.com/news/taylor-swift-shares-midnights-album-promo-schedule-and-teases-special-very-chaotic-surprise

6 *The Graham Norton Show*

7 Aaron Dessner arbeitete an Songs der erweiterten »3 a.m. edition« von *Midnights*: »Hits Different«, »The Great War«, »High Infidelity« und »Would've, Could've, Should've«.

8 In jüngster Zeit wurde bei den Country Music Awards bereits »Fast Car« von Tracy Chapman als Song des Jahres ausgezeichnet (nach dem Erfolg der Coverversion von Luke Combs), womit sie die erste schwarze Preisträgerin war, und 2015 »Girl Crush«, das ebenfalls von Little Big Town interpretiert und von Liz Rose, Taylors Partnerin bei »All Too Well«, mitgeschrieben wurde.

10 https://www.cbsnews.com/newyork/news/taylor-swift-says-red-has-a-song-for-every-emotion/

11 https://ohnotheydidnt.livejournal.com/92069741.html?page=4

12 https://www.youtube.com/watch?v=jkWL7_fNR7E

13 »Love Story« wurde von Kelly Clarksons »My Life Would Suck Without You«, geschrieben und produziert von Max Martin, vom ersten Platz verdrängt.

14 Statistikquelle: https://www.officialcharts.com/charts/singles-chart/20090301/7501/

15 https://www.buzzfeednews.com/article/beimengfu/theres-a-new-blank-space-in-chinese-wallets

16 International Federation of the Phonographic Industry

17 *Wonderland* magazine, November 2014. Dieses Shooting suggeriert ein paralleles Taylorversum, in dem sie wie ein Girl-Band-Mitglied der 1980er-Jahre aussieht, mit einer Frisur im Wet-Look.

18 https://www.npr.org/2012/11/03/164186569/taylor-swift-my-confidence-is-easy-to-shake

19 https://www.buzzfeed.com/elliewoodward/you-make-me-so-happy-it-turns-back-to-sad

20 https://www.rollingstone.com/music/music-features/aaron-dessner-interview-taylor-swift-evermore-1105853/

21 https://www.billboard.com/music/music-news/taylor-swift-nyu-commencement-speech-full-transcript-1235072824/

22 https://www.elle.com/culture/celebrities/a26628467/taylor-swift-30th-birthday-lessons/

23 https://www.instagram.com/p/Cj0ir4EOrL4/?hl=en

24 https://variety.com/2020/music/news/taylor-swift-eating-disorder-netflix-documentary-miss-americana-1203478047/

25 https://www.rollingstone.com/music/music-news/the-reinvention-of-taylor-swift-116925/4/
26 https://www.elle.com/culture/celebrities/a26628467/taylor-swift-30th-birthday-lessons/
27 https://www.billboard.com/music/music-news/taylor-swift-nyu-commencement-speech-full-transcript-1235072824/
29 https://www.elle.com/culture/celebrities/a26628467/taylor-swift-30th-birthday-lessons/
30 Ebd.
31 »Wenn man alte Fotos ansieht und dabei seine alten Looks nicht cringey findet, macht man irgendetwas falsch. Siehe: Bleachella«: https://www.elle.com/culture/celebrities/a26628467/taylor-swift-30th-birthday-lessons/
32 »Taylor Swift puts ice cubes in her wine – but do experts believe this ruins it?«: https://www.express.co.uk/celebrity-news/1822276/Taylor-Swift-ice-cubes-white-wine-tips

Kapitel 11 – Spinning in Her Best Dress | Taylor auf Tour

1 https://www.youtube.com/watch?v=XarVd2TSmql&t=204s
3 https://tasteofcountry.com/taylor-swift-diary-entry-2006-rascal-flatts-tour/?utm_source=tsmclip&utm_medium=referral
4 https://countryfancast.com/eric-church-and-rascal-flatts/
5 https://globalgrind.com/4033001/taylor-swift-time-magazine-cover-photos-interview/
7 *Journey to Fearless*
9 https://time.com/3583129/power-of-taylor-swift-cover/
10 Quelle: Ich war dort.
11 https://www.youtube.com/watch?v=CL4eoy9ywic
12 https://time.com/3578249/taylor-swift-interview/
13 https://time.com/3583129/power-of-taylor-swift-cover/
14 *Speak Now World Tour Live*
15 https://www.dailymail.co.uk/femail/article-2684013/Swifts-love-advice-music-industry.html
16 Reputation Tour https://www.youtube.com/watch?v=uqGqWJhu668
17 https://ew.com/music/2019/05/09/taylor-swift-cover-story/
18 https://time.com/6343028/taylor-swift-workout-routine-eras-tour/
19 *Long Pond Sessions*
20 https://time.com/6342806/person-of-the-year-2023-taylor-swift/

Kapitel 12 – Die Geschichte von Taylor Swift aus Sicht der Fans | Die Swifties

1 https://nypost.com/2023/12/28/business/taylor-swift-brings-vinyl-record-sales-to-new-heights/
2 Ebd.
3 https://people.com/taylor-swift-the-eras-tour-concert-film-everything-to-know-tickets-runtime-7964229
4 Laut einer Google-Statistik von 2023 ist Manila die Stadt mit den meisten Suchanfragen nach »Taylor Swift«.
5 https://www.youtube.com/watch?v=MduXSkFvaO4
7 https://www.youtube.com/watch?v=G9I8ua1EcW4
8 https://www.tumblr.com/alltoooooowell/628909213615292416/taylor-swift-and-easter-eggs
9 https://www.youtube.com/watch?v=O3YGh73XQU8
10 Ebd.
11 Ebd.
12 Ebd.
13 https://pitchfork.com/reviews/albums/21101-1989/
14 »Was hatten die fünf Löcher zu bedeuten? War das ein Countdown? Wollte sie uns damit was über den Zaun sagen?«
15 https://twitter.com/taylorswift13/status/1163118375607963648?lang=en
16 https://www.rollingstone.com/music/music-features/taylor-swift-rolling-stone-interview-880794/
17 https://www.today.com/popculture/music/taylor-swift-sexuality-rcna122455
18 https://www.nytimes.com/2024/01/04/opinion/taylor-swift-queer.html?searchResultPosition=4
19 https://www.washingtonpost.com/entertainment/2023/12/26/taylor-swift-eras-conference-academic/
20 https://www.washingtonpost.com/style/of-interest/2023/10/20/taylor-swift-fandom-eras-tour/
21 https://www.wsj.com/articles/for-taylor-swift-the-future-of-music-is-a-love-story-1404763219

Kapitel 13 – Mastermind | Das Genie Taylor Swift

1 https://time.com/6342806/person-of-the-year-2023-taylor-swift/
2 https://www.rollingstone.com/music/music-features/taylor-swift-rolling-stone-interview-880794/
3 https://chartmasters.org/taylor-swift-albums-and-songs-sales/#taylor_swifts_album_sales
4 https://time.com/6342806/person-of-the-year-2023-taylor-swift/
5 https://www.salon.com/2015/05/22/taylor_swift_is_not_an_underdog_the_real_story_about_her_1_percent_upbringing_that_the_new_york_times_wont_tell_you/
6 https://www.youtube.com/watch?v=6E63AeaHczE (Ein Zeitungsausschnitt ist als Screenshot am Ende abgebildet)

7 https://www.youtube.com/watch?v=XarVd2TSmql&t=204s
8 Ebd.
9 Journey to Fearless
19 https://genius.com/Taylor-swift-american-boy-lyrics
11 https://www.billboard.com/music/music-news/taylor-swift-nyu-commencement-speech-full-transcript-1235072824/
12 https://www.nytimes.com/2019/12/24/arts/music/taylor-swift-lover.html
13 https://www.youtube.com/watch?v=vnlZN0WgrAE
14 https://www.nytimes.com/2008/11/09/arts/music/09cara.html
15 *Journey to Fearless*
16 https://www.esquire.com/entertainment/music/a30491/taylor-swift-1114/
17 https://www.washingtonpost.com/news/arts-and-entertainment/wp/2017/12/06/taylor-swift-explains-her-blunt-testimony-during-her-sexual-assault-trial/
20 https://www.stereogum.com/1810310/read-taylor-swifts-open-letter-to-apple-music/news/
21 https://business.ticketmaster.com/business-solutions/taylor-swift-the-eras-tour-onsale-explained/
22 https://variety.com/2022/music/news/taylor-swift-addresses-eras-tour-ticketmaster-fiasco-1235436036/
23 https://pitchfork.com/thepitch/meet-the-argentine-taylor-swift-fans-who-have-been-camping-out-for-the-eras-tour-since-june/
24 https://www.rollingstone.com/music/music-features/taylor-swift-rolling-stone-interview-880794/
25 https://www.billboard.com/business/business-news/taylor-swift-earned-2-billion-music-movie-touring-1235555994/
26 https://www.washingtonpost.com/business/2023/10/13/taylor-swift-eras-tour-money-jobs/
27 https://www.newyorker.com/magazine/2011/10/10/taylor-swift-profile-you-belong-with-me
28 https://www.ft.com/content/2b0601e2-d371-404d-8531-227f11d4a83f
29 https://www.billboard.com/music/music-news/taylor-swift-nyu-commencement-speech-full-transcript-1235072824/
30 Ebd.
31 https://www.eonline.com/news/572353/taylor-swift-ditches-pants-wears-short-jumpsuit-for-her-red-carpet-arrival-to-the-2014-mtv-music-video-awards
32 https://www.rollingstone.com/music/music-news/taylor-swift-removes-me-lyric-874631/
33 https://www.youtube.com/watch?v=0l4fPZ2Tmsl
34 https://www.rollingstone.com/music/music-features/taylor-swift-rolling-stone-interview-880794/
37 Ebd.

Danksagung

All mein Dank gebührt meiner Agentin, Maddalena Cavaciuti. Ich habe mich prächtig dabei amüsiert, mit dir Verträge durchzugehen.

Ich danke meinen fleißigen und brillanten Lektorinnen Nicole Witmer und Stephanie Duncan sowie Jennifer Porter und Isabella Ghaffari-Parker von Transworld. Dank euch hat mir das Schreiben dieses Buches richtig Spaß gemacht, dank euch hat sich dieser Traum erfüllt. Mein Dank gilt Maddalena Carrai für die Illustrationen, Bobby Birchall für die Gestaltung und dem Lektoratsteam, die alle so hart daran gearbeitet haben, aus diesem Buch das Beste rauszuholen.

Vielen Dank an meine Swifties, Arielle Steele, Kate Leaver und Natasha Lunn, denen kein Gespräch über Taylor zu viel ist. Ewiger Dank auch an meine Freundin Jenny Lane-Smith. Beth Davies bin ich zu Dank verpflichtet, weil sie mich zu diesem Abenteuer angestachelt hat. Meine Schreibgruppe, Afy Nourallah, Gina Killick, Helen Saunders, Nancy Howell und Kelsey O'Brien, hat mich dazu ermutigt, über Themen zu schreiben, die mir wirklich am Herzen liegen; vielen Dank für eure Geduld, als ich so viel über Taylor Swift geschrieben habe. Vielen Dank an Billy Payne und Mensa Ansah für die Expertise im musikalischen Bereich. Moralische Unterstützung für dieses Buch kam von Philippa Mander, Sally Mumby-Croft, Katie Weatherall und Henry Setter. Vielen Dank an alle, die sich jemals mit mir über Popstars unterhalten haben – so habe ich gelernt, dieses Buch zu schreiben.

Ich danke meinen Eltern, Sipi Hämeenaho und Dominic Fox, und meinem Bruder, Oscar Hämeenaho-Fox, dafür, dass sie an mich geglaubt und alle meine E-Mails gelesen haben. Ihr seid die beste Familie.

Inspiration und Einflüsse

Über die Autorin

Satu Hämeenaho-Fox ist *Fearless*-Ära-Swiftie und Autorin von Büchern über Kultur. Sie hat Bücher über viele Menschen geschrieben, deren Kunst und/oder Kleidung sie bewundert, darunter Taylor Swift, Harry Styles, Zendaya und Lady Gaga. Außerdem hat sie mehrere Kinderbücher über Kunst- und Modegeschichte für das Metropolitan Museum of Art in New York geschrieben. Sie ist Mitbegründerin des Newsletters »Swiftian Theory«.

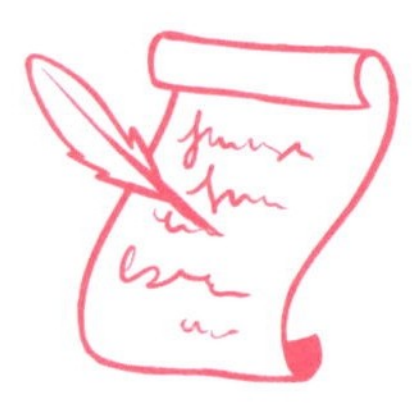